国 | 土 | 空 | 间 | 规 | 划 | 丛 | 书
战 略 性 新 兴 领 域 "十 四 五" 高 等 教 育 教 材
教育部战略性新兴领域"十四五"高等教育教材体系建设团队编写

丛书主编　吴志强

国土空间规划相关知识
KNOWLEDGE OF SPATIAL PLANNING

人文卷
CULTURE

武廷海　主编

·上海·

图书在版编目（CIP）数据

国土空间规划相关知识. 人文卷 / 武廷海主编. --
上海：同济大学出版社，2024.8. --（国土空间规划丛
书 / 吴志强主编）（战略性新兴领域"十四五"高等教
育教材）. -- ISBN 978-7-5765-1310-3

Ⅰ．TU98

中国国家版本馆CIP数据核字第202422H6B1号

战略性新兴领域"十四五"高等教育教材
国土空间规划丛书

丛书主编　吴志强

国土空间规划相关知识：人文卷

武廷海　主编

策划编辑：吕　炜　|　**责任编辑**：由爱华　|　**助理编辑**：汪　鹤　|　**责任校对**：徐逢乔　|　**封面设计**：完　颖

出版发行　同济大学出版社　www.tongjipress.com.cn
　　　　　（地址：上海市四平路1239号　邮编：200092　电话：021-65985622）
经　　销　全国各地新华书店、建筑书店、网络书店
印　　刷　上海安枫印务有限公司
开　　本　787mm×1092mm　1/16
印　　张　18.75
字　　数　360 000
版　　次　2024年8月第1版
印　　次　2024年8月第1次印刷
书　　号　ISBN 978-7-5765-1310-3
定　　价　98.00元

本品若有印装质量问题，请向本社发行部调换　　版权所有　　侵权必究

《国土空间规划相关知识：人文卷》编委会

主　编

武廷海

编写组

〖人居营建〗

郭　璐　郑伊辰　琚经纬　陈凌凡　武廷海

〖国土空间经济〗

王兴平　朱　凯　赵　虎　胡　畔　赵立元　闫怡然

〖城乡社会〗

李志刚　刘佳燕

〖国土空间治理〗

周文生　张　能　琚经纬　郑伊辰　武廷海

〖区域文化〗

荣丽华　阎　涵　赵　炜　吴　潇　吴左宾　黄嘉颖　赵渺希
王彦开　赵　虎　刘合林　陈志端　张振威　武廷海　郑伊辰

〖文化遗产〗

赵志庆　戴　铜　王家琦　王宇君　郑好好

〖城市与区域交通〗

孔令斌　王　晶　吴子啸　李潭峰

〖防灾减灾〗

乐琪浪

〖市政系统〗

张晓昕　米子龙　李沛峰　王　君　付征垚　贺　健　张　义　杨　悦

总　序

"智人"（*Homo sapiens*）之所以在动物界中脱颖而出超越动物本能，是因为其具有谋划共同愿景、在共同目标下创造复杂工具技术、展开语言沟通交流及大规模集体协同行动的能力。其中包含三种关键能力：

（1）具有想象愿景的能力。可通过协商想象，制定出一个共同认同的、尚未现实存在的愿景目标（visioning）。

（2）具有为实现目标设置路径的能力。对大规模个体进行系统分工，分头分段推进计划（approaching）。

（3）具有语言沟通、协同调整的能力。在实施愿景的过程中，对于没有发生的场景进行过程沟通，不断优化目标、优化途径、优化分工，直到实现愿景，甚至实现超出原本愿景的目标（coordinating）。

这三种能力是人类区别于其他动物的本质能力，也是规划的三大核心要素：目标愿景、实施路径、沟通协调。因此，只要理解人类与动物能力的本质区别，就可以理解人类为什么一定会进行规划。

土地是人类生存的根本基础，也是动植物的生存基础。人类在现代文明之前，几乎所有的生存、生活和生产活动都在土地上发生。因此，人类在进入现代文明之前，各种族之间的竞争几乎都可以理解为对生存土地及土地之上的生产、生活资料的竞争。马克思主义诞生以前，西方对于财富的认识一般为：土地是财富之母，劳动是财富之父。马克思主义诞生以后，资本主义产生财富的依托要素被扩展至除土地、劳动之外的资本等其他要素。

空间比土地的含义更多，也更复杂。空间之所以比土地复杂，可以从以下三个方面来认识：

（1）从空间维度上，空间有地下、地面、地上、空中的深度和高度。

（2）从生产维度上，除了包含第一产业之外，更重要的是第二产业和第三产业，以及更高维度的生产组织和生产关系。

（3）从构成要素维度上，除了自然物质空间和人造物质空间外，还有社会空间，以及正在诞生的数字智能空间的多要素空间复合。

因此，我们现在一般称空间是复合的，空间进入了三度空间：物质空间、社会空间和数字空间。而三度空间在某个时段中又是一体化运行推进的，这也说明人类文明正进入更高的维度，空间的规划也变得更加多维、更加系统、更加复合，要求更高的文明来规划和治理。

空间规划是文明的产物，不同的文明阶段也对应了不同的空间规划。进入工业文明后，随着城市空间的立体化和城市财富要素的高速流动，大城市的规划成为一种职业，也是现代空间规划的起源。现代空间规划从大城市区域的空间规划，逐步发展到中小城市的规划，并延续到农业地区的规划，使得空间规划包含了城市和乡村地区人类居住空间的整体规划。

当前，我们这套"国土空间规划丛书"第1期共有22个分册，包括《国土空间规划原理》《数字国土空间》《国土空间规划概论》《国土空间规划理论与方法》《国土空间治理学（上册）》《国土空间治理学（下册）》《国土空间规划实施与治理》《国土空间使用与管理（上册）》《国土空间使用与管理（下册）》《国土空间总体规划编制》《国土空间详细规划编制》《乡镇域国土空间规划》《村域国土空间规划》《国土空间专项规划编制》《国土空间健康规划》《国土空间遗产保护与复兴规划》《国土空间产业规划》《国土空间生态规划》《国土空间规划与空间形态设计》《国土空间规划相关知识：自然卷》《国土空间规划相关知识：人文卷》《国土空间规划相关知识：陆海统筹》，基本涵盖了空间规划的维度和层级。

这套丛书汇聚了清华大学、北京大学、东南大学、天津大学、同济大学、华中科技大学、中国人民大学等众多高水平教学团队的智慧和经验，除完成系统整理和传播国土空间规划领域的知识、厘清学科脉络这一书籍的历史使命之外，我们还期望这套丛书在指导实际规划工作中的决策和操作、推介最新技术和方法、了解和适应国土空间规划行业变化、扩展跨学科和国际视野方面能提供实际的帮助。

"国土空间规划丛书"作为开放体系，随着科技进步和城市规划理论的发展而不断更新和完善，可能会增加更多探讨新兴技术和方法的分册、更新前沿的实际案例研究。我们也希望这套丛书能够成为国土空间规划领域的一个开放平台，吸引更多的学者和实践者参与进来，激发更多关于构建更加智能、可持续和公平的城市的讨论和探索，共同推动国土空间规划学科的发展。

"国土空间规划丛书"总主编
中国工程院院士
教育部建筑类专业教学指导委员会副主任、城乡规划学分指导委员会主任

前　言

1. 国土空间规划与相关知识

2019年《中共中央 国务院关于建立国土空间规划体系并监督实施的若干意见》明确"将主体功能区规划、土地利用规划、城乡规划等空间规划融合为统一的国土空间规划"，要求形成以国土空间规划为基础，以统一用途管制为手段的国土空间开发保护制度，全面提升国土空间治理体系和治理能力现代化水平。

传统的国土空间概念，如2010年颁布的《全国主体功能区规划》以"国土空间"为规划对象，将其定义为国家主权与主权权利管辖下的地域空间，是国民生存的场所和环境，包括陆地、陆上水域、内水、领海、领空等。国土空间是人类生产生活的场所，也是自然资源与环境的载体，更是主权视角下国家治理的场域。

国土空间的完整概念是由国家疆界范围所构成的包括领土、领空、领海在内的整体空间，包括了已利用和未利用的陆地表面和水面以上、以下的空间。就其构成而言，是由不同的地貌、土壤、岩石、水文、植被、建筑等自然要素构成的综合体；如果以表层投影及其集合来定义的话，大致可以概括为山、水、林、田、湖、草、滩、漠、海、岛、城、镇、村等。根据其要素构成的空间特性，可以分为三类：自然空间（环境）、人工空间（环境）以及人工自然混合空间（环境）。

我国国土空间规划范围广阔，层次纷繁，类型多样，地域差异显著。目前国土空间规划体系分为国家、省、市、县、乡镇五级，以及总体规划、详细规划、专项规划三类。国土空间规划相关知识是国土空间规划知识的重要组成部分，但是不限于传统的空间规划。

2022年党的二十大报告强调，至2035年"基本实现国家治理体系和治理能力现代化"，并在"加快构建新发展格局，着力推动高质量发展"中要求"构建优势互补、高质量发展的区域经济布局和国土空间体系"。构建高质量发展的国土空间体系由此成为我国国土空间治理的关键任务。中国式现代化在空间上表现为对国土空间体系的研究认知、保护治理、规划营建、开发建设系列活动，这些都是国土空间规划有关的知识。

从规划的学理逻辑出发，国土空间规划知识包括三个方面：第一是关于规划本体，即什么是国土空间规划以及规划怎么做；第二是关于规划对象，也就是国土空间规划统筹安排和管控的对象和内容，即各类国土空间规划使用及其相互关系；第三是国土空间的构成要素。

作为国土空间规划开展的支撑，国土空间规划知识大致划分为三个部分，即关于规划的知识、关于国土空间使用的知识以及关于国土空间构成要素的知识。根据国土空间规划的实质性内容，这三部分既有密切的关联，也存在着内核与外延的区别。更为重要的是，每一部分知识类型的内部有着不同层次、不同来源和类型的知识，在规划的运用过程中相互交织，从而在整个规划过程中共同组成了复杂网络，共同支撑国土空间规划工作的开展。

从国土空间开发利用的思路出发，国土空间规划知识包括规划层、行为层和要素层三个层次。

国土空间规划知识体系一方面要承接传统城乡规划建设知识体系，另一方面要明确生态文明建设目标任务，建构从规划编制、审批、实施到监管、评估全周期全流程的所有必备知识体系，这是国土空间规划知识体系的内核，也是国土空间规划区别于其他相关学科的根本，关乎国土空间高水平治理与高质量发展。

在规划层内容之下，以空间利用为外显特征的行为层内容与以物质基础为主体的要素层内容则属于相关知识的范畴，涉及对国土空间构成要素的客观认知，以及对以人和国土空间资源要素为中心的各类行为规律的认识，是规划编制、实施和监督的基础知识，是顶层规划核心知识的支撑。

国土空间规划强调对全国国土空间内各类保护、开发、利用、修复行为的协调和安排，因此，在国土空间全域范围内识别发现并分析总结国土资源要素的类型、特征及属性，就成为规划协调的客观物质基础。在要素层和规划层之间，以探究人与国土资源要素间互动的行为规律为主要目标的行为层知识，强调人的主观能动性，也是国土空间规划相关知识体系中的重要组成部分。

2. 国土空间规划相关知识的组成与核心

采用规划为本、学科拓展、与时俱进的原则遴选国土空间规划相关知识，具有以下三个特点。

一是规划为本。国土空间规划是致用之学，规划原理聚焦"规划的理论"（Theory of Planning），相关知识聚焦"规划中的理论"（Theory in Planning）。

二是注重学科的拓展，响应改革需求，将相关知识从城市规划建设拓展到多学科，服务于规划及管理的支撑性知识。面向规划对象，相关知识重在客观。

三是与时俱进，适应社会经济需求变化与规划改革的要求，建立迭代更新的知识图谱，在国土空间规划尚处于探索阶段的当下，不片面追求知识体系与理论体系的理想与完美。

国土空间规划相关知识体系覆盖地理、人口、经济、社会、文化、人居、遗产、生态、信息等诸多相关领域，超越了传统规划知识范畴。国土空间规划相关知识具有开放性，知识图谱也在不断迭代更新。国土空间的构成对象以及国土空间规划的工作内容和目标随着时间的变化而不断拓展，与之对应的相关知识体系所涵盖的学科领域同样处于开放状态，具有动态拓展的趋势。

从国土空间的治理过程来看，随着我国经济社会的不断进步，各个历史时期所出现的城镇化问题也不尽相同，国土空间治理所要解决的核心矛盾和任务类型也有差异。这也就决定了国土空间规划相关知识体系应是一个随时准备接纳和融合新知识的动态框架，要结合现实性问题和差异化目标，应持续对知识库进行更新和维护，为提升国土空间治理能力做好准备。

国土空间规划相关知识体系的核心是由"人—资源—环境"组成的国土空间整体系统。人是具有空间保护与改造能力的行为主体，人及其在国土空间内的各类行为是国土空间规划综合治理的关键对象。资源是人类各类空间行为发生的主要物料或必不可少的基础要素，环境则是人与各类资源要素之间互动的反应容器。人通过发挥主观能动性，构建利于自己生存的社会结构和社会关系，从而具有行为载体属性和社会人文属性；作为基础物料的资源要素兼具不可再生属性、资产与资本属性；环境则因其不断迭代的特征而具有动态发展属性。

围绕"人—资源—环境"国土空间整体系统这个核心，国土空间规划相关知识应呈现"人—地—居—产—文"构成的多学科知识体系，具体包含人居营建、城乡人口、城乡社会、产业经济、生态环境、自然与文化遗产、自然资源、空间信息技术等知识单元，涉及人居科学、生态学、地理学、经济学、空间信息科学、文物保护等学科。

当前与国土空间规划最紧密相关的一级学科主要为地理学、城乡规划学、公共管理学，借鉴相关学科的课程体系，总结专业体系建设经验，可为国土空间规划专业和人才培养体系建设提供支撑。在地理学、城乡规划学、公共管理学中，主要提供规划及其相关知识的是城乡规划学。城乡规划学的基本理论与方法可以被运用到更广泛的规划领域：既包括以国土空间规划为代表、以用途管制为核心的空间规划领域，也包括以人居环境改善为宗旨、以开发建设行为控制为核心的建设领域的规划设计，还涉及其他空间或非空间规划的专业实践。

国土空间规划相关知识图谱在目前的基础上逐步扩增，形成相关知识体系，之后也将响应经济社会发展与规划变革需求而不断完善。

3. 本书的目标读者和章节安排

《国土空间规划相关知识：人文卷》是一本侧重理论知识、面向规划实践的综合性教材。本书的目标读者主要有三类：对于城乡规划等空间规划相关专业的学生，本书可作为国土空间规划人文相关专业课程的教材使用；对于包括规划师、规划管理者等在内的空间规划行业的从业人员，本书可作为理论书籍用于自学导引，加强在国土空间规划改革和新时代规划工作需求演变背景下的适应能力；对国土空间相关人文知识感兴趣的大众读者，本书可作为全面了解人文视角下的国土空间规划的窗口，提升对国土空间与人文的综合认知。

《国土空间规划相关知识：人文卷》分为九个章节，分别涉及国土空间规划中人文相关知识的各个板块，包括人居、经济、社会、治理、文化、遗产及人居环境的支撑系统等方面。

第1章是人居营建。人居营建是人与国土空间互动行为的主要表征，人通过发挥主观能动性，对原始自然环境进行改造，逐步构建出适合生存的人工环境，出现了以保护、开发、利用、修复为主的各类活动，其间不仅涉及基础的人类聚居学、人居环境科学等领域的知识，还涉及广义建筑学、城市设计、古建筑营造等工程技术类知识。本章基于人居环境科学思想，解析人居基本概念，对中外人居营建史、现代人居环境思想和理论进行梳理。

第2章是国土空间经济。经济发展以财富的创造、积累和合理分配为主要目标，促进了各类经济要素和资源的开发、交易、流动和社会进步。本章立足于经济学与国土空间保护利用的紧密关系，对资源环境和生态经济、区域与城乡经济、土地和房地产经济、公共财政和福利经济进行分类介绍。

第3章是城乡社会。城乡社会是人类社会人文属性的主要来源，是融合了各类社会关系的有机体，不仅涉及人口学、人地关系学、医疗卫生科学等，还与公共管理学、社会心理学、人类行为学、社会学等探寻基础行为特征的学科息息相关。本章从社会学的学科史和基础概念出发，对社会与空间的相互影响、社会公平与规划伦理、社会变迁、社会分析与调查研究方法等方面进行解析。

第4章是国土空间治理。国土空间治理涵盖多方面知识与实践，从中国古代的国土观念，到整合国土的都邑体系，再到连接、重组与修复国土的若干重大工程，都体现了我国古代国土空间治理的独特智慧，在保障人民生活、推动社会稳定发展等方面发挥了重要作用。从历史传统与现代科学两个方面，我们可以更好地理解国土空间治理的本质，为未来的国土空间规划提供有力的知识支撑。

第5章是区域文化。中国国土广袤，地域差异大，有着悠久的开发历史，积淀了丰富多彩的国土空间文化。本章运用横向的区域比较视野和纵向的"地理格局—文明进程"分析方法，选取中国文化区中若干有代表性的区域文化，在介绍各区域自然地理格局的基础上分析其文明进程，并选择典型案例进行剖析。

第6章是文化遗产。自然与文化遗产是不可再生资源的代表，是构成国土空间的原始要素，在物质空间内叠加和凝聚了丰富的历史属性、人文属性和社会属性，反映了某一区域在某个历史阶段的独特地理环境、山水格局和历史风貌。与之相关的研究不仅涉及海洋学、地理学、生态学、生物学等自然学科知识，还包括历史学、遗产保护学、民俗文化等社会人文学科的诸多知识。本章对文化遗产的概念体系进行分类梳理与介绍，重点关注国际遗产保护文件、遗产修复理念、中国特色的遗产保护制度和新兴技术的应用。

第7章是城市与区域交通。交通系统是现代人居环境和国家经济社会发展的关键支撑系统之一。本章对交通工程的全流程进行了梳理和介绍，重点关注交通发展战略、交通调查、交通系统的布局与衔接，并对交通系统发展方向进行展望。

第8章是防灾减灾。韧性建设是现代人居环境和社会发展的关键支撑要素。韧性城市旨在构建一种具备良好抗风险能力、恢复力、适应性、可持续的城市发展模式，以确保城市在面临各种自然灾害或人为风险时，能够维持基本功能、保障人民的生命财产安全。本章将从自然灾害类型与特征、区域综合防灾规划、防灾减灾设施与工程、减轻自然灾害风险四个方面对韧性城市建设的重要内容进行梳理和介绍。

第9章是市政系统。市政系统是现代人居环境的支撑系统，是人民健康生活、社会平稳运行、经济可持续发展的关键保障。其囊括了防洪、供排水、能源、通信、环境卫生等子系统，知识体系涉及水利学、能源学、信息科学、环境学、公共卫生学等众多学科。本章对现代市政工程进行分类梳理，介绍了防洪与河湖水系规划、供排水系统规划、能源系统规划、通信工程规划、环境卫生系统规划、消防规划的基本要求、核心问题和关键指标。

目　录

总　序		V
前　言		VII

第 1 章　人居营建　001

1.1　人居基本概念　001
1.2　基于自然的人居营建传统　003
1.3　人居环境整体经营的传统　008
1.4　现代人居环境思想和理论　014
　　　参考文献　017

第 2 章　国土空间经济　018

2.1　经济学与国土空间保护利用　018
2.2　资源保护利用与资源环境和生态经济　022
2.3　国土空间发展与区域、产业和农村发展经济　026
2.4　国土空间开发利用与土地和房地产经济　035
2.5　城乡基础设施建设与基础设施经济　039
2.6　城乡公共服务配置与公共财政和福利经济　041
　　　参考文献　046

第 3 章　城乡社会　047

3.1　国土空间规划中的社会学应用　047
3.2　社会与空间的相互影响　049
3.3　国土空间规划中的社会分析　057
3.4　社会变迁下的国土空间规划应对　062
3.5　国土空间规划中的社会调查研究方法　067

		参考文献	076

第 4 章　国土空间治理　078

	4.1	中国传统空间治理	078
	4.2	都邑体系	086
	4.3	基层空间治理	095
		参考文献	102

第 5 章　区域文化　103

	5.1	文化区与区域文化	103
	5.2	华北文化区	104
	5.3	华中文化区	110
	5.4	华南文化区	117
	5.5	西北文化区	123
	5.6	西南文化区	131
	5.7	典型文化区	138
		参考文献	149

第 6 章　文化遗产　150

	6.1	世界遗产	150
	6.2	文化遗产	158
	6.3	国际遗产保护文件	164
	6.4	中国特色文化遗产保护制度	172
	6.5	数字技术赋能遗产保护	181
		参考文献	185

第 7 章　城市与区域交通　186

	7.1	交通调查与数据分析	186
	7.2	城市交通发展战略	193
	7.3	城市交通系统布局	200

7.4	交通系统的协同与衔接	214
7.5	交通系统的主要发展方向	218
	参考文献	220

第 8 章　防灾减灾　221

8.1	自然灾害类型与特征	221
8.2	区域综合防灾规划	232
8.3	防灾减灾设施与工程	235
8.4	减轻自然灾害风险	238
	参考文献	243

第 9 章　市政系统　244

9.1	城市防洪与河湖水系规划	244
9.2	城市供排水系统规划	252
9.3	城市能源系统	260
9.4	城市通信工程规划	269
9.5	城市环境卫生系统规划	273
9.6	城市消防规划	277
	参考文献	281

第 1 章

人居营建

■ **教学要求**

本章要求学生掌握人居的基本概念、中国古代人居营建的核心思想和方法，以及现当代人居环境思想和理论。本章内容具有时间和空间上的延展性和综合性，可以拓展学生对于国土空间规划的内涵和外延的认知。

1.1 人居基本概念

人居是安民之所与教化之区，是人得以生存与发展的物质保障与基础，也是人类保护自然和利用自然的集体成果，更是社会稳定发展的基石，美好人居是人民群众对美好生活的具体向往。《中共中央 国务院关于建立国土空间规划体系并监督实施的若干意见》明确，国土空间规划"是坚持以人民为中心、实现高质量发展和高品质生活、建设美好家园的重要手段"。人居营建知识是建构国土空间规划知识图谱的必要知识单元。20世纪中叶以来，人居环境成为现代科学研究的对象，西方和中国都产生了丰富的人居思想与理论，深刻影响着当代的人居营建。历史传统与现代科学共同构成了人居营建的知识单元。

1.1.1 人居

人居有两种基本含义：一是指人类在居住方面的实践活动；二是指人居环境，是人类居民点、人类定居点、人类居住区和人类居住地的简称。

人居实践是人类改造自然、改造社会和改造自身活动的重要内容。人是人居环境的主要元素，是人居实践活动的主体。人，不仅包括个体的人，也包括人的各种社会组织，泛指人类。

人居环境既是人居实践的对象，也是人居实践的主要成果，包括乡村、集镇、城市和区域等各种类型的场所。人居环境是人类在地球表面构筑的最为普遍、最为宏大的工程。

人居实践中的可利用资源，既包括自然形成的相关物质环境条件，也包括人的相关劳动成果。人居实践的过程一般包括人的组织管理、资源的选择利用、地表空间的具体安排、营造技术路线的确定、施工建设和质量监督、建成环境的分配使用和日常维护等主要环节。

人居是人类生存必需的一种基本物质条件。它具有客观性（物质性）的特点、是社会、经济、文化发展的物质载体；人居具有社会属性，是人类利用自然和改造自然的集体成果；人居是人类社会意识、文明理念的物质形态表现；人居具有生产的特征，根据人居的空间生产特征，完善的基础设施、美好的人居环境和丰富的物质生活对推动人类进步有着重要的积极作用；人居也是社会稳定发展的基石，美好人居家园是人民群众对美好生活的向往之一。

1.1.2　人居环境

人居环境（Human Settlements），是指包括乡村、集镇、城市、区域等在内的所有人类聚落及其环境[1]。

人居环境的核心是"人"，人居环境研究以满足"人类居住"这一需要为目的。就内容而言，人居环境包括以下五大系统。

自然系统： 自然指气候、水、土地、植物、动物、地理、地形等资源。整体自然环境和生态环境，是聚居活动产生并发挥其功能的基础。自然资源，特别是不可再生资源，具有不可替代性，自然环境变化具有不可逆性和不可弥补性。

人类系统： 人既是自然界的改造者，又是人类社会的创造者，人类系统研究主要针对聚居者，侧重于人的物质需求与生理心理、行为相关机制及原理的分析。

社会系统： 人居环境是"人"与"人"共处的居住环境，社会就是人们在交往和共同活动的过程中形成的相互关系。人居环境的社会系统主要是指公共管理和法

---

1. 吴良镛. 人居理想 科学探索 未来展望[J]. 人类居住，2017（4）：3-10.

律、社会关系、人口趋势、文化特征、社会分化、经济发展、健康和福利等。其涉及由人群组成的社会团体交往的体系，包括由不同的地方性、阶层、社会关系等的人群组成的系统及有关的机制、原理、理论和分析。

居住系统： 居住系统主要指住宅、社区设施、城市中心等人类系统、社会系统等需要利用的居住物质环境及人文环境。

支撑系统： 支撑系统是指为人类活动提供支持的、服务于聚落，并将聚落联为整体的所有人工和自然的联系系统、技术支持保障系统，以及经济、法律、教育和行政体系等。如公共服务设施系统（自来水、能源和污水处理），交通系统（公路、航空、铁路），以及通信系统、计算机信息系统和物质环境规划等。它对其他系统的影响巨大，包括建筑业的发展与建筑形式的改变等。

1.2 基于自然的人居营建传统

人居营建是为了满足自身的生存发展需要，利用各种资源，对人居环境进行的选择、规划、设计、建设、使用、维护、改造活动。

建设促进人与自然和谐共生的人居环境是人类可持续发展的基本要求。中国古代人居环境以自然为基础，将构建人与自然的适宜秩序视为人居环境建设的第一要义。这包括了对自然的利用与改造、对自然灾害的应对与调适、对自然的管理等基本内容。吴良镛在《中国人居史》中对此进行了专门的概括[1]，结合吴著，试展开论述如下。

1.2.1 自然是人居之基础

古人有云："天地之生殖，资民之用。""天地者，万物之本。"人居环境的发展依赖于充足的自然资源，这不仅是物质建设的保障，也是经济繁荣的基础。

古人在进行人居营建活动时，会先对土地进行细致的衡量，评估其肥沃程度，确保自然资源与人居环境的用地规模和人口规模相匹配。这种思想与现代的"生态足迹"和"承载力"等概念相似，体现了古人对自然资源有限性的认识，

---

1. 吴良镛. 中国人居史 [M]. 北京：中国建筑工业出版社，2014：423-440.

以及对人居环境建设规模应适应自然资源承载力的深刻理解，所谓"量地以制邑，度地以居民。地邑民居，必参相得也。无旷土，无游民，食节事时，民咸安其居"。

值得说明的是，在古代中国，"自然"不仅指物质环境，更蕴含了"道"的哲学意蕴，意味着万物自然生成并遵循自然之道。古人通过比赋的方式，表达了对自然作为一个有机整体的认识，在这种人与自然和谐共生的理念指导下，古人在人居环境建设中追求"形胜"，即在优美的自然环境中选择和营建适宜的人居之地，实现了人与自然的和谐统一。

1.2.2　人居营建对自然的改造利用

人居环境是人们在不断利用和改造自然的过程中逐渐形成的，人居营建过程是改造荒野、建设抵御灾害的安全支撑体系、发展农业培育适宜土地、形成人化自然的过程。

在利用和改造自然的各个环节中，努力将原始自然环境逐步转化为安全、可持续的人居环境，人们自觉地辨别自然环境中的"利"与"害"，预见潜在威胁，积极设防，从而对人居环境进行调节。

1. 水利建设

古代人居建设与必要的水利建设、造田措施是相辅相成的。历史上，很多著名的人居地带都是经由合理的环境选择与适宜的水利改造逐步形成的，这在不同的尺度、不同的地理环境中均有体现，并呈现出多样的人居面貌。

重大水利工程建设在构建地区人居环境系统过程中起到至关重要的作用。例如都江堰造就了"厥民阜繁"的天府成都，太湖平原的塘浦圩田体系造就了"苏湖熟，天下足"的人间天堂苏州，这些都为中国人居环境的整体发展作出了巨大贡献，冀朝鼎称这些地区为中国历史上的"基本经济区"。

同时，古人通过建立人工运河体系促进人居环境的整体繁荣。自公元前486年吴王夫差开辟邗沟以来，中国的人工运河开凿工程已有近2 500年的历史，汉代有鸿沟、汴渠和关中漕渠，隋代有永济渠、通济渠和广通渠，唐代有广济渠、广运渠，宋代有汴河、蔡河、广济河、金水河等。人工运河体系是中国古代漕运之基础，运河的开凿能沟通各地区的水运路线，便利区域运输，将中国不同区域的人居在更大尺度上进行整合。运河的开凿带动沿线地带的发展，例如，秦汉鸿沟体系促进了黄淮地区的快速发展，隋朝后的京杭大运河南北贯通，将黄河流域与长江流域连为一体，推动了南北共融，唐代扬州、宋代东京、明清济宁与北京等地区的经济皆因此而繁荣。

通过多层次的水利改造，运河、渠道、水网支撑了不同尺度的人居环境发展。环境史学家约翰·麦克尼尔（John R. McNeill）曾经论述道："中国的水系作为整合广大而丰饶的土地之设计，世界上没有一个内陆水系可与之匹敌。借着这个水系，自宋代以来的中国政府在大部分的时间都能控制巨大而多样的生态地带，整合一系列有用的自然资源。"可以说，这个巨大的人工自然系统为中华文明的繁荣提供了重要支撑。

2. 精耕细作

古人认为："地者，万物之本原，诸生之根菀也。"劳作使古人与生生不息的大地紧密联系在一起。自汉代以来，中国人逐步建立起了一套精耕细作的农业生产模式。中国人用有限的土地养育不断增多的人口，人们与土地的关系更多地表现为精耕细作的土地利用、改造过程。集约、精细的土地利用保护了大量的土地。江南的水田，丘陵地带的梯田、雷鸣田等都是精耕细作的典范。

精耕细作的过程是人们与土地建立联系的过程，这种联系不仅有"采菊东篱下，悠然见南山"的审美趣味，更有一种人和土地通过劳作接触，建立起来的深厚情感。这种情感是保障人与自然和谐共处的基础，是实现人居可持续发展的一种朴素的生态。从利用和改造自然，创造形成一个适宜人居的环境，到最终与土地建立的这种深刻的情感，人与自然融合的过程创建了人与土地共生的人居环境。

3. 农业知识传播

古人重视对改造、化育后的"人工自然"的精心照顾，建立了"岁修"制度。在农闲时期，古人会对各级运河与大小渠道进行泄水清淤、河道加固以保证这一系统的良好运转。都江堰、大运河的管理都有类似的岁修制度。一个地区探索出如何在生产生活中合理地使用人工自然系统后，有识之士往往会整理著书或立碑记叙。中国古代水利文献相较于房屋建设的文献更多，这正是水利和农田与人居环境之安危密切相关的反映。许多地方还建有水利功臣的纪念性场所，"大禹庙""二王庙"均属此类。这些场所往往是自然文化普及和传播的核心节点，也是一个地区普及自然文化的教育基地。

1.2.3　人居营建对自然灾害的应对措施

人居营建对自然的改造利用有其积极的一面，但也不可避免地在某些情况下造成消极的影响，进而引发自然灾害。而由于自然灾害频发，古人在与自然灾害的斗争中逐步发展出了一套有效的减灾策略和人居建设模式。

1. 人居建设对自然的冲击

在人居环境的建设过程中，对自然生态的干扰是不可避免的。在一定程度上，即使尽力尊重自然，也会导致生态环境的改变。历史上，随着人口的增长和土地的开垦，对自然环境改变和破坏的范围和程度也在不断增大。以古代森林为例，随着人类活动范围的增加，森林覆盖面积逐步减少。在汉代，森林砍伐主要局限于黄河中下游地区；但到了唐代，这一活动已扩展到长江流域的大部分地区；至明清时期，由于广阔的平原地区已经很难找到较粗的木材，皇家宫殿建设所需木材主要从西南山地的森林中采伐。这些变化充分展示了人类活动对自然环境产生的显著影响。

2. 人居环境应对自然灾害的调适

自然灾害和人为环境破坏均可能导致灾害性事件的产生。中国古代人居环境的建设往往与频繁的自然灾害相伴随。尽管如此，人们通过积极的实践在减灾方面取得了一定的成效。其中一些城市的灾害防御体系至今仍然有效，例如赣州利用福寿沟来缓解城市内涝的问题。

古人在灾害管理方面的策略考虑了更大的区域环境。西汉时期的贾让提出了治河的"三策"：将河水行洪区的居民迁移，为河流提供空间，这是上策；在下游地区进行洪水疏导，并结合行洪、灌溉和土壤改良，通过水运促进下游人居环境的发展，这是中策；修建堤坝以堵水防洪，这是下策。都江堰工程治理后的成都平原，就是将洪水治理与平原地区人居环境发展相结合的典型例证。古人在区域视野下的灾害管理经验对当下的国土空间规划有一定启发意义。

1.2.4　人居营建对自然的管理

古人深知自然资源对于人居环境的重要性，因此制定了一系列的管理规则和制度，以保护和合理利用自然资源，其中既包括国家层面的资源分配与保护，也涉及地方官员对自然资源的利用与保护。这些规则和制度不仅体现了古人对自然的尊重和理解，也展现了他们通过人居实践来调适自然环境的智慧。

1. 国家对山林川泽的管理

刘禹锡《天论》云："天之道在生植，其用在强弱；人之道在法制，其用在是非。"建设人与自然和谐的人居环境，需要制定合理的制度，管理和协调好社会关系，合理地分配和利用自然资源。中国有在国家层面管理山林川泽的传统。古代除了要分给农民耕种、保障农民基本衣食的可耕农田之外，还有大量的山林川泽归国家所有，人们如果使用国有资源，必须要遵守一定的制度和规范。《管子》中曾主张要根据自然规律合理地开发和利用自然资源，提出了"以时禁发之"的口号。《逸周书》也有合理利用自然资源的要求，《礼记·月令》《吕氏春秋·十二纪》都有类似的记载。古代为管理自然资源设有专门的官员："天子之六府，日司土、司木、司水、司草、司器、司货，典司六职。"这种对山林川泽的统一管理，对环境的保护起到了一定作用。

2. 地方官员对自然的管理

在国家对山川林泽管理的基础上，人居建设对于相关自然资源的使用大都依赖于地方官员对自然的价值判断。地方官员应在价值判断中讲究化育万物、观照万物的理念，纳自然于人居，尊重自然规律，这种态度是建立人与自然和谐的地方人居环境的基础。地方官员还要能意识到自然环境的重要性，带头建立保护自然环境的准则。

3. 多元自然文化共同孕育

中国古人在建立人居环境之时也建立了保护自然的人居文化，其因地域、民族、地理环境而呈现多样面貌。多样的人居文化共同孕育与呵护着广阔的自然地带。比如，我国悠久的山岳祭祀传统保护了大量名山风景，建立了具有山岳崇拜特征的人居形式。早在《山海经》中，古人就记载了四百多座山中的不同规格的祭祀。《史记·封禅书》引《礼记》的话说："天子祭天下名山大川，五岳视三公，四渎视诸侯。诸侯祭其疆内名山大川。"古人把名山大川从一般的物质对象中分离出来，加以保护和管理，作为象征性的祭祀对象以示崇拜。泰山、武当山等地方山岳地带的人居环境均是因山岳祭祀而建城，城中有专用于祭拜山岳的山岳庙，山岳成为当地人居环境的精神象征。自然为崇高，城次之，是一种极具中国特色的人居形式。山岳是资源所出，也往往是地方的水源地，支撑周边郡县的人居环境发展。古代地方政府常为一个地区的重要山岳资源立下保护条例，例如位于贵州北部的梵净山，清代政府曾为保护山地植被而明令禁止砍伐森林等一切破坏活动，立有"禁砍山林碑"。类似的碑刻在很多地方都有发现，这些保护条例对保护地方生态环境起到了重要作用。

1.2.5 人与自然和谐共生

古代中国人居建设过程中，人与自然的关系既有和谐与统一，亦有冲突与调适，但总体趋势倾向于追求人与自然的和谐共生。"人与天调，然后天地之美生"是古人对合理处理人和自然的关系，形成人与自然和谐的人居环境的最高概括。这里的协调包含了人对自然的化育、人对自然的适应，也包括了一个与自然协调的人类社会。

古人在实际的人居环境建设中探索的"人与天调"可以借助三句古语来表达。一是"天地之生殖，资民之用，而人事之生殖，裕民之天"，古代人居建设的过程是天、地、人共同创造的过程；二是"人事不修之积，非特天时之罪"，古代人居建设的过程，是通过各种规划设计与工程手段建立安全的生活场所的过程；三是"用天之利，立人之纪"，古代人居建设的过程，是一个创造人与自然和谐文化的过程，也是创造一个与自然和谐的人类社会的过程。

1.3 人居环境整体经营的传统

1.3.1 人居营建的次序

1. 制土分民

在广域国土上进行人居营建、设置各层级的居民点，最基本的原则就是要符合"制土分民"之律，即人地之间要保持合适的比例关系，人稠土狭或地广人稀，都不利于经济社会的发展。《商君书·徕民篇》追述"先王制土分民之律"："地方百里者，山陵处什一，薮泽处什一，溪谷流水处什一，都邑蹊道处什一，恶田处什二，良田处什四，以此食作夫五万。其山陵薮泽溪谷可以给其材，都邑蹊道足以处其民，先王制土分民之律也。"大意为：在方百里的区域，对用地结构提出定量安排，土地有山陵、薮泽、溪谷等不同的土地利用类型，各占一定的比例，人民利用土地生产粮食、衣物，而粮食、衣物又供养人民。在方百里区域，可以生活五万人，即一万户。

秦代推行郡县制，秦代的县、邑设置即遵循这样的基本原则，方一百里之地，一万户人家。按每家5口人计算，一县约50 000人。当然，由于种种原因，每个县的土地和人口只是一个大致的标准，并非绝对化。秦代在全国范围对郡县设置进行统一性的布局，并进行相应的人口布局调整，为后世全国人口、经济之发展奠定了基础。

2. 量地制邑

区域层面的人居营建需要根据区域土地的规模和条件，确定城邑的规模和数量，通过城邑的战略布点，开展对相应地域的控制，实现大规模空间的组织。《礼记·王制》将其归纳为"量地以制邑"，《荀子·富国》之"量地而立国"亦为此意。《管子》定性描述了地、邑相匹配的基本原理："地之守在城，城之守在兵，兵之守在人，人之守在粟。故地不辟，则城不固。"（《权修》）"夫国城大而田野浅狭者，其野不足以养其民。"（《八观》）《乘马》则提出了一套定量化的配置标准：一座万室之城、四座千室之城，对应于方80里的上地、方100里的中地或方120里的下地。

3. 相地选址

各层级人类聚落营建的第一步都是相地选址，为了选择一个合适的居址，需要对人居环境的结构、功能布局、重点地段经营等进行初步但整体的思考。中国古代相地的历史悠久，从日常所居的宅到更大规模的聚、邑、都，相地理论积攒了丰富的实践经验。相地之"相"，作为知识反映了当时的生产力条件与人们的认识水平，作为文化反映了当时的哲学社会人文思想，相地有着独特的历史形态及哲学。中国古代相地理论经历了"地宜—形法—风水"的演进。不同的相地范式有着共同的指向，即自然之"地"经过"相"而成为人居之"地"。[1]

"仰观俯察"是相地选址的起点，指的是选择合适地点进行整体考察，把握自然地理形势和空间格局，努力做到了然于胸，了如指掌，进而初步确定能够满足城

---

1. 武廷海. 规画：中国空间规划与人居营建［M］. 北京：中国城市出版社，2021：141-164.

市用水、防洪、御敌等基本需求的场址。《管子·乘马》将先民的经验概括为"凡立国都，非于大山之下，必于广川之上。高毋近旱而水用足，下毋近水而沟防省"。在一定的生产力水平下，对这种大山之下、广川之上、高毋近旱与下毋近水等的自然条件，都要通过仰观俯察才能获致较为完整的认识。

"相土尝水"是相地选址的重要技术方法。具体是指考察地表地形、河川流向，以及土壤、地下水、日照、风向等自然地理条件，进行用地评价，以确定城邑选址等。西汉文帝时期，晁错追述先民相土尝水的传统曰"相其阴阳之和，尝其水泉之味，审其土地之宜，观其草木之饶"；东汉赵晔《吴越春秋·阖闾内传·阖闾元年》记载："子胥乃使相土尝水，象天法地。造筑大城，周回四十七里。"以上都反映了相土尝水可以为顺其自然、因地制宜地布局城市功能区奠定基础。

4. 山水营城

与自然环境相协调是中国古代人居环境营建的传统。既满足人们的生活需求，又保持秀美的山水，处理好生产活动、人工建设与秀美山水之间的关系，是人居环境建设必须慎重对待的问题。中国古代在这方面积累了丰富的经验，古人发掘自然中最具特色的地形或山水要素，结合山形水势和道路系统构筑"山—水—城"的"艺术骨架"，满足基本需求的同时，亦形成独具特色的构图和整体意象。

"辨方正位"是山水营城的重要方法，传统注疏为"辨别四方，中正宫室"。"谓建国之时辨别也，先须视日景以别东西南北四方，使有分别也。'正位'者，谓四方既有分别，又于中正宫室、朝廷之位，使得正也。"（《周礼》贾公彦疏）具体的人居营建实践则通常要测定方向，并顺应多样的地理形势与山水形态，确定中心点与中轴线，以此为空间主干确定其他关键要素的位置及其朝向。

1.3.2 人居营建的制度

1. 域民之法

中国古代人居营建往往作为圣王域民治国的工具，具有鲜明的政治统治目的。从治国的角度看，中国古代的城首先是管理国家广阔地域空间的工具。"地之守在城"（《管子·权修》），"城，所以盛民也"（《说文》），说的就是这个道理。《汉书·食货志》进一步明确古代如何凭借城这个空间实体来统治万民，称之为"圣王域民"之法。

在古代中国，一切社会经济活动都必须从属和依从于"王制"，即使发展经济（"食货"）的目的也在于"治国安民"，天下所有财富必须作为皇权统治万民的工具。相应地，筑城制里设市立学，着眼于治国安民，实际上是将人民布置到合适的地方，"聚人守位"，以实现国家层面的宏观控制。

2. 营国制度

营国制度是先秦典籍《周礼·考工记》中所记载的城邑建设制度，是先秦时期城邑建设理想的集中体现，对后世城市尤其是都城的规划建设产生了深远的影响，奠定了方形城制、宫城居中、对称布局、礼制等级等中国城市建设传统。

营国制度规定了王城（即周天子都城）的空间模式，包括形制、规模和城门数量、道路制度以及主要空间结构等。宫城是全城规划核心，位于王城的中心，宫城南北中轴线便是王城规划的主轴线。宫城前面为外朝，后面为市。宗庙、社稷则据主轴线对称设置在宫城前方的左右两侧。全城道路网及里均环绕宫城这个核心。

天下城邑分为三个等级，王城、诸侯城、卿大夫采邑，采用尊卑明确的营建规格，具体办法是以王城为基准，按一定的差额，依次递减，包括城市规模、城隅高度、道路宽度等都具有明显的等级制特征。

3. 模数制

中国古代人居营建往往共同使用模数（包括分模数、扩大模式和长度模数、面积模式）控制规划、设计，使其在规模、体量和比例上有明显或隐晦的关系，从而在表现建筑群组、建筑物的个性的同时，仍能达到统一协调、浑然一体的整体效果，也能起到简化规划设计过程、有利于较快完成规划设计工作的作用。

古代设计木构建筑虽以材分为模数，以柱高为扩大模数，但是它近似于理论值，只规定构件断面并控制大轮廓的长度，对间广、进深、柱高的具体长度，还要把"分"值折合成尺数，以便在施工时准确控制和验核。布局建筑群时，因各房屋大小不一，不能共用一个模数，所以设计者共同使用一个尺度适当的方格网，以它为基准来控制院落内各座房屋的相对位置和尺度关系。都城布局中，坊、宫城、都城在面积上也有一定的模数关系。

4. 等级制

中国古代的建筑和城市营建具有非常明确的等级制度，塑造了各级城市、衙署、寺庙、第宅等建筑和建筑群组层次分明、完美协调的空间秩序，它是中国古代社会治理模式的体现和载体，也是其赖以实现的手段。

就建筑而言，建筑的规模和形制往往按照建筑所有者的社会地位规定。例如，汉代宫殿、重要官署和官吏墓前均可建阙，皇帝用三重子母阙，诸侯用两重阙，一般官吏用单阙；宋代庑殿顶、歇山顶为宫殿、寺庙专用，官民住宅只能用悬山顶；明代对亲王以下各级封爵和官民的第宅的规模、形制、装饰特点等都作了明确规定，并颁布禁令。从汉代以来，朝廷都颁布过法令作出相关规定，如唐代的《营缮令》。

就城市而言，其规划和建置常根据城市行政等级的不同来规定。《周礼·考工记》将天下城邑分为三个等级，王城、诸侯城、卿大夫采邑，采用尊卑明确的营建规格。学者根据现有考古资料研究指出隋唐地方城市建设有一定的等级制度，包括"大型州府城—一般州府城—小型州城和县城"，规模分别为十六个坊、四个坊和一个坊，这一制度直至明中叶仍被承袭。

1.3.3 人居营建的经典著作

1.《营造法式》

《营造法式》是北宋崇宁（1102—1106年）年间政府颁布的建筑法典，也是中国现存最早、内容最完整的建筑学著作。书中详列了多个建筑工种的设计原则、建筑构件加工制造方法，以及工料定额和设计图样，成为中国古代木结构建筑体系发展到成熟阶段的一次全面而细致的总结。该书在制定各种规章制度的同时，还强调了另一条规则，即"有定法而无定式"，各种制度在基本遵守的大前提下可"随宜加减"，这样就使设计与施工既有典可依，有章可循，又可根据具体情况灵活变通。

2.《园冶》

《园冶》是中国明代计成所著论述造园艺术的理论著作，反映了中国古代造园的成就。《园冶》共三卷，第一卷的卷首《兴造论》和《园说》两篇是全书的纲领和立论所在，也是作者造园的思想和原则。其后有《相地》《立基》《屋宇》《装折》《门窗》《墙垣》《铺地》《掇山》《选石》《借景》十篇论述。《相地》《立基》《铺地》《掇山》《选石》《借景》篇是专门论述造园艺术的理论，也是全书的精髓；而《屋宇》《装折》《门窗》《墙垣》篇则着重建筑艺术的具体论述。全书论述了宅园、别墅营建的基本原理和建造手法。总结了大量的造园经验。其中，"虽由人作，宛自天开"是《园冶》中具有代表性的园林设计思想，阐明造园之道乃自然之道，非人工有意而为之。园林景观的建造要依山傍水，人巧藏于天工，犹如"天造地设"最为适宜。"巧于因借，精在体宜"是该书最为精辟的论断，强调"因""借"做到得体合宜。

3.《周礼》

《周礼》是中国第一部系统记录国家政权组织机构及其职能的专书，其中包含大一统制度形成过程中对空间规划体系的理想建构，影响后世两千余年。"辨方正位"与"体国经野"是《周礼》空间规划体系的核心。"辨方正位"是进行自然资源的综合调查、评估、分类，奠定城乡规划的基础，进而依此开展国土区划，确定王国与邦国的中心和范围，形成空间框架；在此基础上，"体国经野"塑造具体的物质空间形态，包括土地的细分和分配、水利和道路建设、城邑建设等。二者相辅相成，建构下自闾里，上至天下的理想空间格局。这一空间格局有赖于相应的职官来加以实现。这一建构空间格局的过程，也正是王通过百官实施政治统治的过程，空间体系是职官体系施政的物质载体，职官体系借助空间体系将政治统治的触手遍及每一个聚落，形成天下掌于一人之手的政治网络[1]。

《周礼》产生于战国末期到秦汉这一文化转型、制度接成的重要时期，上承封建、下启郡县，既综合、集成了先秦时期的诸多规划传统，又开大一统集权统治的秦汉帝国之先声。《周礼》所建空间规划体系与技术方法影响深远，两千余年来虽然具体措施几经变化，但是君主借助分层、分区的空间网络体系以统领天下的精神始终未变，空间规划作为政治工具、制度设计工具在后世帝制王朝中一直传承不坠。

4.《管子》

先秦经典文献《管子》中包含了系统的国土规划与城邑规划的思想方法体系。在国土空间层面，有一个土地调查、评估和划分、配置的方法体系。首先对土地资源进行整体调查与评估，通过定量化、标准化的测量统计和调查分析，以农业生产力为标准进行土地折算；其次在此基础上，整合社会、政治、经济、军事若干要素，形成一个人地均衡、社会组织有序的空间单元，即"一乘之地"；最后基于此，以单元的组合建构"万乘—千乘—百乘—五十乘"的国土空间分级体系，这也是一个天下尺度的政治治理框架。在城邑层面，在国土规划的基础上，该体系根据区域

---

1. 郭璐，武廷海. 辨方正位 体国经野——《周礼》所见中国古代空间规划体系与技术方法[J]. 清华大学学报（哲学社会科学版），2017，32（6）：36-54.

土地的规模和条件确定城邑的规模和数量,然后营城立邑,进行城邑的规划建设,包括:背山面川的城邑选址,因地制宜的城郭和道路布局,以近便为原则的功能分区等。总体而言,这一体系体现出鲜明的从地到邑,以地为基的特征。《管子》中的人居思想是融会了春秋战国社会大变革时期诸多文化思想和政治实践经验而形成的,具有典型的时代性和代表性,也对后世产生了深远的影响[1]。

1.4 现代人居环境思想和理论

1.4.1 世界人居运动

20世纪70年代以来,随着城市成为大规模、高密度、具有高度复杂性的人类住区,产生一系列全球性影响,人居问题成为一个世界难题,也是重要的科学问题。人居环境建设成为世界性活动,世界人居活动蓬勃发展。

1. "人居一"大会

在道萨迪亚斯(Constantinos Apostolos Doxiadis)"人类聚居学"理论的影响下,根据1972年联合国在斯德哥尔摩举行的"人类环境会议"(United Nations Conference on the Human Environment)建议,以及受到加拿大政府的具体推动和支持,于1976年5月31日到6月11日在加拿大温哥华召开了联合国第一次人类住区会议(简称"人居一")。人居作为人类面临的最大问题被正视,国际社会开始全面关注整个人工环境及其自然环境,而不仅是关注其中一些问题。

2. "人居二"大会

20年后,为了进一步唤起各国政府和全社会对解决人居问题的重视,号召全世界为人居事业的发展作出努力,联合国于1996年6月3日至14日在土耳其伊斯坦布尔召开第二次人类住区会议(简称"人居二")。"人居二"会议主题为"人人享有适当的住房"和"城市化进程中人类住区的可持续发展"。"人居二"大会通过的《伊斯坦布尔宣言和人居议程》是各国建设人类住区的指导性文件。

---

1. 郭璐.《管子·乘马》国土规划和城邑规划思想研究[J].城市规划,2019,43(1):75-81.

3. "人居三"大会

住房和城市可持续发展大会（简称"人居三"）于2016年10月17至20日在厄瓜多尔首都基多举行，共3万多人出席会议，其中有来自世界多个国家的首脑、167个国家的政府高层代表团以及来自世界各国的参会者1万多人。大会通过具有里程碑意义的成果文件《新城市议程》，提出三大愿景：不让任何一个人掉队、确保可持续和包容型的城市经济、确保环境可持续性。它是可持续发展目标的组成部分，更是一份着眼于行动的文件，为未来城市可持续发展设定全球标准，帮助人们重新思考应当如何建设和管理城市以及如何在城市中生活。

1.4.2　人类聚居学

面对严峻的人居问题，希腊建筑学者道萨迪亚斯（以下简称"道氏"）针对传统建筑学的学科危机，率先提出了人类聚居学，将人居作为科学研究的对象。

"人居"（Human Settlement）是一个现代学术概念。1942年希腊学者道氏在雅典工学院（Athens Institute of Technology）发表学术讲演时，第一次使用了"Οἰκιστικός"（人类聚居学，英文为"EKISTICS"）一词，用来表示开展包括区域、城市、社区的规划与住房设计在内的人类住区的科学研究（Science of Human Settlements）。

人居强调"人"。道氏将农村住区和城市住区作为一个统一体来研究，认为随着人类让机器做的工作越来越多，他们将付出特别的代价——失去人性的环境（Dehumanized Surroundings）。道氏一生都在努力通过规划设计为居民提供有一定生活质量的人类住区。

人类聚居学理论从人类住区的五个基本元素（自然、人、社会、房屋、网络）出发进行广义的系统研究，认为人居五要素要均衡发展。同时，道氏建议根据统一的尺度标准，对人类聚居的类型和规模进行划分，将人类聚居系统划分为十五个层级：人体、房间、住所、住宅组团、小型邻里、邻里、小城镇、城市、中等城市、大城市、小型城市连绵区、城市连绵区、小型城市洲、城市洲、普世城（全球城市），各层级上下互相联系，构成人类聚居系统，要解决各层次中的问题，必须对整个系统进行研究[1]。

---

1. 吴良镛. 人居环境科学导论［M］. 北京：中国建筑工业出版社，2001：227-237.

1.4.3 人居环境科学

针对中国改革开放以后城镇化进程建设规模大、速度快、涉及面广等特点，吴良镛提出"人居环境科学"。人居环境科学以人居环境为研究对象，是研究人类聚落及其环境的相互关系与发展规律的科学。它针对人居环境需求和有限空间资源之间的矛盾，遵循五项原则——社会、生态、经济、技术、艺术，实现两大目标——有序空间（即空间及其组织的协调秩序），以及宜居环境（即适合生活生产的美好环境）。

人居环境科学注重人类聚落及其环境的相互关系和组织原则，超越物质空间对象本身，包括：有机整体，即区域、城市和建筑各层次之间相互联系、相互作用；系统整体，即自然、社会、人、居住、支撑网络多系统交叉整合优于单一系统；生成整体，即人居环境在历史发展各个阶段都具有相对整体性。

人居环境科学以人为核心，拓展建筑学、城乡规划学、风景园林学三个学科，作为人居环境科学主导学科群，与相关学科有关部分交叉，形成学科体系。

扩展阅读

[1] 吴良镛. 人居环境科学导论 [M]. 北京：中国建筑工业出版社，2001.
[2] 吴良镛. 中国人居史 [M]. 北京：中国建筑工业出版社，2014.

关键术语

人居、人居环境、人居环境科学、人类聚居学、制土分民、量地制邑、相地选址、山水营城、域民之法、营国制度、模数制、等级制

思考题

1. 请选择一个城市，阅读相关古代县志，分析它所体现的中国古代人居营建的传统。

2. 请论述自20世纪70年代以来，以三次人居大会为核心的世界人居运动的主要脉络和核心思想。

参考文献

[1] 吴良镛.人居环境科学导论[M].北京:中国建筑工业出版社,2001.
[2] 吴良镛.中国人居史[M].北京:中国建筑工业出版社,2014.
[3] 傅熹年.中国古代城市规划、建筑群布局及建筑设计方法研究[M].北京:中国建筑工业出版社,2001.
[4] 武廷海,郭璐,张悦,等.中国城市规划史[M].北京:中国建筑工业出版社,2019.
[5] 武廷海.规画:中国空间规划与人居营建[M].北京:中国城市出版社,2021.

第 2 章

国土空间经济

■ **教学要求**

本章立足于经济学与国土空间保护利用的紧密关系，全章共分为六节，对国土空间经济学、资源环境和生态经济、区域与城乡经济、土地和房地产经济、城乡基础设施建设与基础设施经济、公共财政和福利经济进行分类介绍，要求学生熟悉相关经济概念及其与国土空间保护利用的内在联系，了解开展经济学分析的基本假设与原理，理解国土空间保护利用实践中的经济现象、经济工具与调控手段。

2.1 经济学与国土空间保护利用

土地是财富之母，国土空间及其资源具有很强的经济属性和价值，是经济发展的基础性资源，从经济发展与国土空间新关系来看，国土空间经济囊括了资源与环境、生态经济、发展经济、区域与城市经济、乡村经济、产业经济、土地经济、财政学、金融学等学科的一系列知识。

2.1.1 基本概念

1. 经济学

经济学是一门研究人类经济行为、经济现象，以及人们如何进行权衡取舍的学问。正是由于资源的稀缺性与人的需求的基本矛盾才产生了经济学，逼迫人们作出权衡与取舍，用有限的资源最大限度地满足人们的欲望。因此，经济学研究的基本问题是人类社会生存和发展面对的一个根本性的矛盾，即需求的无限性和资源的有限性之间的矛盾。而需求的无限性是由人的欲望的无限性造成的，人类社会面临着一个基本的资源分配问题，即有限的资源如何在无限的需求当中进行分配。这里有两个层次的分配问题：一是有限的资源如何在不同产品的生产中进行分配；二是生产出来的有限产品如何在消费者中间进行分配。人类选择了两种资源分配的方式，即市场的分配方式和计划的分配方式。微观经济学研究的是市场的分配方式，论证了为什么市场分配机制可以使资源得到最高效率的利用。宏观经济学和公共经济学说明了为什么不能只有市场调控，为什么还需要政府调控。

作为经济学科的基础，经济学的核心假设，如供给与需求、生产与消费、生产力与生产关系等成对出现的基础概念，对于理解国土空间和资源的价值和作用，并进行国土空间评价、分析和规划，均具有重要作用。

在经济学中，经济人和资源的稀缺性是其两大核心假设。具体而言，经济人是经济学上的理性人，他们在经济活动中表现出理性和自利的特点。经济人不会受到感情的左右，而是以理性的方式进行判断和计算，追求自身利益的最大化或目标的最优化。他们在经济活动中都会根据自身利益和目标来行动，不轻信盲从，而是根据理性判断来做出决策[1]。

资源的稀缺性是指在社会中，满足人们需求的物品和劳务无法完全满足所有人的需求，因此这些物品和劳务是有限的，即存在稀缺性。就物品而言，有自由物品和经济物品之说。前者指的是在任何数量下都可以自由获取和使用的物品，不需要支付任何成本或代价。自由物品的特点是无限可得，不受稀缺性限制，可以随意使用而不会耗尽，例如空气和阳光。后者指的是在一定数量下存在稀缺性，需要付费或以其他形式付出代价才能获取和使用的物品。经济物品的特点是有限可得，需求超过供给，因此需要通过市场交易来分配和获取，大部分商品和服务都属于经济物品，如食物、衣物、房屋等。

2. 供给与需求

供给是指在其他因素不变的情况下，生产者在一定时期内愿意并且能够提供出售某种商品的数量，并对应不同的价格水平。需求是指在其他因素不变的情况下，消费者在一定时期内愿意并且能够购买某种商品的数量，并对应不同的价格水平[2]。

---

1. 阿尔弗雷德·马歇尔. 经济学原理：彩图经典藏书［M］. 文思，译. 北京：北京联合出版公司，2015.
2. 高鸿业. 经济学原理［M］. 3版. 北京：中国人民大学出版社，2019.

供给与需求之间的平衡，即供求平衡，是指在市场中，当商品的需求量与供给量相等时所达到的一种状态。在达到供求平衡时，市场上的商品生产量在生产者和消费者之间达到了一种相对静止状态，既不会增加也不会减少，此时的价格被称为均衡价格，对应的生产量被称为均衡产量。

3. 生产与消费

生产是指人类通过改变自然资源或生产要素的方式，制造物品或提供服务以满足人类需求，将投入转化为产出的活动，或者将生产要素进行组合以制造产品的活动。其中土地、资本和劳动构成了传统的三大生产要素，随着经济社会发展和专业认知的深入，技术创新、企业家精神等在现阶段的部分研究中也被纳入生产要素范畴。消费是个人或家庭购买与使用商品和服务以满足自身需求和欲望的行为[1]。

同时，生产与消费的过程又涉及成本、价格、交易和效用等关联概念。成本是指为生产或经营活动所付出的资源代价，包括机会成本、显性成本、隐性成本、沉没成本等不同形式。此外，成本还有一种边际成本的表达方式，是指每一单位新增生产的产品（或者购买的产品）带来的总成本的增量，反映每一单位产品的生产或购买对总成本的影响。价格是指该物品和一般物品相比较时的交换价值的货币表现。交易是指在市场经济中个体或组织之间进行的买卖、交换行为，并涉及利润这一概念，即从资本中获得的所有纯利益，大于根据目前利率计算所得的资本的利息。在古典经济学中，利润代表资本的回报，在一般用法中，利润表示收益与契约成本之间的差额。效用是消费者对商品或商品组合所感受到的满足程度或对自身欲望的满足能力的评价。

4. 生产力与生产关系

在马克思主义政治经济学中，生产力是指人在生产过程中作用于自然所用的方式和资料，以及他在活动中的能力。生产关系是指人们在生产过程中形成的相互关系，包括他们与生产资料、生产工具以及生产活动本身的关系。在生产力与生产关系这一对伴生概念的互动过程中，还有剩余价值这一概念，通常是指在资本主义制度下，资本家从工人身上获取的超过支付给工人工资的部分价值，是劳动产品中包含的价值超过为生产该产品所消耗的价值总和[2]。

---

1. 曼昆. 经济学原理：第7版[M]. 梁小民，梁砾，译. 北京：北京大学出版社，2015.
2. 刘春生. 政治经济学[M]. 北京：中国人民大学出版社，2016：66.

新质生产力代表先进生产力的演进方向，是由技术革命性突破、生产要素创新性配置、产业深度转型升级催生的先进生产力质态。新质生产力以劳动者、劳动资料、劳动对象及其优化组合的跃升为基本内涵，具有强大发展动能，能够引领创造新的社会生产时代。更高素质的劳动者是新质生产力的第一要素，更高技术含量的劳动资料是新质生产力的动力源泉，更广范围的劳动对象是新质生产力的物质基础。与传统生产力形成鲜明对比，新质生产力是创新起主导作用，摆脱传统经济增长方式、生产力发展路径的先进生产力，具有高科技、高效能、高质量的特征。形成高科技的生产力要以创新为第一动力，以战略性新兴产业和未来产业为主要载体，以新供给与新需求高水平动态平衡为落脚点。

2.1.2 经济学与国土空间保护利用的关系

从政治经济学角度来看，国土空间与资源是生产力的重要组成部分，是重要的生产资料，而国土空间规划则是生产关系的重要内容。从微观经济学角度来看，国土空间和资源是重要的经济物品和生产要素，具有非常强的经济属性和经济价值，而国土空间规划则是对国土空间和资源的配置，是具有很强的经济影响力的资源配置活动。其一方面决定了空间和资源的生产与供给，另一方面也调控着空间与资源的消费。在社会主义市场经济体系中，土地、空间和资源作为重要的经济资源，需要通过规划引导的市场进行有偿使用和规范交易。因此，经济学中的价格、成本、效用、边际成本、利润等概念也适用于对空间和资源及其规划配置、交易流动和可持续使用的分析。

从国土空间规划配置空间资源的具体过程来看，以国土空间规划对土地及其关联要素、空间建成环境等的配置为起点，基于土地财政和土地金融的发展模式，通过资本的三次循环和收入的多次分配两个机制的作用，形成的是国土空间规划与共同富裕和社会公平之间的互动关联和传导的机制框架。一方面，国土空间规划通过科学配置各类经营性土地，包括适量的房地产用地等可以"资本化"的空间以及足够用于投资建厂发展生产的工业用地，确保有足够的空间可以用于财富创造和增值，同时确保资本和劳动等不同要素都能够获得发展的空间并参与收入分配，从而促进生产力发展、提升富裕程度、保障共同富裕；另一方面，国土空间规划通过合理配置公益性设施和公共性空间等，提高空间的附加价值、改善生产环境和促进空间再生产，同时以实物性社会转移的"第四次分配"等方式普惠性地提高全体居民尤其是弱势群体的获得感，以此促进社会公平（图2-1）。

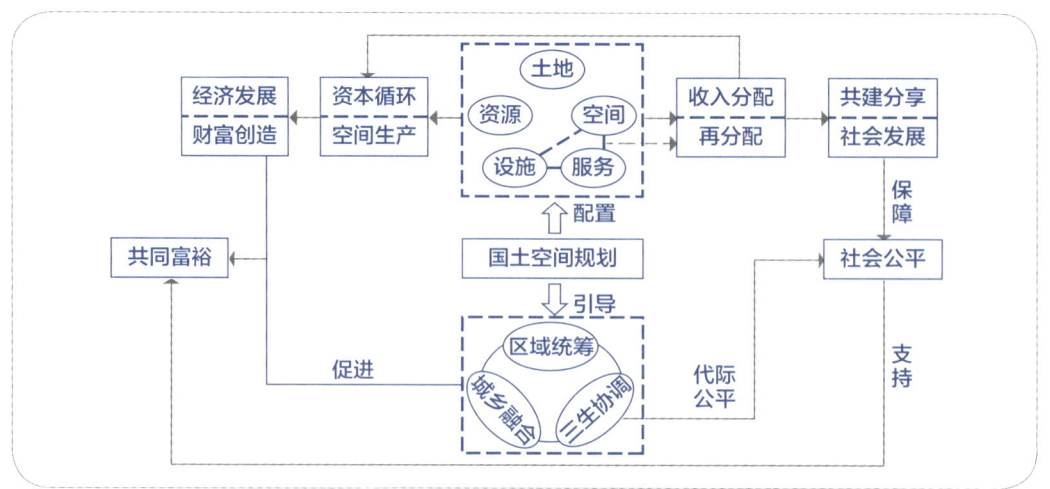

图 2-1　国土空间规划与共同富裕、社会公平的逻辑关系和作用机制框架图
资料来源：作者自绘

经济学与国土空间规划具有密切的关系，经济学是国土空间规划重要的基础和相关学科。具体而言，资源环境、生态经济学同空间和资源的保护、利用与评价，区域经济学、发展经济学与空间经济学、产业经济学、乡村经济学同国土空间的发展与利用、生产力布局，土地与房地产经济学同国土空间开发和资源交易，建设和基础设施经济学同城乡基础设施建设，公共财政和福利经济学同城乡公共服务配置等均具有直接关系，是国土空间规划所需要的重要的相关知识。

国土空间规划在统筹自然资源利用与保护的同时，亦要关注人文需求，谋求人与自然的和谐共生，尤其是在公共服务设施布局与建设、生态环境塑造与提升、文化保存与凝聚等方面，发挥重要的引导作用，由此也使得人文经济知识应当成为国土空间规划相关经济学知识的重要组成部分。人文经济以人的立场来研究经济学问题，注重从人们的日常生活经验出发，帮助国家和社会研究制度如何更好地实现人的发展。新时代的人文经济学强调以人民为中心的发展思想，将中国特色社会主义的人文价值赋予经济发展，推动经济与人文的融合发展。

2.2　资源保护利用与资源环境和生态经济

伴随着生态文明成为中国经济社会发展的主要目标之一，循环经济、绿色经济、低碳经济、生态经济等相关项目实践也陆续开展。加上政府对国土空间规划行为与自然资源管理职能进行绑定等系列工作的推进，资源与环境经济学、生态经济学等学科领域内的绿色GDP、生态产品、碳定价等概念和知识点，迫切地需要被纳入到规划学科的知识体系中来。

2.2.1 基本概念

资源与环境经济学、生态经济学是经济学衍生出的两个交叉型学科。其中，资源与环境经济学是经济学和资源环境科学交叉形成的一门新兴学科，是运用经济学理论和方法，研究自然资源环境发展与保护的经济学分支学科；生态经济学则是生态学和经济学交叉形成的一门新兴学科，从经济学角度研究生态系统服务、自然生态保护和生态修复、生态产业化的相关问题[1]。这两个学科是人类长期以来围绕"有限环境和自然资源背景下如何满足人类的需求"这一普遍问题的解决而形成的两种不同但是关联的研究体系，其不同主要体现在方法论上。资源与环境经济学建立在新古典经济学的标准范式之上，强调人类福利水平的最大化，多采用经济激励修正破坏性的人类行为；而生态经济学根据不同的调查目的，利用的是包括新古典经济学在内的多种方法[2]。不过，当前有的学者把环境看作是生态系统，也有的学者把生态系统看作人类生存和发展所依托的环境，此时环境经济学和生态经济学的区别和界限就变得相对模糊了。

1. 自然资源

自然资源是指天然存在的（不包括人类加工制造的原材料）并有利用价值的自然物，如土地、矿藏、水利、生物、气候、海洋等资源，是生产的原料来源和布局场所。联合国环境规划署对自然资源的定义为：在一定的时间和技术条件下，能够产生经济价值，提高人类当前和未来福利的自然环境因素的总称。

2. 环境

环境是指人类生存的空间，以及其中可以直接或间接影响人类生活和发展的各种自然因素。环境包括自然环境和建成环境，通常主要是指自然环境。《中华

---

1. 石敏俊.资源与环境经济学［M］.北京：中国人民大学出版社，2021.
2. 汤姆·蒂坦伯格，琳恩·刘易斯.环境与自然资源经济学［M］.北京：中国人民大学出版社，2021.

人民共和国环境保护法》对环境的定义是：影响人类生存和发展的各种天然的和经过人工改造的自然因素的总体，包括大气、水、海洋、土地、矿藏、森林、草原、湿地、野生生物、自然遗迹、人文遗迹、自然保护区、风景名胜区、城市和乡村等。

3. 生态系统服务

生态系统服务是指人类从生态系统获得的所有惠益，包括产品供给服务（如提供食物和水）、生态调节服务（如控制洪水和疾病）、生态文化服务（如精神、娱乐和文化收益）和生命支持服务（如维持地球生命生存环境的养分循环）。生态服务价值是指人类直接或间接从生态系统得到的利益，主要包括向经济社会系统输入有用物质和能量，接受和转化来自经济社会系统的废弃物，以及直接向人类社会成员提供服务（如人们享用的洁净的空气、水）[1]。

2.2.2　资源环境和生态经济与国土空间保护利用的关系

国土空间是指国家主权与主权权利管辖下的地域空间，是国民生存的场所和环境，包括陆地、陆上水域、内水、领海、领空等，是自然资源要素和人文资源要素存在的空间载体。国土空间保护利用对于国家的发展和安全至关重要，其中资源与环境经济学、生态经济学二者，能为国土空间范围内的自然资源与环境保护利用提供经济学的保护利用思路和相关政策措施。

1. 可持续发展

可持续发展是全球共识的发展理念。当前国际上主要有两种可持续发展的理念：一是强可持续性发展理念，二是弱可持续性发展理念。二者的差异主要来源于对自然资本可替代性的认识。其中强可持续性发展理念基于对自然资本不可替代的认识，该理念通常认为主要有四类自然资本不可替代：一是提供地球生命支撑功能的自然资本；二是独一无二的、一旦破坏就难以恢复的自然资本；三是环境健康；四是粮食安全和食品安全。这与当前国土空间规划中"双评价"（资源环境承载能力和国土空间开发适宜性评价）的内容有着较高的关联性，因此，对国土空间的强

---

1. 沈满洪. 生态经济学［M］. 北京：中国环境出版社，2022.

可持续性测度是构成"双评价"的重要部分[1]。

进行强可持续性测度主要有两种思路：一是强调关键自然资本存量的保护，采用物理数量指标，对关键自然资本的存量进行测度，提出了自然资本核算、生态足迹分析、环境阈值分析等方法；二是认为应将自然资本保护纳入社会经济决策过程，强调生态系统对人类社会的服务功能，将自然资本的生态服务功能转化为生态服务价值进行测度，提出了生态系统服务评估、生命周期评估等方法。

2. 生态经济产业

生态经济产业又称生态产业，就是把产业发展建立在生态环境可承受的基础之上，在保证自然再生产的前提下扩大经济的再生产，从而实现经济发展和生态保护的协调发展，以利于建立经济、社会、自然良性循环的复合型生态系统。一般认为，生态产业是按生态经济原理、知识和经济规律组织起来的基于生态系统承载能力、具有高效的经济过程及和谐的生态功能的网络型、进化型产业。它通过两个或两个以上的生产体系或环节之间的系统耦合，使物质、能量多级利用、高效产出，资源、环境系统开发、持续利用。企业发展的多样性与优势度、开放度与自主度、力度与柔度、速度与稳定达到有机结合，使污染负效益变为经济正效益。

按照三次产业分类法，生态经济产业可分为生态农业、生态工业和生态服务业，并在此基础上延伸出富有中国特色的生态产品第四产业。生态农业又可分为狭义的生态农业、生态林业、生态畜牧业、生态渔业等；生态工业又可分为生态制造业、生态化工业、生态加工业等；生态服务业又可分为生态旅游业、生态物流业、生态金融业、生态信息业等。

2.2.3　相关概念举例

1. 绿色 GDP

绿色 GDP 是指一个国家或地区在一定时期内，扣除资源损耗成本和环境成本等相关费用后的最终生产总值。这个指标实质上代表了国民经济增长的正效应，它扣除了对生态环境和经济可持续发展的不利影响因素。绿色 GDP 的增长是符合可持续发展要求的经济增长，是人类社会福利实际水平的提高。

绿色 GDP 是综合环境经济核算体系（System of Environmental and Economic

---

1. 王亚飞，樊杰，周侃. 基于"双评价"集成的国土空间地域功能优化分区 [J]. 地理研究，2019, 38（10）：2415–2429.

Accounting，SEEA）的一个核心指标，绿色 GDP 核算必须借助 SEEA 的框架来实现。在 SEEA 中，整个框架由三部分构成：存量和流量核算，实物量和价值量核算，自然资源和环境（狭义）核算。我国从 20 世纪 80 年代末期开始进行绿色 GDP 的相关研究。最初是在 1988 年，国务院发展研究中心国际技术经济研究所得到美国福特基金会的资助，成立了资源核算及其纳入国民经济体系课题组。此后，一些专家学者和政府统计机构也逐步开始进行绿色 GDP 的理论和应用研究。2004 年，国家统计局和国家环境保护总局成立绿色 GDP 联合课题小组，后续又加入国家发改委和国家林业局，以加快编制适合国情的绿色 GDP 核算体系。2004 年 6 月，国家环境保护总局和国家统计局联合主办"建立中国绿色国民经济核算体系国际研讨会"。2006 年 9 月 7 日，国家环境保护总局和国家统计局又联合发布了《中国绿色国民经济核算研究报告 2004》。

2. 碳定价

碳定价是一种经济工具，它可以体现温室气体排放的外部成本，譬如农作物生产受损成本，干旱和升温带来的医疗保健支出成本，洪水带来的财产损失，及海平面上升产生的影响等。

碳定价的目的不是决定谁应该在何处排放以及如何减少二氧化碳排放，而是向排放者提供价格信号，将气候变化的外部成本内部化，对于为清洁发展制定经济激励措施具有积极的意义。正因为如此，各国政府和企业对碳定价在低碳经济转型中的作用日趋达成共识。对于政府而言，碳定价是减少碳排放的气候政策"一揽子计划"之一，也是政府的一种收入来源。企业可以使用内部碳定价来评估碳价格对企业运营的影响，作为识别潜在气候风险和收入机会的工具。长期投资者可以使用碳定价来分析气候变化政策对投资组合的潜在影响，重新评估投资策略，决定是否将资本重新分配给低碳技术或适应气候变化的项目。碳定价的主要方式是碳排放权交易和碳税，其他方式还包括碳定价抵消机制、基于结果的气候融资和组织内部设定的碳价格等。

2.3 国土空间发展与区域、产业和农村发展经济

区域经济学、发展经济学和产业经济学、农村经济学与国土空间规划密切相关，习近平经济思想和近年来兴起的新结构经济学、新时代发展经济学等，对中国

特色国土空间规划具有重要指导作用。

2.3.1 城市经济增长及其基本原理

1. 经济增长

经济增长从其定义来看，就是指某个经济体总产出的增加，由增长率来衡量：

经济增长率 =（当年总产出 – 前一年总产出）/ 前一年总产出

年总产出的规模一般用GDP来衡量，称为国内生产总值，即在所辖土地上、一年时间内生产出的产品和服务的总价值量。它代表着这一经济体在一年内创造出的新的社会财富的总量。经济的增长，即产出规模的扩大，可以通过两种途径来实现：一是增加各种生产要素的投入量，从而扩大生产规模，带来相应的产出规模的扩大；二是通过提高生产要素的利用效率，在不增加要素投入量的情况下来增加产出。前一种途径称为"外延式"增长；后一种途径则称为"内涵式"增长。

"外延式"的增长需要增加资本、劳动力和土地三项生产要素的投入。资本投入与城市经济增长的关系非常密切，因为城市产业是以工业和服务业为主，工业生产需要大量的资本投入，服务业也需要相当的资本投入。对于现代城市来说，资本投入的增加一是来自城市内部的储蓄，二是来自外部资本的流入。城市经济是一个开放的系统，有资本的流入和流出，流入量减掉流出量是净流入量。如果单看资本与经济增长的关系，则有经济的增长率等于资本增长率与资本产出比之比，即：

经济增长率 = 资本增长率 / 资本产出比
资本增长率 = 储蓄率 + 资本净流入增长率

从可持续性的角度来说，资本是可再生的，可以通过积累，不断地增加其规模。劳动力也是可再生资源，其增长与人口的增长相关。但根据人口学的研究，随着生活水平的提高，人们生育的意愿会下降，从而会导致人口增长率降低，最终不可避免地出现社会人口老龄化。这意味着以劳动投入的增加来获得经济的增长将是不具有长期可持续性的。土地是三项生产要素中唯一不具有可再生性的。土地对经济增长的贡献不仅仅在于作为一种经济活动的承载物，更重要的是其中蕴藏的各种矿产资源和能源，是各种生产活动的基本原材料和能量来源。而这些资源的不可再生性使其越用越少，价格越来越高。

"内涵式"的经济增长是在不增加要素投入量的情况下来提高总产出。实现内涵式增长有两条途径：一是依靠技术进步，提高资源的利用效率；二是提高生产者的技能，通过提高生产者的生产效率来提高总产出。实现"内涵式"的经济增长也需要投入，但其需要的只是资本的投入，而资本是可再生的，这就使其具有很好的可持续性。

不管是"外延式"还是"内涵式"的增长都扩大了经济体的产出规模，也就是生产出了更多的产品与服务，增加了市场中的供给。如果市场中没有相应的需求，则这种经济增长也是不可持续的。

2. 城市经济增长基本原理

经济学中有三个基本原理可用来解释城市的形成和城市经济增长，即生产要素组合原理、规模经济原理和集聚经济原理。

1）**生产要素组合原理**

生产要素组合原理用不同的经济活动中使用的生产要素组合不同来说明其空间特征。基本的生产要素是土地、劳动力和资本，不同产业的生产活动使用不同的要素组合结构。就农业和工业两大产业的比较来看，传统农业生产需要大量的土地投入、大量的劳动力和一定量的资本，由于其土地投入量大，劳动力和资本就分散在大范围的土地之上，所以在空间上是分散的。即使是现代农业，需要的劳动力很少而资本量很大，仍需要大量的土地，空间上还是分散的。而工业生产只需要相对很少的土地、一定量的劳动力和大量的资本，劳动力和资本都集中在很小的土地面积上，所以空间上是集中的。正是因为工业生产的这种要素组合特征，使得工业化带来了城市的大发展。所以现代经济的发展从产业的角度看是工业化的过程，从地域空间的角度看就是城市化的过程，工业化和城市化是同一个发展过程的两个不同的侧面。

2）**规模经济原理**

规模经济原理是说某些生产活动，主要是指工业生产活动，具有规模越大成本越低的特点。这里的规模是指单个企业的规模。随着企业规模的扩大，其内部的生产组织趋于合理化，从而提高效率和降低成本。规模经济作用的结果就是出现了一些大型企业，规模大到一个企业就可以形成一个城市，如一些钢铁城、汽车城等。

3）集聚经济原理

集聚经济原理是指经济活动在空间上相互靠近可以提高效益。这里又分为两种：一种被称为地方化经济，是指同一行业的企业在空间上集聚可以带来技术和信息交流的便利，可以共享同一个劳动力市场，可以吸引与之配套或为之服务的相关产业围绕其发展，从而降低成本，提高效益；第二种称之为城市化经济，是指不同行业的企业或经济单位在空间上集中，可以共同分担基础设施的投资，可以共享文化教育设施，可以从多样化的劳动力市场中获得所需的不同技能的劳动力，从而提高效益。

比如，对第三产业来说，很多服务活动需要面对面地进行，所以空间的接近是必要的条件。只有集聚了一定的人口规模，服务业才能发展起来。在实际中我们可以看到，城市规模越大，服务业的规模也越大，这也属于城市化经济。

2.3.2 区域经济

区域经济指分布于各个行政区域的国民经济，其形成是劳动地域分工的结果。在长期的社会经济活动中，由于历史、地理、政治、经济以及宗教等因素的作用，一些在经济等方面联系比较频繁的区域逐渐形成了各具特色的经济区。区域经济是国民经济的缩影，具有综合性和区域性的特点。

1. 区域经济增长及其质量

区域经济增长有狭义和广义之分。狭义的区域经济增长是指一个区域内的社会总财富的增加，用货币形式表示，就是国内生产总值的增加；用实物形式来表示，就是各种产品生产总量的增加。广义的区域经济增长则还包括对人口数量的控制，人均国内生产总值的提高，以及产品需求量的增加等。

经济增长质量是经济的数量增长到一定阶段的背景下，经济增长的效率提高、结构优化、稳定性提高、福利分配改善、创新能力提高，从而使经济增长能够长期得以提高的结果[1]。

2. 经济功能区与经济区域

经济功能区是由同类的经济活动在空间上的高度集聚、连片分布所形成的

---

1. 任保平. 经济增长质量：理论阐释、基本命题与伦理原则[J]. 学术月刊，2012，44（2）：63-70.

空间区域。经济区域是由不同种类、不同等级、具有较强自组织能力、相对独立却高度开放的经济功能区彼此之间交互作用形成的一种具有网络作用的经济空间。

3. 累积因果理论

累积因果理论认为，不管是通过开发某种资源或种植某种供出口的农产品，还是通过某种偶然的促发因素，一旦某一区域的经济开始增长，那么该区域的工资率和资本收益率就高于其他地区，就能吸引区外的企业和人口，这又促使该区域具有规模经济和聚集经济。由于区域经济增长是一个累积循环的过程，因此那些占有先发优势的区域总是处于极其有利的位置，各种有利的机会和好处都由这些区域所得。在这种累积过程中，区域产出需求的增长率是区域经济增长率的关键因素，提高增长率的制约因素可能是生产能力的不足或"外部不经济"[1]。

2.3.3 产业经济

产业经济学以产业为研究对象，主要包括产业结构、产业组织、产业发展、产业布局和产业政策等，探讨以工业化为中心的经济发展中产业之间的关系结构、产业内的企业组织结构变化的规律、经济发展中内在的各种均衡问题等。其通过研究为国家制定国民经济发展战略，为产业政策提供经济理论依据。产业经济是居于宏观经济与微观经济之间的中观经济，是连接宏微观经济的纽带。

1. 产业发展

产业是指同一属性的企业的集合，是企业与区域经济整体之间的一种中观经济层次单位。区域经济是一个结构复杂的有机系统，大到部门，小到企业，从生产到流通、服务等企业的集合都可以称作产业。产业是区域经济社会发展的主体，也是区域生产力布局中的重要内容。只有产业不断发展与更替才有区域产业体系的不断演化，才有产业结构的变动与提升；只有产业不断适应布局要求，才能使优势要素（特别是资源要素）得到合理的配置，才能取得良好的经济效益、社会效益和生态效益。从这个意义上来说，产业规划布局的过程就是区域经济发展的谋划过程。

---

1. 安虎森，邹璇. 区域经济学的发展及其趋势[J]. 生产力研究，2004（1）：180-186.

2. 产业结构

区域产业结构是区域经济结构的一种，区域经济结构是指一个区域内各经济单位之间的内在经济、技术、制度及组织联系和数量关系，是影响区域经济增长的重要因素之一，它决定了区域资源配置的基本模式。就结构的属性而言，区域经济结构包括了产业结构、所有制结构、企业结构、技术结构、要素结构等。区域产业结构就是指区域经济中各类产业之间的内在联系和比例关系，是区域进行资源配置并实现资源增值的载体。在经济体制和企业效率一定的前提下，区域经济增长的效率与发展的状况在很大程度上取决于区域产业结构的先进性及变化。

英国经济学家费希尔（Allan G. B. Fisher）在考察了人类产业发展的时序后指出，人类生产活动可以划分为三个阶段。在第一阶段，生产活动以农业和畜牧业为主；在第二阶段，以工业生产大规模迅速发展为标志；在第三阶段，以各种服务的生产为主。1935年，费希尔提出根据人类生产活动的阶段性，可以将一国的经济划分为一、二、三次产业。他在著作《安全与进步的冲突》中对这种划分作了理论上的论证。他认为三次产业分类有着极其重要的意义，一国的经济发展水平可以用一次产业的劳动力在整个就业结构中所占比重来衡量，经济水平与发展速度的变化也可以用三次产业间的变化来衡量，并且产业结构的变化过程同时又是就业结构的变化过程。费希尔的三次产业分类思想提出之后，很快受到许多经济学家的重视，他们对三次产业分类作了进一步的研究。1940年英国经济学家柯林·克拉克（Colin Clark）在《经济进步的条件》一书中第一次对三次产业作了明确的划分，他将国民经济产业结构划分为：第一大部分以农业为主，包括畜牧业、狩猎业、渔业、林业等；第二大部分以制造业为主，包括建筑业和采矿业等；第三大部分以其他各种服务性产业为主，包括运输、通信、商业、金融、职业性服务、行政、律师业等。克拉克的三次产业分类提出以后，西方各国都以此为指导原则提出了各自的三次产业分类标准，以用于本国产业分析的需要，但各国的具体划分不尽一致[1]。

3. 产业布局与组织

社会生产总是在一定的时间和空间中进行的。生产力布局是研究一个国家的生产力在地域上的合理分布问题，在进行生产力布局时应以各种产品到达消费地的劳动力消耗量和资金占用量的多少作为衡量的标准[2]。产业布局是产业在地域空间上的

---

1. 魏建国. 产业分类思想的产生和发展［J］. 北方经贸，1998（6）：68-69.
2. 陈锡康. 生产力布局的若干经济数学模型［J］. 地理学报，1981（1）：1-12.

分布和组合。从产业布局的规划需求出发，可以将产业布局分为国家、区域和城市三个层级。

国家层级的产业布局是从整个国家的大局出发，统筹考虑自然条件、技术水平、发展阶段和国家战略，谋划产业布局的总体框架。

区域层级的产业布局是在区域发展定位的基础上，研究区域政策作用下，产业布局的要素指向、市场指向、"枢纽－网络"和政策指向等模式。区域层级的产业布局，一方面要充分发挥区域比较优势，重视人力资本与信息网络的作用，积极建设"枢纽－网络"空间；另一方面，也要积极发挥区域政策优势，协调区际关系，优化产业空间布局。

城市层级的产业布局则从创造有序的城市生产生活空间出发，研究聚集经济与功能分区、聚集不经济与功能疏解、多维转向与产城融合等规律[1]。

产业的布局与组织，需要一定的承载体和具体方式，主要包括以下五种。

1）产业园区

产业园区是一种由政府或企业为实现产业发展目标而创立的有地理界限的特殊环境，是一种区域开发的政策工具。

2）开发区

开发区是由国务院和省级人民政府确定设立的实行国家特定优惠政策的各类开发建设地区的统称。为了加速某些地区的经济发展，由政府划出一片土地，集中开发建设，为投资者提供优惠政策和较好的投资环境，吸引投资者前来开发土地、产业或当地的优惠资源。按不同的开发目标或者模式，可分为经济技术开发区、高新技术产业开发区、出口加工区、保税区等。

3）新产业区

新产业区是指面向国内、国际市场的中小型企业在一定地理区域内集聚而成的、以结网和植根性为特征的既竞争又合作的中小型企业的综合体。这种新产业区的形成与发展，与科技迅速发展所推动的制造业生产方式的转变有密切关系[2]。

4）产业集群

产业集群有时简称集群，用来定义在某一特定领域（通常以一个主导产业为主）中大量在产业上联系密切的企业以及相关支撑机构在空间上集聚并形成强劲、持续竞争优势的现象。

---

1. 胡安俊，孙久文. 空间层级与产业布局[J]. 财贸经济，2018，39（10）：131-144.
2. 安虎森. 新产业区理论与区域经济发展[J]. 北方论丛，1998（2）：21-26.

5）产业链

产业链指同一产业或不同产业的企业，以产品为对象，以专业化分工为基础，以投入产出为纽带，以价值增值为导向，以满足用户需求为目标，依据特定的协作关系和时空布局形成的上下关联的、动态的链式组织。

4. 产业合作、分工与转移

产业合作是指在产业生产过程中，为了提高产业生产效率和产业市场竞争力，获得更多的物质利益和市场份额，通过一定的协议组织起来的各种产业联合体或建立起来的各种产业联系。产业合作是一种利益共享、风险共担的模式，不仅有利于打破贸易壁垒，扩大产品市场，减轻资金负担，降低产业风险，而且可以通过资金、技术、生产经营知识的相互交流，更有效地吸收先进理念和先进技术，提高产业整体的技术水平和产出能力。

产业分工是指为了提高产业生产效率，一定的生产经营主体或群体在整个产业的生产过程中分别承担不同而又相互联系的工作。英国古典经济学家亚当·斯密（Adam Smith）在《国富论》中提出"分工是国民财富增进的源泉""分工源于交换"。产业分工能够充分发挥国家或地区的比较优势，使资源得到合理的配置，促进规模经济的形成和产业活动的聚集，从而增加产业收益。

产业转移是指伴随着经济发展与科技进步，在资源供给或产品需求等条件发生变化后，为实现利润最大化或社会效益最大化等目标，某个产业从一个区域转移到另一个区域的经济行为或过程。

2.3.4 农村经济

农村经济是建立在农村土地基础上，以农业生产为主要特点的经济结构。农村经济包括农村物质资料生产过程中的经济关系、经济活动及其应用，以及农民作为农村市场主体，在生产、分配、交换、消费活动中产生的各种经济社会关系。狭义的农村经济即农业经济，指以农民为生产主体，以土地为生产对象，通过售卖农产品获得一定经济收益的经济类型；广义的农村经济则指农村地区所有的经济类型，包括农业、工业、商业和服务业等。

1. 农村经济发展

农村经济发展指农村经济总量的增加以及农村生产力的提升，农村经济发展会促进农村社会保障体系完善与人口质量提高,最终实现农民物质和精神生活的改善。农村经济发展会促进城市发展,包括为城市提供资金、劳动力、消费能力、土地以及缓解城市环境压力等;城市发展则为农村经济发展带来动力,包括带动农村劳动力就业、为农村经济发展提供先进生产要素、为农村经济发展提供市场以及带动农村信息化和现代化等。

2. 农村经济变迁

1949年以来,我国农村经济发展经历了明显的阶段变迁,且受到农村经济制度,特别是农村土地制度的深刻影响。在1949年以前,具有剥削性质的农村土地私有制占主导,过半农村人口为佃农和半佃农,主要在低水平的市场经济条件下发展小农经济;在1949年后,国家实行村社集体所有、集中经营、无偿使用的土地制度,在计划经济条件下发展服务于国家工业化需要的传统农业,存在着生产力水平较低、农民积极性受挫等问题;自改革开放到21世纪初,实行土地集体所有、家庭承包经营的"二权分置"制度,市场经济体系逐步建立,以家庭为单位的农业经济再次活跃;党的十八大以来,国家积极推进落实土地集体所有权、稳定农户承包权、放活土地经营权的"三权分置"制度改革,随着市场经济体系走向成熟,农村生产力水平有了较大提高,农村新业态实现了多样化发展。

3. 农村经济新态势

党的十九大报告提出实施"乡村振兴战略",中国农村经济发展近年来呈现诸多新变化,对国土空间规划,特别是村庄规划的编制和实施有重要影响。在农村经济经营模式方面,以家庭农场为单位的农业经营处于核心地位,农民经济合作社成为保障小农户利益的重要组织方式,与此同时,农业规模化经营也在持续发展,农业产业化和竞争力水平日益提高。在农村经济产业构成方面,"一二三产融合发展"成为新趋势,其中农村文化旅游村、现代农业产业园、农业科技园区等是农村产业融合发展的主要载体。在国家生态文明建设和信息技术不断进步的背景下,生态农业、低碳农业及农村数字经济等新形态也正稳步发展。

2.3.5 经济发展基本分析方法

1. 经济分析方法

经济分析是指以各种经济理论为基础,以各项基本资料为依据,运用各种指标和模式,对一定时期的经济动态及其产生的效果进行分析研究,从中找出规律,并指出发展方向的研究活动。经济分析可按分析对象的范围，分为宏观分析和微观分析。经济分析的主要方法包括定量分析与定性分析，其中定量分析方法包括多元统计方法、最优化方法、微分方程或差分方程方法、模糊数学方法、层次分析方法等。

2. 产业分析方法

产业分析方法指对产业现状、产业特性、产业竞争优势、产业发展趋势、产业与技术生命周期、上下游相关产业与价值链、产业成本结构与附加价值分配、产业关键成功因素等内容进行分析的有关方法。产业分析方法可分为产业组织分析方法和产业结构分析方法两类，其中，产业组织分析方法有SCP分析（Stracture-Conduct-Performance，"结构－行为－绩效"模型）、DEA分析（Data Envelopment Analysis，数据包络分析，一般用来测量一些决策部门的生产效率）、敏感性分析、产业波动分析、价值体系与价值重心分析、策略分析等；产业结构分析方法有主导产业分析、产业关联分析、产业聚集分析、产业演变分析、产品生命周期分析、产业风险分析、技术轨道分析等。

2.4 国土空间开发利用与土地和房地产经济

2.4.1 城乡土地市场及其资源配置

土地是国土空间开发利用的核心对象，其内涵与属性决定了对其市场进行组织和对其资源进行配置的方向与重点，科学合理的市场组织和资源配置引导亦奠定了国土空间开发利用的基础逻辑。

1. 土地

土地是地球陆地一定高度和深度范围内的自然综合体，包括土壤、岩石、矿藏、水文、大气和植被等要素，也是地球表层空间自然与人类综合作用的产物，凝聚着人类劳动和各项权利，具有承载功能、生产功能和资源（非生物）功能，其特性包括自然特性（位置固定性、面积有限性、质量差异性）和经济特性（供给的稀缺性、利用方向变更的相对困难性、报酬递减的可能性、利用后果的社会性）[1]。

---

1. 毕宝德. 土地经济学 [M]. 5版. 北京：中国人民大学出版社, 2006: 3-7.

2. 城乡土地市场

城乡土地市场是指城市和农村的土地交易场所，是在流通过程中发生的经济关系的总和，包括土地使用权的出让、租赁、转让等各种土地交易活动。在城乡土地市场中，土地使用权、经营权可以通过市场交易的方式进行转让和流通。

城乡土地市场是城乡经济发展的重要组成部分，以土地资源配置和利用为主要内容，其总体运行机制和资源配置原理影响着城乡土地的有效利用和发展。土地是自然与人类综合作用的产物，具有承载、生产和资源（非生物）功能，其自然特性和社会属性决定了其在城乡土地市场中的重要性，城乡土地市场通过土地出让、租赁、转让等市场交易，实现土地所有权、使用权、经营权的转让和再分配。

3. 地租理论

地租理论主要涉及土地产生的收益（地租）的形成原因和机制。马克思主义政治经济学认为，地租是土地使用者为了获取土地使用权而交给土地所有者的超过平均利润的价值。土地供给的有限导致土地需求超过供给，从而形成地租，而由于土地的自然特性（如土壤肥沃程度等）和社会条件（如区位、交通、公共服务等条件）不同，不同部分的土地收益（地租）不同。

4. 土地资源配置

土地资源配置是指将可供农、林、牧业或其他行业利用的土地资源在国民经济各部门进行分配和使用的过程。涉及土地资源的利用方式、利用程度和利用效果，是土地资源在经济活动中的总体安排。土地资源配置需要遵循一定的经济规律，涉及土地分区利用、土地集约利用、土地规模利用和土地利用规划等方面的经济问题。

我国城乡土地市场以土地制度为基础，通过规定土地所有权和使用权，约束围绕土地所有、使用、收益而发生的生产关系，来保障土地资源的合理配置。在深化土地制度改革的基础上不断完善和优化城乡土地市场运行机制、加强城乡土地资源管理，有助于实现城乡土地市场的健康运行和土地资源的合理配置，从而推动城乡整体发展和助力国土空间资源科学利用。

2.4.2 土地制度、房地产市场与住房供给需求体系

在我国的城镇化进程中，土地、房地产和住房之间形成了密切的联动框架。土

地是房地产开发的基础资源，土地制度作为基础制度，规定了土地的所有权、使用权和流转方式，影响着房地产市场的运转和住房供给体系的建设，土地制度的完善与房地产市场的健康发展密不可分，二者共同构筑起我国的住房供给体系。

1. 土地制度

广义的土地制度包括有关土地问题的一切制度，主要有土地所有、土地使用、土地管理及土地利用技术等方面的制度。狭义的土地制度是指约束人们土地经济关系的规则的集合，是围绕土地所有、使用、收益而发生的生产关系制度。我国土地制度中的城市土地多为国有或集体所有，农村土地主要为农民集体所有或家庭承包经营。土地制度的完善对于房地产市场的稳定运作至关重要，土地制度的改革，可以促进土地资源的有效利用和房地产市场的规范发展，为房地产市场提供相对稳定的土地供给，以及对住房供给体系的健康发展提供有力支持。

2. 城乡土地产权关系

城乡土地产权关系是指城市和农村地区土地所有权、使用权以及其他相关权利之间的关系，涉及土地的各种权利主体、土地权利的获取方式、土地权利的行使和保护等方面。主要内涵包括：土地所有权，指土地所有者对土地的拥有权，城市土地多为国有或集体所有，农村土地主要为农民集体所有或家庭承包经营；土地使用权，指土地所有者或使用者在法律规定范围内对土地使用的权利，城市土地使用权可以通过出让、租赁等方式获取，而农村土地使用权主要以承包经营形式存在；其他土地权利，指城乡土地产权关系还涉及的土地租赁权、土地抵押权、土地继承权、地役权等多项权利。

3. 房地产市场

狭义的房地产市场是指进行房地产买卖、租赁、抵押等交易活动的场所；广义的房地产市场是指在房地产流转过程中发生的一切经济关系的总和。房地产市场是连接土地资源与住房供给的桥梁，房地产市场受到土地制度限制的同时，也关系到住房供给的质量、价格和数量。

4. 住房供给与需求

住房供给体系由不同种类的住房构成，如廉租房、公租房、经济适用房、限价房、商品房等。住房需求是指在特定时间内、在一定价格水平上，人们愿意购买或租赁并且有能力支付的住房商品数量，形成住房需求的两个必要条件是购买房地产的意愿和购买房地产的能力。

就我国主要的住房类型而言，一般可以分为商品房和保障房两个大类，其中，商品房是指经政府有关部门批准，由房地产开发经营公司开发的，建成后用于市场出售、出租的房屋；保障性住房是指人们依托自己的收入水平，在政府直接或间接的支持下，能够购买或租赁的可支付性住房[1]。在我国现有住房供给体系中，商品房的供给受住房需求和土地政策的影响，而保障房是政府提供的保障性住房，用来满足低收入群体住房需求。

不同类型的住房（如商品房、保障房等）在房地产市场中扮演着不同的角色，人们的住房需求是住房供给的基础，住房需求的多样化推动着住房供给体系的不断完善，同时也与房地产市场的繁荣与否密切相关。政府通过健全完善土地制度、规范发展房地产市场、优化住房供给体系的建设，满足不同人群的住房需求，从而提升城乡居民的生活质量，以及实现经济社会的健康稳定发展。

2.4.3　土地和房地产经济杠杆与国土空间开发利用

国土空间开发利用首先要合理划定城市开发边界、科学规划土地利用，同时加强土地资源的节约、集约利用，并加强对土地开发强度的控制和房地产市场的监督管理，在确保土地高效利用的前提下，严格控制土地的过度开发、控制预防土地价格的恶意竞争，促进房地产市场的健康运作，保障城市空间规模的适度发展和城市空间结构的合理布局。

1. 经济杠杆

经济杠杆属于间接调控范畴，是指国家或组织利用价值规律等影响、调节和控制社会生产、分配、消费等经济活动，以促进国民经济和社会发展的经济手段，包括价格、税收、信贷、工资、奖金、汇率等。土地和房地产经济在国土空间开发利用中扮演着重要的经济杠杆角色。

2. 土地经济

土地经济是研究土地利用中的生产力（组织）和生产关系这两个对象的经济规

---

1. 董藩. 房地产经济学 [M]. 3版. 北京：清华大学出版社，2012：7.

律和经济关系的科学。土地经济作为国土资源的重要组成部分，其合理利用有助于促进经济发展和生态环境的改善。

国土空间开发利用过程中需要注重土地利用经济与生态效益之间的平衡，即在追求经济效益的同时，合理控制土地开发强度，保护耕地并增强生态系统的功能，实现可持续发展。

3. 空间高质量发展

空间高质量发展是指在城乡规划建设中，注重质量、效益和可持续性，以提升空间环境品质和人民生活质量，实现城乡空间的优化布局、生态环境的保护、产业结构的优化、文化传承创新等目标。

科学合理的城市空间规模和结构是空间高质量发展和可持续发展的基础，其需要充分考虑土地和房地产经济等影响因素。国土空间开发利用要实现空间高质量发展，需要兼顾资源节约利用和生态环境保护。

2.5 城乡基础设施建设与基础设施经济

城乡基础设施是城乡经济社会发展的支撑体系和城乡建设的主体部分，主要包括交通系统、水资源与排水系统、能源系统、通信系统、环境系统和防灾系统等各项系统设施。城乡基础设施是保障城乡正常运行和健康发展的物质基础，也是实现经济转型的重要支撑、改善民生的重要抓手和防范安全风险的重要保障。本节以基础设施经济学为切入点，阐述国土空间规划背景下的城乡基础设施规划与建设中的经济学知识。

2.5.1 城乡基础设施建设中的公共经济学特征

在经济学语境下，城乡基础设施常与公共资本、公共物品等概念互换，说明基础设施具有作为"公共产品"的一般特征[1]，即非竞争性和非排他性。随着社会需求的增加，城乡基础设施的投资来源与服务供给多元化，部分城乡基础设施开始兼具"私人

---

1. LYNDE C, RICHMOND J. The role of public capital in production [J]. The Review of Economics and Statistics, 1992, 74 (1): 37-44.

产品"的经济属性，有一定的风险和回报特征[1]，成为"准公共产品"。例如自来水、公共交通设施等。那些外部性强、具有公共物品和准公共物品特征的基础设施容易出现"搭便车"现象，当此现象导致市场无法供给资源或供给不足时，需要由政府进行干预。

2.5.2 城乡基础设施建设中的供需平衡

城乡基础设施的供给与需求平衡是复杂且具有弹性的问题。城乡基础设施的供需平衡主要体现在功能供给与专业需求或特色需求的均衡、空间上的均衡、时间上的均衡、城市内部与外部的均衡等方面。国土空间规划主要关注如何合理预测各类城乡基础设施需求、调控城乡基础设施的空间布局以达到空间上的供需均衡、关注城市及其腹地之间的联系以达到城乡基础设施统筹目标。

在实际工作中，一般利用技术指标调控基础设施的供需平衡。例如，利用人均道路面积调控城市道路建设的规模，用人均用电量、人均用水量调控电力系统、供水和排水系统的建设规模，用道路网距等调控基础设施供给能力的空间均衡；按照工程技术标准，合理安排城乡基础设施的空间结构与网络[2]。

2.5.3 面向供需平衡的城乡基础设施的空间规划与管理调控

城乡基础设施的调控方式主要包括宏观经济政策调控、财务调节、规划与管理调节等方面。从宏观层面来讲，政府可以通过货币政策和财政政策等宏观经济政策来调节城乡基础设施建设的投资规模和结构；通过调整基建项目的融资模式和资金来源来实现对基础设施建设的调节，如国家债券、采用政府和社会合作模式或基础设施领域不动产投资信托基金来吸引社会投资，推动城乡基础设施建设。国土空间规划长于调控城乡基础设施供求的空间不均衡，通过国土空间规划的编制和实施则可以引导和调控城乡基础设施的建设规模、建设类型、空间布局等。

1. 交通需求管理

交通需求管理的核心理论是交通系统的供需平衡，交通拥堵是交通系统实际供给无法满足需求的产物。具体而言，交通需求管理指通过一系列的公共交通政策、措施、服

---

1. CLARK G L, MONK A H B, ORR R, et al. The new era of infrastructure investing [J]. Pensions: An International Journal, 2012, 17（2）: 103-111.
2. 金凤君. 基础设施与经济社会空间组织 [M]. 北京: 科学出版社, 2012.

务等来影响交通出行者的出行意愿、目的、方式、时间和路径选择等行为，达到减少不必要的交通出行需求、均衡交通出行需求在时间、空间和方式上的分布的目的，从而实现提升既有交通系统的利用效率、缓解交通拥堵、减少能源消耗与环境污染等目标。

按照管理手段与方式的不同，交通需求管理可以分为：通过城市用地合理规划减少不必要的个体机动化出行需求，如通过职住平衡的用地规划减少日常交通出行的距离，以慢行交通出行替代机动化交通出行；通过公交导向的用地规划形成以公共交通为主体的机动化交通出行模式；通过提升公共交通和慢行交通的服务能力与服务水平来提高公共交通出行的吸引力；通过行政手段或市场手段限制小汽车的拥有与使用，如车辆购置税征收、拥挤收费、停车收费、车辆限行、燃油附加税等小汽车使用管理政策；通过对出行时间的调节均衡交通出行需求的时间分布，如弹性工作制、错时上下班、商业区营业时间的差异化管理等；以信息化手段替代不必要的交通出行，如网络会议、网上购物等。

2. 职住分离与职住平衡

需求在空间上的集中与城市土地利用格局有密切关系，基础设施供求的空间不均衡是国土空间规划中需要重点关注的现象，如职住分离现象。职住分离是就业和居住在经济转型和郊区化进程双重机制影响下逐渐出现空间上的分异甚至隔离的现象。职住分离会带来城市交通需求的空间不均衡，形成围绕就业中心周期性的交通拥堵，如高峰时段的人流和车流在空间上的分布是不均匀的，人流和车流集中于某些路段和某些方向上，因而造成了交通在空间上供不应求和供过于求的同时存在。

职住平衡是指在某一给定的地域范围内，居民中劳动者的数量和就业岗位的数量大致相等，大部分居民可以采用步行、自行车或者其他的非机动车方式就近工作的土地利用形态和通勤交通状态。围绕轨道交通、快速公交等公交走廊和公交车站枢纽进行各项功能的合理配置与布局，通过"步行+自行车+公共交通"出行方式，可逐步实现职住平衡。

2.6 城乡公共服务配置与公共财政和福利经济

城乡公共服务配置作为国土空间规划的重要组成部分，与公共财政、福利经济以及人文经济等学科领域密切相关。在以人民为中心的发展理念指导下，满足居民需求，提升居民幸福感、获得感，实现人的自由和全面发展已成为现阶段经济与社会发展的核心目标，而城乡公共服务的规划和合理配置则是实现这一目标的重要基石。本节内容将围绕经济学中与公共服务相关的核心概念，进一步说明城乡公共服务配置与国土空间规划的相互影响关系。

2.6.1 城乡公共服务与公共财政和福利经济的关系

城乡公共服务是指政府或其他公共机构向城乡居民提供的各种基本服务，包括教育、文化、医疗、交通、社会保障等。公共财政作为政府收入和支出的调节工具，直接影响着城乡公共服务产品的提供和质量。同时，公共财政和福利经济的关系共同构建了社会福利体系的基础。公共财政通过税收和支出调节资源分配，促进社会公平和经济效率，而福利经济则强调政府干预提供公共服务产品，减少社会不平等，促进整体经济福祉。

1. 公共物品或服务

公共物品是具有效用的非可分割性、消费的非竞争性和受益的非排他性的物质产品和项目服务。公共物品或服务的第一个特征为效用的非可分割性，是指公共物品或服务是面向整个社会提供的，其效用为整个社会的成员所共享；第二个特征为消费的非竞争性，即公共物品或服务由某一企业或居民享用的同时，并不妨碍其他企业或居民的享用，也不会减少其他主体享用该种公共物品或服务的数量和质量；第三个特征是受益的非排他性，主要指其在技术上无法将拒绝为之付款的各类主体排除在受益范围之外。

公共物品或服务在现实生活中满足这三个特征的情况是不同的。一般我们将公共物品或服务分为三个类型，当同时满足以上三个条件，我们称之为纯粹的公共物品或服务。但现实生活中常见的公共物品或服务往往既具有私人物品或服务的特性，又具有公共物品或服务的特性，在公共经济学中我们称其为混合物品，也有人将其称作半公共物品或半私人物品，比如道路、公园等。

2. 基本公共服务均等化

公共服务均等化最早在 2005 年中共十六届五中全会中被正式提出。基本公共服务均等化是公共财政的基本目标之一，是指政府要为社会公众提供基本的、在不同阶段具有不同标准的、最终大致均等的公共物品和公共服务。其核心特点是保障人民群众能够公平、可及、机会均等地获得基本公共服务，与平均化和无差异化存在本质区别。

《"十三五"推进基本公共服务均等化规划》明确了我国的基本公共服务制度，指出中国的基本公共服务制度紧扣以人为本，围绕从出生到死亡各个阶段和不同领域，以涵盖公共教育、劳动就业创业、社会保险、医疗卫生、社会服务、住房保障、公共文化体育、残疾人服务等领域的基本公共服务清单为核心，以促进城乡、区域、人群基本公共服务均等化为主线，以各领域重点任务、保障措施为依托，以统筹协调、财力保障、人才建设、多元供给、监督评估五大实施机制为支撑，是政府保障全民基本生存发展需求的制度性安排。2021年，我国首次出台国家基本公共服务标准，明确了幼有所育、学有所教、劳有所得、病有所医、老有所养、住有所居、弱有所扶、优军服务保障、文体服务保障共九个领域的八十个基本公共服务项目的对象、内容、标准、支出责任和牵头负责单位，并在2023年又对该标准进行了补充和调整。

3. 公共选择理论

公共选择理论是一门介于经济学和政治学之间的新的交叉学科。公共选择是对政府决策过程的经济分析，是指向人们提供什么样的公共物品，怎样提供和分配公共物品以及设立相应匹配规则的行为与过程。可以用政治均衡来说明公共选择的过程：针对公共物品或服务相关问题，公共选择涉及供给和相应的税收份额两个重要因素。如果同一社会中的各个主体根据既定的规则，能够就一种或多种公共物品或服务的供给及其相应的税收份额的分配达成协议，就可以取得所谓的政治均衡。

2.6.2　城乡公共品的概念与国土空间规划的公共品配置

城乡公共服务的提供往往需要依托于城乡公共品的支持。城乡公共品的范围广泛，既包括基础设施类，也包括公共服务类，这些公共品对于人们的生活、健康、安全以及社会经济发展都具有至关重要的作用。在国土空间规划中，与公共品配置相关的主要是公共服务设施的空间布局与规划。公共服务设施空间配置与人口规模、经济发展水平和社会发展要求等要素紧密相关，是提升城乡居民的生活品质、优化资源利用效率、缩小城乡差距以及提升社会治理能力的重要途径。

在公共品的配置中，政府作为城乡公共品的主要提供者与监管者，通过制定相关政策与措施，强化对城乡公共品的规划、建设与管理，确保公共品供给的公平性；其次是市场的调节与运作，通过市场化手段与竞争机制，激发社会各界的积极性与创造力，促进公共品供给的效率；还包括社会力量的参与和支持，多元化的社会组织、非营利机构、志愿者等作为城乡公共品供给的重要力量，通过参与城乡公共品的建设与管理，推动公共品配置的多元化与民主化进程，并最终实现最大化社会福利的目标。

1. 林达尔均衡

林达尔均衡是1919年瑞典经济学家林达尔（Erik Lindahl）提出的。林达尔认为公共产品价格并非取决于某些政治选择机制和强制性税收，恰恰相反，每个人都面临着根据自己意愿确定的价格，并均可按照这种价格购买公共产品。依照这一原则，如果每一个社会成员都能够按其所获得的公共物品和服务边际效益[1]的大小，来贡献自己应当分担的那一部分公共物品或服务的资金费用，则可以说公共物品或服务的供给量达到了最佳水平，这被称为林达尔均衡。

林达尔均衡的实现需要满足两个理想化的假设条件，即所有参与者都拥有完全的信息，以及消费者不会进行策略性行为，且只有在群体人数非常少的情况下才有可能存在。而在人口众多的现实社会中，人们也完全有可能在不付出任何代价的情况下，享受由其他人的贡献而提供的公共物品或服务的效益，在公共经济学中被称为"搭便车"现象。

2. 公共支出与公共收入

公共支出是西方学者对国家财政支出的称谓，也可称作政府支出，是政府为履行其自身的职能而支出的一切费用的总和。公共支出作为公共财政的重要组成部分，反映了政府在经济和社会生活中介入的程度和广度。公共支出由多个支出项目构成，根据支出性质可分为消耗性支出和转移性支出。消耗性支出直接涉及政府所购买物品或服务，涵盖日常政务活动所需以及用于投资的物品或服务支出；转移性支出则表现为政府无偿且单方面的货币转移，主要涵盖养老金、补贴、债务利息、失业救济金等支出。此外，公共支出根据目的也可分为预防性支出和创造性支出，或根据政府对支出的控制能力分为可控性支出和不可控性支出等。我国的公共支出按用途可以分为基本建设支出、支援农业支出、科学文教卫生支出、抚恤和社会福

---

1. 服务边际效益指在提供额外－单位服务时，所带来的额外收益或满足感。

利救济费、国防支出、行政管理费、对外援助支出等。

公共收入是指政府为履行其职能而取得的所有社会资源的总和，也就是公共支出的资金来源。实质上它是将私人部门的一部分资源转移到公共部门并由政府加以集中使用的过程，是公共财政活动的一个重要方面。税收是公共收入的主要形式之一，公债则主要作为弥补财政赤字和资本性支出的来源而发挥作用。

2.6.3 公共财政、公共品配置对国土空间结构的调控作用

公共品配置在国土空间结构的调控中发挥着重要作用，不仅关系到城乡、城市内部的空间布局，还影响着城市间、地区间的协调发展。通过优化和调整城市公共设施的布局，可以提高城市的吸引力和竞争力，有效引导人口和资源流动，促进不同区域及城乡之间的协调发展，实现城市间资源的互补与共享，促进区域经济一体化发展。同时，城乡公共品的配置也直接影响着城市内部各种功能区域的形成和布局。例如，公共交通设施的建设会引导人口和经济活动集中在交通便利的地区，从而促进周边商业、住宅等功能区域的发展；医疗、教育等公共服务设施的分布也会影响到居民的居住和就业选择。公共品的科学配置能够优化城市的空间组织结构，提升城市功能的集聚效应和经济效益。

公共财政在公共品配置中扮演着重要角色。公共财政通过提供资金支持和投入，确保公共设施和服务得到充分的建设和发展；通过政策和投资优惠等手段，实现各类资源的优化配置和利用效率的提升，确保公共品的持续运营和服务水平，保障国土空间功能结构的安全和稳定，并进一步促进城市的可持续发展。

扩展阅读

[1] 曼昆. 经济学原理：第7版 [M]. 北京：北京大学出版社，2015.
[2] 高鸿业. 经济学原理 [M]. 3版. 北京：中国人民大学出版社，2019.

关键术语

经济、经济人、资源的稀缺性、经济物品、生产要素、需求、供给、供求平衡、生产、交易、消费、价格、成本、效用、边际成本、利润、生产力、生产关

系、公共物品

> **思考题**

1. 请简述经济学与国土空间保护利用的关系。
2. 请简述生态系统服务和生态服务价值的概念。
3. 谈一谈对生态经济产业的理解。
4. 谈一谈碳定价的概念及其应用目的。
5. 谈一谈产业园区的概念。
6. 请简述土地资源配置的概念，对其涉及的经济问题进行举例。
7. 请简述我国的土地制度及其与房地产市场的关系。
8. 请简述我国的住房供给体系及其与住房需求之间的关系。
9. 请简述土地开发强度的概念及其与土地经济的关系。
10. 请简述城市空间规模与空间结构的概念。
11. 请简述城乡基础设施的经济学特征。
12. 请简述交通需求管理的概念。
13. 举例说明促进城市职住平衡的规划手段。
14. 请简述公共物品的概念和特征。
15. 举例说明如何通过城乡公共品的配置促进区域经济一体化的发展。
16. 简述公共支出的概念及其分类。

参考文献

[1] 高鸿业.经济学原理[M].3版.北京：中国人民大学出版社，2019.
[2] 曼昆.经济学原理：第7版[M].北京：北京大学出版社，2015.
[3] 刘春生.政治经济学[M].3版.北京：中国人民大学出版社，2016.
[4] 石敏俊.资源与环境经济学[M].北京：中国人民大学出版社，2021.
[5] 汤姆·蒂坦伯格，琳恩·刘易斯.环境与自然资源经济学[M].王晓霞，石磊，安树民，等，译.北京：中国人民大学出版社，2021.
[6] 沈满洪.生态经济学[M].北京：中国环境出版社，2022.
[7] 毕宝德.土地经济学[M].5版.北京：中国人民大学出版社，2006.
[8] 董藩.房地产经济学[M].3版.北京：清华大学出版社，2012.
[9] 金凤君.基础设施与经济社会空间组织[M].北京：科学出版社，2012.

第 3 章

城乡社会

■ **教学要求**

本章分为五个小节，第一节介绍社会学基础；第二节围绕人口迁移、城市化、社会分层和空间分异等展开，介绍社会与空间的相互影响；第三节具体介绍国土空间规划中的社会分析；第四节介绍人口老龄化、新技术下的生活变化及挑战，同时提出规划对策；第五节介绍国土空间规划中的社会调查研究方法。

3.1 国土空间规划中的社会学应用

国土空间规划以空间资源配置为手段，以满足人民对美好生活的向往为目标，需要同时改善物质环境和"人"的状况。根据马克思的理论，人的本质是一切社会关系的总和。面向"人"这一特殊因素，国土空间规划涉及众多复杂的社会问题，如人口分布、城乡发展、环境保护、公共设施配置等，其处理与社会学密切相关。本章立足于社会学基础知识，旨在解析国土空间规划所需的相关社会学理论和方法，涉及人口迁移、城市化、社会分层、空间分异、社会公平、老龄化等问题，通过对这些问题的深入分析，为国土空间规划提供科学的理论支撑。同时，本章将详细梳理社会学在国土空间规划中的应用，包括社会调查、统计分析、空间分析等，以及国土空间规划中的社会学方法，如社会影响评估、社会参与、社会评估等，旨在通过国土空间规划保障群体多元需求，推动社会公平正义和可持续发展的实现。总之，本章旨在帮助读者深入理解国土空间规划中的社会学应用基础理论与方法，以此为国土空间规划实践提供有益参考和指导。

3.1.1 社会学基础

社会学是一门研究社会行为、社会结构、社会系统及其相互作用的学科，旨在探讨人们之间的相互作用、群体的形成和社会演变，这些过程受到文化、经济、政治等因素的影响。社会学被视为"对社会群体的研究"，聚焦社会整体及其各个组成部分，探讨社会的发生、发展、演变，揭示其中的特征、规律和机制，在学科上属于综合性的社会科学。

现代社会学源于19世纪中期的欧洲，面对资本主义早期的工业化、城市化、现代化大背景下出现的新社会问题，早期社会学家如孔德（Auguste Comte）、涂尔干（Émile Durkheim）等致力于将科学方法应用于对社会的研究，其发端在于将正在兴盛的自然科学方法应用于社会研究。总体上，社会学的核心目标是理解社会如何影响个体行为，以及个体如何影响社会结构和文化。进入20世纪后，英美社会学迅速发展，以诸多大学社会学系的设立及相关学会等学术组织的出现为标志，在理论、方法和研究上百家争鸣，学派众多。近年社会学与其他学科的渗透趋势明显，方法也愈加科学化。

中国社会学的发展可以上溯到20世纪初。20世纪20年代中国学者晏阳初、陶行知等开始将社会学应用于对中国社会的研究，探讨当时中国的社会结构、社会问题和社会变革等方面问题。1952年，全国高等院校的院系调整将社会学取消。然而，社会学研究并未完全中断，一些社会学家转向其他领域，如人口学、经济学等继续开展研究。1979年后，费孝通等推动了中国社会学的复兴。此后中国社会学快速发展，主要受到结构功能主义和实证研究范式的影响。进入21世纪，中国社会学逐渐形成自身特色，高度关注中国特有的社会现象和问题，如城乡差距、社会不平等、社会政策等，同时也开始注重本土理论的构建，试图将中国社会实际与全球社会学理论相结合，形成中国特色的社会学理论和体系。

社会学关注的对象涉及从宏观到微观的各个空间尺度，宏观上包括社会结构、社会互动、社会机构、文化和权力等，微观上则涉及个体、人际互动、行为模式等。传统研究对象包括社会阶级、阶层、阶层流动、宗教、法律等。近年向卫生、医疗、护理、军事、网络社会等领域拓展，文化、权力、语言、诠释等也成为后现代语境下的社会学关注要点。

3.1.2 社会学的研究方法

社会学使用多种研究方法，总体上可以分为定量研究（如调查和统计分析）和定性研究（如深度访谈、田野调查），这些方法能帮助规划师收集和分析关于人口统计、社会行为和文化倾向的数据，为规划决策提供科学依据。

具体而言，社会学研究的主要方法包括：①观察法，这是通过直接观察社会现象来收集数据的方法，可以分为自然观察法和控制观察法，自然观察法是在自然环境中进行观察，而控制观察法则是在人造环境中进行观察；②实验法，通过控制实验条件来观察实验结果，从而得出结论，实验法可以分为实验室实验法和自然实验法，前者在实验室中进行，后者在实际环境中进行；③调查法，通过问卷、访谈等方式对社会现象进行调查，从而获得对研究对象的认识，调查法包括普查、抽样调查和个案调查；④文献法，通过查阅文献资料来获得对研究对象的认识，文献法可以分为定量文献法和定性文献法，前者研究统计资料、数据等定量资料，后者研究访谈记录、观察记录等定性资料。调查法又可分为：①问卷调查法，包括确定调查总体、选择抽样方案、设计调查问卷、实施调查、汇总和录入数据、分析数据等步骤；②田野调查法，这里的"田野"是指研究者进行数据收集的特定环境或场所，该方法指的是研究者直接进入研究对象的自然环境中和生活场域，在与研究对象一起生活的过程中收集第一手资料，同时开展细致观察和深度访谈等调查活动。

社会学研究方法的发展趋势是更加多元化、交叉融合化。在传统定量研究的基础上，质性研究方法逐渐受到重视，尤其是混合方法（Mixed Methods）的应用日益广泛。同时，大数据分析技术提供了新的数据源和工具，如遥感测绘数据、POI（Point of Interest，兴趣点）、手机信令、社交媒体数据等。同时，参与式观察、深度访谈等质性研究方法也被广泛应用于社会学研究，以深入了解社会现象背后的社会心理机制。

3.2 社会与空间的相互影响

理解社会与空间的相互影响对于国土空间规划具有重要意义。本节围绕人口迁移、城市化、社会分层和空间分异予以介绍，解析这些社会动态如何改变和塑造国土空间。例如，人口迁移不仅影响城市和乡村发展模式，还直接关系资源分布及区域经济发展。作为全球性趋势，城市化带来经济繁荣和技术进步，也带来新的社会问题和挑战。伴随资本主义扩张及市场化进程，社会分层愈发明显，也在城市和区域空间留下印记。空间分异是社会、经济发展不平衡、不平等的空间表征，也会加剧空间格局的不均衡。为此，理解社会与空间的相互影响，强调国土空间规划中的系统性思维，突出社会公平正义，具有重要意义。

3.2.1 人口迁移与城市化

1. 人口迁移

1）概念界定

人口迁移（Population Migration）是指一定时期内人口在地区之间永久或半永久地改变了居住地，进行迁移的个体或群体被称为"移民"[1]。

人口迁移的种类众多，可以根据迁移规模、时间跨度、空间尺度和迁移性制等不同角度进行划分。按迁移规模，迁移可分为大规模群体迁移和个体迁移；按时间跨度，可分为永久性迁移和短期迁移；按空间尺度，可分为国际迁移和地区内迁移；按迁移性质，可分为城市间迁移、城乡间迁移和农村间迁移。

人口迁移不同于短暂离开后返回、未改变定居地的人口流动，但两者密切相关[2]。人口迁移带来了不同类型的移民聚居区。例如，纽约华人主要集中居住于城区的"唐人街"和"法拉盛"。在我国深圳、东莞和广州等地出现的城中村则是国内流动人口的主要聚居区。城中村因城乡二元体制而产生，但它们并非贫民窟，而是为低收入外来人口提供了廉价的住房、生活乃至生产空间的区域。很多城中村租客具有"同乡、同业"特征，展现了地缘、血缘关系对流动人口的重要意义。

城乡间迁移是指农村人口在城乡之间的双向流动，这是一种介于迁移和流动之间的特殊人口移动类型。新中国成立初期，我国实施了城乡二元户籍制度，立法严格限制农民进入城市。然而，自改革开放以来，这种限制逐步放松，大量以进城务工农民工为主体的流动人口应运而生。这些农民工离开原居住地的时间较长，但大多没有永久性迁移的计划，通常在春节和农忙时节周期性地返乡团聚和务农，最终大部分会返回原居住地定居。近年来，随着工业化发展和城乡体制持续改革，城乡二元结构的内涵和性质发生了显著变化。农民在获得自由进城就业和居住权利的

---

1. 王煜柽. 人口迁移［M］//中国大百科全书地理学编辑委员会. 中国大百科全书：地理学. 北京：中国大百科全书出版社, 1992: 358.
2. 葛剑雄. 中国移民史：第一卷［M］. 福州：福建人民出版社, 1997: 9–10.

同时，在农村继续保留获取基本生产生活资料的权利，在城乡间双向流动，出现回流、多次多轮回流乃至周期性回流。

2）人口迁移的影响因素

人口迁移主要受四种因素影响：迁出地因素、迁入地因素、中间障碍因素以及个人因素。人口从原来的区域迁入一个新的区域，迁出地和迁入地各自的优势和劣势是影响迁移决策的关键。迁出地的高物价和房价、较差的医疗和教育环境以及就业机会的缺乏可能促使迁移，而迁入地则可能因较好的就业机会和生活条件吸引迁移，但也可能存在如空气质量差、交通拥挤等问题。迁移决策需要在这些利弊间进行权衡取舍。人们迁移过程中还会面临一些中间障碍因素，这些障碍可能包括地理距离和搬迁成本，这些都是迁移过程中必须克服的难题。即使面对相同的阻力，不同的人也可能会做出不同的决策，这就涉及个人因素的影响。个人因素包括对风险的承受能力、对环境的适应性、家庭状况以及个体的生活目标和价值观念等。因此，人口迁移是多种因素综合作用的结果，个体或群体会根据自身情况和外部环境做出不同的评估和选择。

2. 城市化

1）概念界定

城市化是指人口向城市地区集中和乡村地区转化为城市地区的过程[1]。城市化是一个复杂的社会经济过程，涉及人口、土地、经济、文化等多个方面，不仅包括人口的空间迁移、新城市的数量增长，还包括人口职业、生活方式、价值观念和城市性质、空间规模、组织结构等方面的转变。城市化也是一个动态过程，具有长期性和持续性的特点。

基于城市化进程与工业化发展水平的相对关系，城市化分为四种模式：①同步城市化，城市化进程与工业化水平的提升几乎同步进行，随着工业化的推进，城市化也同步加速发展，形成一种协调一致的增长模式；②过度城市化，城市化的速度超过了工业化的发展速度，这样的城市化主要依赖消费服务业的推动，缺少工业化的支撑，大量农村人口涌入城市，使城市面临住房紧缺、交通拥堵和就业困难等一系列问题；③滞后城市化，城市化进程落后于工业化水平，这样的城市化可能是因为政府采取措施来限制农村人口向城市迁移，使经济和产业发展明显快于城市的发展；④逆城市化，城市化的后期阶段出现人口和就业从大城市向小城镇和非大都市

---

1. 严重敏. 城市化[M]// 中国大百科全书地理学编辑委员会. 中国大百科全书：地理学. 北京：中国大百科全书出版社，1992.

区转移的趋势，缓解大城市的过度拥挤，同时促进外围地区的发展，使得整个区域的发展更加均衡[1]。

2）城市化的动力

经济发展是城市化的核心动力，在城市化进程中起着至关重要的作用。随着生产力的提升和技术的不断进步，传统农业生产方式发生了深刻变革，从而向城市中释放了大量劳动力资源。这些劳动力资源为城市中的非农产业提供了充足的劳动力供给，极大地促进了城市化的进程。大量研究表明，城市化水平与经济发展的程度之间呈现正相关关系。经济发展不仅带来了更高的收入水平和生活质量，也为城市基础设施建设提供了资金保障，从而进一步推动了城市的扩展和现代化。

工业化作为经济发展的主要形式，是推动城市化的重要力量。工业化通过其产业集聚效应，吸引了大量的资本、技术和劳动力，特别是来自农村地区的劳动力。工业化带来的不仅是经济结构的转型，还有生产方式和生活方式的深刻变革，使城市成为吸引劳动力和资源的中心，推动城市的多元化发展。

政府政策在城市化进程中扮演着关键的调控角色。政府通过户籍制度、土地使用政策、空间规划和产业布局政策等多种手段，对城市化进程进行有力调控。这些政策不仅直接影响到城市化的速度和规模，还决定了城市化的整体质量和效益。中国共产党在治国理政中的一条关键经验是以规划引领经济社会发展，这一经验也得到了国际认可。

社会文化因素同样是推动城市化的重要力量。城市化代表了一种区别于乡村和传统社会的独特生活方式，比如"城市让生活更美好"。这种对城市生活的追求，成为个人和家庭向城市迁移的内在驱动力。此外，信息通信技术的进步使得城市生活方式和价值观念得以广泛传播，也进一步强化了这一趋势。

总之，城市化是多种因素相互作用的结果。经济发展是推动城市化的核心动力，工业化是其重要推动力，而政府政策和社会文化因素则分别起到了调控引导和内在驱动的作用。这些因素共同塑造了城市化的发展轨迹和特征。

3）城市化的特征

在城市化过程中，人口迁移是一个显著特征，主要表现为人口从农村地区向城市地区的大规模流动，导致城市人口比重的逐渐增加。这种人口迁移不仅包括劳动力为寻求更好的就业机会而向城市转移，还包括许多家庭为了改善生活条件和获取更好的教育资源而迁往城市。人口迁移带来的不仅是数量的增加，还有人口结构的

---

1. 顾朝林, 刘佳燕. 城市社会学 [M]. 北京: 清华大学出版社, 2013.

变化，包括年轻劳动力和高学历人才的涌入。

空间扩张是城市化的重要表现。随着城市人口的增加和经济活动的发展，城市空间不断向外扩展，城市的面积逐渐增大。这种空间扩张通常伴随着城市基础设施的建设和城市功能的不断完善，以满足不断增长的城市人口和产业发展的需要。城市空间的扩张带来城市边缘地区的发展，形成新的商业区和住宅区，改善了城市整体的生活环境和经济布局。

产业结构变化是城市化的一个关键方面。随着城市化的逐步推进，第一产业（农业）的比重逐渐降低，而第二产业（工业）和第三产业（服务业）的比重逐渐上升。这种产业结构的变化反映了经济活动的多样化和现代化，也是城市化推动经济增长和就业结构转变的重要机制。产业结构的变化不仅带来了经济的增长，还促进了科技的发展和技术创新，使得城市经济更加富有活力。

社会结构的变化是城市化的必然结果。随着人口、资本和技术的不断集聚，城市中出现了新的社会阶层和社会组织。这些新的社会结构不仅包括由于职业分化而形成的不同社会群体，还包括由于文化交流和社会活动多样化而形成的社会网络和社区组织。以伦敦、纽约、东京为例，"全球城市理论"认为其社会结构具有极化特征，贫富两端群体在这里高度集聚，城市出现明显空间分异。

生活方式的转变是城市化影响最深远的方面之一。随着城市化进程的不断推进，人们的生活方式、价值观念和消费观念发生了显著变化。城市生活节奏的加快、信息交流的频繁和消费选择的丰富，使人们的生活方式变得更加多元化和现代化。同时，城市文化的影响也促使人们的价值观念和消费观念发生相应的变化，例如对教育、健康和环境的重视程度显著提高。

总之，城市化进程中的人口迁移、空间扩张、产业结构变化、社会结构变化和生活方式转变，是相互作用、相互影响的多个方面，这些变化共同构成了城市化的综合特征，反映了城市化的复杂性和动态性。

3.2.2 社会分层与空间分异

1. 社会分层
1）概念界定

社会分层是一种普遍存在的社会现象，指的是根据特定标准，比如财富、权力、地位、职业和教育水平等，人群可被划分为高低有序的不同等级和层次。社会分层不仅体现了社会位置的高低，还反映了社会资源，比如财富、收入、教育机会等在社会成员之间的分配差异，是一种结构化的不平等[1]。社会分层的存在与社会结构和社会制度紧密相关，不同的社会形态中，社会分层的标准、层次和特征也有所不同。

第一，社会分层不仅局限于单一维度，而是涉及经济、政治、文化和教育等多个维度。这些维度上的不平等相互交织，构成了复杂的社会分层结构。第二，社会分层具有相对的稳定性，即社会成员在一定时期内通常会处于某一固定的社会阶层。这种稳定性主要源于社会制度、文化习惯和教育系统等方面的影响。第三，社会分层具有明显的代际传递性，即父母的阶层地位对其子女的阶层地位有相当大的影响。通过教育、职业和财富等途径，父母的社会地位往往会传递给子女。第四，社会分层并不是完全封闭的，社会成员在一定程度上可以实现阶层间的流动，这种流动既包括代际流动（如子女在社会阶层上超越父母），也包括代内流动（如个人在一生中的阶层变化）。社会阶层的流动性是衡量一个社会开放性和机会均等的重要指标。第五，社会分层使不同阶层内部产生认同感和归属感，进而形成阶层意识。阶层意识影响着人们的价值观念、行为模式和生活方式，过度的社会不平等和严格的社会分层可能会导致社会冲突和动荡。因此，如何平衡社会分层的激励功能和潜在的负面影响，是一个重要的问题。

2）基础理论

社会分层的识别和划分方式主要包括以下四种[2]。

亚当·斯密（Adam Smith）和大卫·李嘉图（David Ricardo）将社会划分为三个主要阶级，地主阶级、资本家阶级和工人阶级，这三类人在经济体系中扮演着不同的角色。古典经济学的阶级划分并没有建立一个存在地位高低差异的纵向结构，揭示其中的社会不平等问题，因此具有其局限性。马克思根据个人与生产资料的关系识别出两大主要阶级，资产阶级和无产阶级。资产阶级，即资本家，拥有生产资料如工厂、工具和土地，他们的收入来自这些生产资料所产生的利润；而无产阶级，即工人，则不拥有任何生产资料，必须出售他们的劳动力换取工资。这种关系本质上是剥削性的，因为工人创造的价值超过了他们所获得的工资，剩余价值被资本家作为利润占有。在马克思之后，达伦多夫（Ralf Dahrendorf）扩展了阶级理论，探讨了现代工业社会中的阶级冲突，指出管理和专业职位的增加创造了新的阶级划分，这些划分不完全符合资产阶级和无产阶级的二元分类[3]。

---

1. GIDDENS A. Sociology [M]. 6th ed. Cambridge, MA: Polity Press, 2009: 432.
2. GRUSKY D, KU M C, SZELÉNYI S. Social stratification: class, race, and gender in sociological perspective [M]. Boulder, CO: Westview Press, 2008.
3. DAHRENDORF R. Class and class conflict in industrial society [M]. Stanford, CA: Stanford University Press, 1959: 48-51.

马克斯·韦伯（Max Weber）的社会理论围绕阶级、身份和党派三个维度展开，探讨经济、社会和政治因素如何交织在一起，造成社会分层[1]。韦伯区分了不同类型的阶级，如财产阶级、获取阶级和社会阶级[2]。吉登斯（Anthony Giddens）则强调阶级不是一个有界的实体，而是通过间接结构化和直接结构化形成的。阶级结构化与市场能力和其流动性相关，而市场能力包括财产所有权、教育或技术资格和体力劳动三种重要的类型，分别对应资本主义社会的上层、中层和下层阶级体系[3]。同时，种族和文化划分等因素也影响阶级的形成和结构。

涂尔干从社会团结和劳动分工的角度思考阶级分化，区分两种社会团结类型：机械团结和有机团结。机械团结是传统同质社会的特征，而有机团结则出现在更复杂的异质社会中。涂尔干认为，现代社会并不是通过个体之间的相似性维系的，而是通过他们的差异和他们所扮演的专业化角色形成的相互依赖网络来维系的[4,5]。

沃纳（W. Lloyd Warner）通过研究发现，同一阶级内的个体行为存在显著差异。这种差异来源于个体所属的不同社会结构，比如家庭、小圈子和协会，这些社会结构创造了不同的社会地位和期望，综合影响成员的行为[6]。这种复杂性挑战了对阶级的简单分类，揭示了阶级之间的联系和各类协会内的互动模式。科尔曼（James S. Coleman）指出，社会资本是人际关系中产生的一系列资源，这些资源可以促进个人和集体行动，并嵌入个体运作的社会结构中。社会资本有多种形式，包括义务和期望、信息渠道、规范和权威，通过具备某些技能、经验和知识，个体可以获得社会地位，从而获得更多的社会资本[7]。

2. 空间分异
1）概念界定

空间分异是一个跨学科的概念，指的是在一定的空间范围内，由于自然、经济、社会、文化和政策等多方面因素的综合作用，不同地区在某一特征或属性上表

---

1. WEBER M. Class, status, party [M] //GERTH H H, MILLS C W. From Max Weber: Essays in Sociology. New York: Oxford University Press, 1946: 180-195.
2. WEBER M. Social stratification and class structure [M] //The Theory of Social and Economic Organization. Glencoe, IL: Free Press, 1947: 424-429.
3. GIDDENS A. The class structure of the advanced societies [M]. New York: Harper Torchbooks, 1981: 107-112.
4. GRUSKY D B, SØRENSEN J B. Can class analysis be salvaged？[J]. American Journal of Sociology, 1998, 103（5）: 1187-1234.
5. BLAU P M, DUNCAN O D, TYREE A. American occupational structure [M]. New York: Free Press, 1978: 4.
6. WARNER W L, LUNT P S. The status system of a modern Community [M]. New Haven, CT: Yale University Press, 1950.
7. COLEMAN J S. Foundations of social theory [M]. Cambridge: Belknap Press of Harvard University Press, 1990: 12.

现出明显的差异。这种差异既可以是自然环境的差异,比如地形和气候的不同,也可以是人文环境的差异,甚至是社会结构和个体行为上的差异[1]。

城市社会空间是城市社会的物质表现,反映了城市阶层结构在地理位置与空间结构上的分布,是城市复杂的人类社会活动在物质空间上的体现。换句话说,城市社会空间是社会变迁和经济发展变化赋予城市物质空间的社会意义。它通常具有泛指与特指两重含义:一方面,泛指城市中一切人类所感知或体验的空间;另一方面,特指城市中具有相同社会经济属性、宗族、种族或行为心理的社会群体所占据的空间,比如唐人街、贫民窟和富人区等。城市社会空间不仅反映了当前社会经济结构和文化特征,还体现了历史发展的轨迹和未来发展的潜力。

空间分异过程具有复杂性,涉及多种因素,包括自然条件、历史文化、政策制度等,需要结合不同学科的理论和方法,从多个维度进行系统分析。理解空间分异的概念和特征,有助于我们深入认识城市的复杂性,为解决相关问题和促进可持续发展提供理论支持。

2)基础理论

社会区(Social Area)概念由芝加哥学派提出,认为城市空间由不同的社会区构成,每个区域具有特定的社会特征和功能。根据社会区理论,城市空间结构是由不同的社会区组成的,这些社会区根据功能和使用目的不同,可以分为住宅区、商业区、工业区等。每个社会区都有其独有的特征和发展规律。

伯吉斯(E. W. Burgess)提出了著名的"同心圆模型"(Concentric Zone Model),描述了美国城市从中心向外围发展的过程;霍伊特(H. Hoyt)提出了"扇形模型"(Sector Model),强调城市沿着主要交通线路和自然障碍物发展的现象;哈里斯(C. D. Harris)和乌尔曼(E. L. Ullman)提出"多核心模型"(Multiple Nuclei Model),认为城市空间结构不是由单一的核心区域控制,而是由多个核心区域共同构成,每个核心区域都具有不同的功能和特点。

社会极化理论关注社会不平等在城市空间中的表现,表征富裕和贫困群体在城市空间上的差距扩大化。社会空间极化可能进一步发展成社会空间隔离,影响多个方面,如就业、教育、住房和公共服务等。为了缓解社会极化带来的负面影响,学者们提出了多种对策,如优化公共服务的空间分布、促进社会融合与交流、制定住房政策、关注环境正义以及长期可持续发展等。

空间生产理论由法国社会学家亨利·列斐伏尔(Henri Lefebvre)提出。该理论

---

1. WARD K. Inequality, spatial [M] //GREGORY D, JOHNSTON R, PRATT G, et al. The Dictionary of Human Geography. Chichester: Wiley-Blackwell, 2009: 380-381.

强调，空间不仅是社会关系和活动的容器，而且是被社会力量生产和重构的结果，社会力量在空间生产中起着关键作用。列斐伏尔提出了空间的三元辩证法，即空间的实践（Spatial Practice）、空间的表征（Representations of Space）和表征的空间（Spaces of Representation）。其中，空间的实践指的是人类日常生活中的物质空间活动，如建设、工作和居住；空间的表征涉及空间的意识形态和知识体系，如规划、设计和地图；表征的空间则关注空间如何成为社会意义和象征的载体，如文化遗产和公共空间等。

空间修复理论由马克思主义地理学家大卫·哈维（David Harvey）提出，该理论认为资本主义为了应对其内在的矛盾和危机，会不断通过空间修复来调整生产关系和生产力布局。空间修复包括重新组织城市空间和进行地理扩张，以及通过新的基础设施建设来开发新的市场和资源领域。空间修复理论可以解释城市更新中的许多现象。例如，城市更新项目通常涉及对旧城区的重建和再开发，通过拆除老旧建筑，建设新的住宅、商业或办公空间，使城市空间得到重新组织和利用，以适应新的经济和社会需求。城市更新不仅是对物理空间的改造，更是对社会空间的重构，原有的社区结构可能会被打破，新的社会阶层和生活方式可能会被引入，从而改变城市的社会文化和人口结构。

3.3 国土空间规划中的社会分析

本节将从多维度深入探讨社会分析的实践应用，旨在揭示我国在区域差异、城乡发展不平衡、社会包容性、社区与住房等方面典型社会问题的现状、成因及规划策略；通过这些分析，梳理国土空间规划在解决社会问题、促进公平、高质量发展上的关键作用，为构建更加公正、可持续的社会提供有力支撑和指引。

3.3.1 不平衡发展与区域差异

国土空间规划必须认真考虑和解决区域差异，尤其是城乡之间的发展不平衡问题。区域差异不仅体现在经济发展水平上，更表现在基础设施、教育资源、医疗服务、环境质量以及社会福利等多个方面。以下内容将详细探讨这些差异产生的原因、表现形式及其对国土空间规划的影响和策略建议。

1. 城乡差异的现状与特征

根据国家统计数据，近年我国城乡居民收入均实现了显著增长，2023年全国居民人均可支配收入为39 218元，比上年增长6.3%。在此期间，农村居民的收入增长速度持续快于城镇居民。例如，2023年城镇居民人均可支配收入比上年增长了5.1%，而农村居民增长了7.7%。政府通过各种政策和措施，如脱贫攻坚和乡村振兴战略，促进了农村地区的发展，提高了农村居民的收入水平。

不过，我国的城乡差异问题依然明显。首先，在经济层面，城市通常拥有更高的生产效率、更丰富的就业机会和更高的居民收入水平。2023年全国城镇居民的人均可支配收入为51 821元，而农村居民的人均可支配收入为21 691元，这意味着城镇居民的收入大约是农村居民的2.39倍。这种差异引发了大量的农村人口向城市迁移，带来了诸多社会问题，如超大城市人口过剩、住房压力增大，以及城市基础设施的过度负荷。在教育资源方面，城市学校普遍设施完善，教育质量较高，教师素质普遍高于农村。例如，2021年全国小学平均师班比为2.04∶1，而乡村小学仅为1.88∶1。这表明城乡教育存在严重的分层，农村地区的孩子在接受教育的起点和质量上与城市孩子存在明显差距，这影响了其未来发展机会。医疗服务差异也是一个突出问题。城市医疗机构种类多，设备先进，医生技能更高，而农村地区则医疗设施落后，缺乏专业医疗人才，导致农村居民在疾病预防、治疗和康复方面存在劣势。

2. 不平衡发展的原因

城乡发展不平衡的根本原因是多方面的。第一，政策层面，城市发展长期以来受到政府更多的关注和投资，城市化被视为现代化的重要标志，而农村地区在政策制定和资源分配中往往处于较弱势地位，基础设施、公共服务等的投入相对不足。第二，经济结构的差异也是重要原因。城市经济活动多样，产业链完整，而农村经济多以农业为主，缺乏工业和服务业的支持，经济增值空间有限。此外，教育和医疗资源的集中也使得城市对人才有更大的吸引力，形成了"人才吸纳"和"资本集聚"的良性循环，而农村则处于这一循环的对立面。

3. 国土空间规划的应对策略

为了缓解并逐步解决城乡差异问题，国土空间规划需要重视和采取以下策略：①均衡资源配置，通过政策调整，增加对农村地区的基础设施建设和公共服务的投资，特别是教育、医疗和交通等领域；②促进区域经济一体化；推动城乡之间的经济合作，发展农业产业化，提高农产品附加值，同时引导城市资本和技术向农村流动；③实施差异化的空间规划，根据不同地区的特点制定符合当地实际的规划方案，避免"一刀切"的空间安排。

城乡差异不仅是一个经济学问题，更是社会公平和持续发展的问题。国土空间规划在这一过程中扮演着至关重要的角色。规划需要综合考虑经济、社会、文化和政治因素，采取更为系统和多元的解决方案。

3.3.2 城乡收入差距

城乡收入差距是国土空间规划中必须关注的关键社会问题，直接反映了经济发展不平衡的现状。本部分将详细探讨城乡收入差距的原因、表现、影响以及在国土空间规划中如何通过具体策略来缩减这一差距。

1. 城乡收入差距的现状

城乡收入差距表现为城市居民的收入水平普遍高于农村居民。这种差距不仅体现在工资性收入上，也体现在社会保障、养老保险等福利待遇上。农村居民的经济来源较为单一，主要依靠农业收入，而城市居民则有更多元化的收入来源，包括工作薪酬、投资收益和各类补贴等。

2. 城乡收入差距的原因

造成城乡收入差距的原因复杂多样，主要包括以下因素：①经济结构差异，城市经济以工业和服务业为主，这些行业的劳动生产率和薪酬水平通常高于农业主导的农村经济；②教育资源配置不均，城市的教育资源远优于农村，城市居民因此拥有更高的教育水平和技能，使他们能够获得更高收入的工作机会；③基础设施和公共服务差异，城市居民享有更完善的基础设施和公共服务，这些服务能够提升居民的生产效率和生活质量，从而间接提高其收入水平。

3. 城乡收入差距的影响

城乡收入差距的存在不仅加剧了社会分层，还导致了一系列社会问题，主要包括：①人口迁移问题，经济机会的不平等导致农村人口大量涌向城市，带来城市人口过密、住房压力增大等问题；②社会不稳定，收入差距过大可能引发社会不满情绪，增加社会矛盾和冲突；③经济效率低下，资源配置不合理导致的收入差距会降低整体经济效率，影响国家的可持续发展。

4. 规划应对策略

国土空间规划可以采取以下策略来减少城乡收入差距：①实施区域协调发展战略，通过区域协调发展策略，减少地区间的发展差异，促进资源的合理分配和利用；②优化经济结构，通过规划引导资本和技术向农村流动，发展农村地区的非农产业，如乡村旅游、农产品深加工等，提高农村居民的非农收入；③加强基础设施建设，改善农村地区的交通、通信、卫生等基础设施，提升农村居民的生活和工作条件。

3.3.3 社会包容性

社会包容性是指在社会治理、发展过程中，确保各种社会群体尤其是边缘群体能够公平参与社会、经济、文化活动的政策和实践。在国土空间规划中，提高社会包容性不仅是提升生活质量的重要因素，也是推动可持续发展的关键。本部分将探讨社会包容性的重要性、存在的问题以及如何通过规划提升社会包容性。

1. 社会包容性的重要性

社会包容性对于建设公平、和谐的社会环境至关重要，它有助于减少社会不平等现象。第一，确保所有社会成员都能参与社会经济活动，可以消除贫困和减少社会不平等。第二，社会包容性能够增加社会的凝聚力，减少社会矛盾和冲突。第三，包容性社会还可以更好地利用人力资源，促进创新和实现经济多样化。

2. 社会包容性的问题与挑战

社会包容性的重要性虽然被普遍认可，但在实际的社会治理和空间规划中仍面临许多挑战。例如，政策执行不到位，虽有多种政策支持社会包容，但在执行层面常常因资源不足、监管不严而难以实现预期效果；边缘群体的持续边缘化，特定群体如低收入者、残疾人、少数民族等常常被排除在主流发展之外；经济发展与社会发展脱节，在许多地区，经济增长未能带来全民福祉的提升，社会包容性未随经济发展同步增强；等等。

3. 规划中提升社会包容性的策略

国土空间规划可以通过以下策略提升社会包容性：①完善基础设施，优先改善服务于边缘和弱势群体的基础设施，如交通、教育、医疗等，确保这些服务的普及和便利性；②推动社区参与，鼓励所有群体参与社区和城市规划过程，确保他们的需求和意见被充分听取和考虑；③提供平等的发展机会，通过教育设施配置等空间措施，为边缘群体提供更多提升自我和获得更好生活的机会。

3.3.4 社区与住房

社区和住房问题直接影响到居民的生活质量和社会的整体稳定性。在国土空间规划中，合理的社区建设和住房政策是实现社会公正和促进社会包容性的重要手段。本部分将讨论社区和住房问题的现状、挑战以及在规划中应对这些问题的策略。

1. 社区和住房问题的现状

快速城市化带来了诸多挑战，尤其是住房问题日益突出。包括住房可负担性差，房价高涨，尤其是在大城市，许多中低收入家庭难以负担合适的住房；居住环境参差不齐，虽有大量新建住宅区，但很多老旧小区的居住条件较差，缺乏必要的设施和服务；社区服务不均衡，新建社区往往重视硬件设施，忽视了社区管理和文化建设，而老社区则常常面临资源匮乏和管理滞后的问题。

2. 住房和社区问题的挑战

解决社区和住房问题会面临多方面的挑战。例如，土地资源有限，特别是在人口密集的城市，可开发的土地资源十分有限，这对住房的供应和社区的扩展构成了制约；资金投入巨大，更新老旧社区、建设新的住房和社区设施需要大量的资金，对地方政府和开发商都是负担，尤其在近年房地产行业总体发展放缓的大背景下，更新投入的力度受限。此外，政策从制定到执行也存在诸多难题，如征地补偿、居民搬迁等问题常常引发争议。

3. 规划应对策略

国土空间规划可以采取以下策略来解决社区和住房问题：①多元化住房供应，通过政策支持，鼓励开发多种形式的住房，包括公租房、共有产权房等，以满足不同收入层次的市民需求；②更新和利用老旧社区，制定老旧社区更新计划，改善基础设施，提升居住环境，同时保持社区原有的文化特色；③强化社区服务和治理，建立有效的社区管理体系，提供必要的公共服务，如教育、医疗、娱乐等，增强社区凝聚力；④编制可持续的社区规划，在新建社区规划中融入绿色建筑和可持续发展的理念，确保长远的生态与社会效益。

3.4 社会变迁下的国土空间规划应对

随着人口老龄化的加剧，我们需要重新思考国土空间规划中住房政策和医疗保健设施的布局，以更好地满足不同人口需求。同时，新技术的发展正重塑生活方式，也对规划工作提出新的要求。此外，社会公平问题也是国土空间规划中不可忽视的一个重要方面。我们需要通过合理的空间规划，解决不同群体之间资源分配不均、公共服务不足等问题，促进社会公平与和谐。本节将探讨人口老龄化、新技术下的生活方式变化，以及社会公平问题等社会变迁下的挑战，并提出相应的国土空间规划对策。

3.4.1 人口老龄化

人口老龄化是全球面临的一个重大社会挑战，特别是在发达国家及中国等新兴发展中国家。人口老龄化对社会各方面都有深远的影响，包括劳动力市场、医疗保健需求、养老服务以及国土空间规划等。本部分将探讨人口老龄化的现状、影响以及国土空间规划应对人口老龄化的策略。

1. 人口老龄化的现状

人口老龄化是指 65 岁及以上的老年人口在总人口中的比重不断增加的现象，是人均寿命延长的表现。中国进入老龄化社会以后，老龄化的加速与严格的生育政策有一定关系。人口结构的变化带来了对健康护理、社会保障、住房以及其他基础设施的巨大需求变化。

2. 人口老龄化的社会影响

人口老龄化对社会有着广泛影响。首先，就劳动力市场而言，随着老年人口比重的增加，劳动力市场可能面临缩减，这对经济增长潜力构成挑战。老年人群需要更多的医疗资源和长期护理服务，这对现有的医疗保健系统提出了更高要求。随着老年人口的增加，养老服务需求也在增长，包括居家护理、社区护理服务等。此外，随着独生子女家庭的增多，老年人的赡养问题也成为了社会问题，加重年轻一代的经济和心理负担。

3. 国土空间规划的应对策略

在应对人口老龄化的过程中，国土空间规划有着关键作用，可以通过以下策略来适应人口老龄化的挑战。

第一，就住房政策而言，为适应老年人的生活需求，规划应推动无障碍住房和老年友好型住宅的开发。这包括在设计中考虑无障碍设施，如宽阔的门道、无障碍浴室、电梯和紧急呼叫系统。第二，大力发展社区护理设施，鼓励在社区内建设或改造养老设施，如日间护理中心和长期护理设施，使老年人能够在熟悉的社区环境中接受照护，减少其生活压力。就公共交通系统而言，需要建设方便老年人使用的公共交通系统，例如提供低地板公交车、在车站设置更多的座椅和遮阳处，以及增设公交站点使其更接近老年人居住区。规划应包括为老年人提供必要的社区服务和设施，如健康咨询中心、文化娱乐活动中心等，增强老年人的社会参与感和生活质量。而且，现代科技如物联网（IoT）、智能家居系统等，可以帮助老年人更好地管理他们的健康和日常生活，提高生活自理能力。

3.4.2　新技术下的生活方式变化

随着科技的快速发展和进步，新技术如人工智能、大数据、物联网、移动互联网等不仅改变了人们的工作方式，也重新定义了人们在居住、社交、娱乐等生活方面的行为模式。国土空间规划在这一背景下需要适应这些生活方式的变化，制定相应的策略来优化城乡发展和空间布局。本部分将探讨由新技术引发的生活方式变化、这些变化对国土空间规划的影响，以及规划者如何应对。

1. 新技术引发的生活方式变化

新技术对生活方式的影响广泛且深远，主要表现在以下方面：①远程工作和学习的普及，互联网和通信技术的发展使得远程工作和在线教育成为可能，大量人口开始享受在家工作和学习的便利；②智能家居和数字化生活，从智能音箱到家庭自动化系统，技术使家庭环境更加舒适和安全，提高了生活质量；③共享经济的兴起，数字平台如共享单车、汽车共享和短租服务改变了人们的出行和居住模式，促进了资源的高效利用；④消费模式的变化，电子商务和在线支付的普及极大地便利了人们的购物习惯和消费选择，影响了零售业态和服务业的空间布局。

2. 对国土空间规划的影响

新技术带来的生活方式变化对国土空间规划提出了全新要求。第一，以住宅区规划为例，考虑到远程工作的需求，住宅区的规划需要适应居家办公的功能需求，如提供更多可用作办公的空间设计、更高速的网络服务和更安静的环境。第二，电子商务的兴起减少了对传统零售空间的需求，规划师需要考虑商业空间的重新配置和再利用，如转型为体验中心、展示空间或社区服务设施。第三，在交通与基础设施方面，共享经济和自动驾驶技术的发展影响了人们的出行方式，规划中应考虑减少停车空间的配置，增加公共交通连接和自行车道的建设。第四，伴随公共服务设施技术的发展，许多服务可以远程提供，如远程医疗服务，规划中需要考虑如何通过公共设施支持这种服务模式的扩展。

3. 应对策略

为了适应由新技术引起的生活方式变化，国土空间规划应采取以下四个策略。第一，灵活的规划设计，规划应具有灵活性，能够适应技术和生活方式快速变化的需求，如允许商业空间向住宅或办公空间转变；第二，增强数字基础设施配置，优先发展高速互联网和其他数字通信基础设施，为远程工作、学习和医疗等提供支持；第三，促进技术融入社区发展，通过政策和激励措施推动智能家居、智能交通系统的发展，提升居民生活质量和社区服务效率；第四，建立机制持续监测新技术对居民生活方式的影响，并根据评估结果调整规划策略。

3.4.3　社会公平与规划伦理

社会公平是人类的永恒追求，它体现了人们从道义和法理上追求资源分配、权益保障合理性的价值理念和价值标准。它意味着每个公民都应享有平等的权利和机会，无论其种族、性别、社会地位或其他个人特征。社会公平不仅关注物质资源的均衡分配，也强调在教育、医疗、政治参与等方面的机会平等。它体现了对弱势群体的关注和保护，旨在减少社会不平等现象，促进社会的和谐与稳定。

社会公平通常可分为实质公平和程序公平两部分，二者相辅相成，缺一不可。

实质公平作为社会公平的核心内容，涵盖了社会成员基本权利的保障、机会平等、按贡献分配以及社会调剂（社会再分配）等基本规则。程序公平是实现实质公平的必要保证，强调事件处理与决策过程的公开、透明、公平，确保所有利益相关方都能在公正、平等的环境下表达诉求和意见。

1. 社会公平与规划伦理的关系

社会公平与规划伦理在诸多方面均呈现出紧密的关联，这种关联不仅体现在理论层面，更贯穿于实践的全过程。

1）价值观的契合

社会公平所倡导的公正、平等、正义等价值观，与规划伦理所追求的核心原则不谋而合。伦理作为研究人与人之间的关系以及处理这些关系应遵循的道德和准则，其核心理念在于确保行为的正当性和合理性。公平正义作为规划伦理的重要组成部分，要求规划过程尽量不损害任何人的利益，充分体现公正与公平。

2）共同的目标导向

社会公平致力于构建和谐稳定的社会环境，而规划的目标也是为了实现社会的可持续发展和公共利益最大化。在规划实践中，规划师应关注社会各群体的利益诉求，特别是弱势群体的生存和发展问题，通过合理的规划布局和资源配置，减少社会不平等现象，推动社会的和谐稳定。

3）实践的相互促进

规划实践是实现社会公平的重要途径。通过科学的规划布局和合理的资源配置，可以促进社会资源的公平分配和有效利用，减少社会不平等现象。同时，规划实践也应遵循规划伦理的规范和要求，确保规划活动的公正性和合理性。

2. 规划中实现社会公平的主要路径

国土空间规划作为国家或地区实现经济社会可持续发展的关键工具，其核心在于对土地资源和其他自然资源的科学合理配置与布局。在规划过程中，确保社会公平具有举足轻重的地位，它直接关系到每个社会成员的切身利益，是维护社会稳定、推动和谐发展的基石。在国土空间规划中，实现社会公平的路径主要有以下五个。

1）全面深入了解社会需求和利益

在规划过程中，应充分了解不同社会群体的需求和利益。规划师应通过社会调查、数据分析等手段，全面深入剖析不同地区、行业、收入层次等群体的生产生活状况、发展需求及利益诉求。这一步骤为规划决策提供重要依据，确保规划方案能够真实反映社会各界的诉求与利益。

2）坚持公平、公正、公开的原则

确保规划决策的公平性、公正性与公开性是实现社会公平的基本要求。就公平性而言，应依据资源禀赋和发展潜力，进行公平合理的资源配置和产业布局，特别关注弱势群体的利益，避免资源过度集中带来的不公平现象。就公正性而言，应遵循科学、民主、法治的原则，广泛征求各方面的意见和建议，确保决策过程公正透明。就公开性而言，应通过公示、听证等方式，让社会各界了解规划决策的过程和结果，增强公众对规划的信任与支持。

3）优化资源配置与产业布局

优化资源配置和产业布局是实现社会公平的关键环节。第一，规划要完善土地政策体系，通过科学制定土地利用规划、加强土地管理等手段，实现土地资源的合理利用和优化配置；第二，要依据地区资源禀赋和发展潜力，制定差异化的产业发展策略，推动产业结构优化升级；第三，注重培育新兴产业和特色产业，提高产业竞争力和可持续发展能力，通过产业带动和经济发展，提升地区生产生活水平，特别关注贫困落后地区和弱势群体，促进包容性的、机会平等的、可持续的发展；第四，加强区域合作与协调发展，通过基础设施建设、产业协作等方式，缩小地区间发展差距，促进区域经济的均衡发展。

4）强化基础设施与公共服务建设

基础设施与公共服务建设是实现社会公平的重要保障。规划应加大对基础设施和公共服务的投入与管理力度，包括交通、水利、能源等市政基础设施，以及教育、医疗、文化、体育、养老、托幼等公共服务设施，通过提升设施与服务的质量和覆盖范围，提高人民的生活质量和生产效率；同时，应注重城乡、区域间设施的均衡布局与协调发展，优先解决贫困、偏远地区的基础设施短板问题，确保每个人都能平等地享受到基本服务；此外，鼓励社会资本参与基础设施建设和公共服务提供，形成多元化、高效化的供给体系，有利于提高社会整体福祉水平，增强社会的凝聚力和向心力，促进社会公平和稳定。

5）加强规划监测与评估

为确保规划有效实施并实现社会公平目标，应加强对规划的监测与评估工作，建立健全规划实施的监督体系，通过设立专门监督机构、制定监督机制等方式，对规划实施过程进行跟踪和监测。同时，定期评估规划的执行情况和实施成效，及时发现和纠正问题，确保规划方案顺利执行和规划目标有效实现。其次，开展重大规划建设项目的社会影响评估工作，有效识别并化解（特别对某些弱势群体）可能带来的贫困、社会不公平、文化冲突等社会风险和不利影响，减少社会成本，提高项目的社会适应性和整体实施效益。此外，加强公众参与和多元协商机制建设，通过听证会、座谈会、社会调查、参与式工作坊等方式，广泛收集社会各界的意见和建议，加强对规划实施效果的公众评估，形成全社会共同监督的良好氛围。

3.5 国土空间规划中的社会调查研究方法

社会调查研究在国土空间规划中发挥着至关重要的基础支撑作用，对于确保规划的科学性、合理性和有效性具有重要意义。通过深入的社会调查研究，我们能够全面、准确地了解社会经济发展状况、人口分布特征、文化传承和发展需求等关键要素，为规划提供有力的数据支撑和科学的决策依据。掌握科学、系统的社会调查研究方法，有助于更准确地揭示社会发展的内在规律，更深入地了解公众的诉求与期望，从而在规划过程中充分考虑社会与空间的协调发展，实现国土空间资源的优化配置和规划的人文关怀，为可持续发展目标的实现提供有力保障。

3.5.1 社会研究的方法论

1. 社会研究的概念与特点

社会研究，作为一种以经验为基础的科学探究活动，专注于深入剖析社会世界中人们的行为、态度、关系以及由此产生的各类社会现象和社会产物，从而帮助我们理解周遭的社会世界，并据此预测其发展与变迁的趋势。

社会研究的特点主要体现在三个方面：①研究主题明确聚焦于社会领域，而非自然领域；②研究方法基于可观察、可感知的经验资料，而非单纯的理论思辨；③研究问题采用科学的方法论进行探究，而非主观臆断。

2. 社会研究的方法体系

社会研究方法是指研究者根据具体的研究问题，采用特定的研究方式和程序，运用一定的研究方法（如观察、调查、实验等）来收集、分析和解释资料，并以适当形式展示研究结果的一系列综合过程。

社会学研究通常采用实证主义和人文主义两种对立又相互补充的方法论。实证主义方法论倾向于将社会现象视为客观存在，强调通过客观观察和量化分析来揭示其本质；而人文主义方法论则注重人的主观性和特殊性，强调通过深入理解和解释个体的经验和行为来揭示社会现象。这两种方法论分别对应定量研究和定性研究两种典型的研究方法。

调查研究、实验研究、实地研究和文献研究是社会研究中常用的研究方式。研究者需根据研究对象的性质、研究对象的规模、分析单位以及研究目标等因素，合理选择研究方式。

3. 社会研究方法的特点

社会研究方法主要具有科学化、系统化和定量化等特点。

科学化： 强调研究过程的科学性和研究结果的客观性。在资料搜集阶段，研究者需运用科学的测量工具和手段来确保数据的信度和效度；在资料分析阶段，需避免主观干扰，采用科学的数据或资料分析方法来得出研究结论。

系统化： 注重将研究对象置于其所属的社会系统中进行考察，通过数理统计方法，系统分析研究对象与相关因素之间的关联性和因果机制，以获取更全面、深入的认识。

定量化： 任何社会现象都有质和量两种属性。尽管定性研究方法在深入理解研究对象和现象方面具有独特优势，但量化研究方法能够利用大规模数据和科学分析方法检验各因素之间的关系，揭示社会现象的数量特征与规律，并将研究结论推广至更大范围，有助于形成对事物本质和内在规律的相对系统、全面的认知。因此，现代社会研究注重定性与定量分析相结合。

3.5.2　社会调查方法

社会调查方法是社会研究的重要组成部分，旨在系统地收集和分析关于社会现象的数据。最为常用的调查方法有以下四种：问卷法、访谈法、观察法和实验法。

1. 问卷法

问卷法，作为社会调查中广泛应用的数据收集手段，通过预设的一系列标准化问题，以书面形式系统地收集目标群体对特定主题或现象的看法、态度和行为等信息。

问卷法的主要特点包括以下四个。

标准化： 通过标准化设计问题，确保所有被调查者面对相同的问题和选项，从而保障数据的可比性和一致性。

匿名性： 多采用匿名形式，有助于减少被调查者的心理压力，提高回答的真实性。

灵活性： 可通过多种渠道发放问卷，如面对面、邮寄、电子邮件或在线平台等，适应不同的研究场景和需求。

量化分析： 使收集的数据易于进行统计分析，得出客观、量化的研究结论。

问卷法的实施步骤包括以下五步。

明确研究目的和对象： 在设计问卷前，需清晰界定研究目的和调查对象，以确保问卷问题的针对性和有效性。

设计问卷： 根据研究目的和对象特点设计问卷问题，注意问题的逻辑性、清晰性和针对性。

预测试： 在小范围内进行预测试，以评估问卷的有效性和可靠性，并根据反馈结果进行修改和完善。

发放和回收问卷： 选择合适的发放方式，确保问卷能够覆盖目标群体，同时关注问卷的回收率和数据质量。

数据录入和分析： 对回收的问卷进行编码和数据录入，运用统计分析软件进行数据处理和分析。

设计高质量问卷是问卷法的关键。问卷内容通常包括以下五部分。

封面信： 简要介绍研究目的、背景、调查者身份和保密承诺等，以消除被调查者的顾虑。

指导语： 说明问卷填写方法，如选择题作答方式、开放式问题回答要求等。

问题部分： 包括封闭式问题和开放式问题，前者提供预设选项供被调查者选择，后者要求被调查者自由回答。

编码： 对封闭式问题的选项进行编码，以便于后续数据录入和分析。

人口统计学信息： 收集被调查者的性别、年龄、职业等信息，以便对样本进行描述性统计和分组比较，揭示不同群体之间的社会差异和联系。

2. 访谈法

访谈法是指通过研究者与被调查者之间面对面的口头交流，深入收集关于社会现象、个人经历、态度和观点等信息的研究方法。它基于预设的访谈提纲或问题指南，旨在深入了解被调查者的内心世界和实际情况，为社会研究提供丰富的质性资料。

访谈法的主要特点包括以下四点。

深入性： 能够触及问卷调查等量化方法难以获取的关于被调查者的深层次信息。

灵活性： 访谈过程中，研究者可以根据被调查者的回答灵活调整访谈内容和方式，以获取更加全面和深入的信息。

互动性： 强调研究者与被调查者之间的双向互动，有助于建立信任关系，提高被调查者的参与度和回答的真实性。

主观性： 受研究者主观因素影响较大，可能带来误读或解读偏差等问题。

开展访谈法的主要工作内容包括以下五个部分。

明确研究目的和对象： 首先需要明确研究目的和对象，确保访谈提纲或问题指南与研究主题紧密相关。

确定访谈方式，设计访谈提纲： 根据研究需要，选择合适的访谈方式（如结构式、半结构式或无结构式），访谈提纲应围绕研究目的设计，确保问题的针对性和有效性。

进行预访谈： 通过预访谈检验访谈提纲的有效性和可行性，并根据反馈进行修改和完善。

实施访谈： 访谈过程中，研究者应与被调查者保持良好的互动和沟通，详细记录被调查者的回答、表情和语气等信息。

资料整理和分析： 将访谈记录整理成文字资料，并运用内容分析、主题分析等方法进行深入分析。

访谈法特别适用于需要深入理解个体感受和经验的研究领域。其互动性和灵活性使得研究者能够专注于挖掘被调查者的深层次信息，揭示复杂的社会空间关系和多样的社会生活。此外，它强调个体经验在城市社会研究中的重要性，使研究更加人性化和贴近现实。与定量研究相比，访谈法产生的数据通常以文字形式呈现，需要通过内容分析等方法进行深入解读。

3. 观察法

观察法作为一种非介入性的研究方法，旨在通过直接观察社会现象、事件或行为，并记录相关信息，来获取研究所需的第一手数据。这种方法强调在自然状态下进行，以减少对观察对象的干扰，从而确保数据的真实性和客观性。

观察法的主要特点包括以下三个方面。

客观性： 注重在自然状态下进行观察，研究者尽量避免对观察对象产生干预，以保证所收集数据的客观性和真实性。

直接性： 通过直接观察获取第一手资料，有助于揭示访谈中可能遗漏或难以表达的行为，减少间接信息的误差。

系统性： 通常需要制定详细的观察计划和记录表格，以确保观察过程的系统性和规范性。

实施观察法的主要步骤包括五步。

制定观察计划： 明确观察目的、对象、时间、地点等要素，为观察过程提供明确的指导。

选择观察对象： 对象可以是个人、群体、组织或社会现象等。

确定观察方式： 方式可分为直接观察和间接观察两种，前者要求研究者亲自到现场进行观察，后者则借助录像、照片等手段进行。

进行实地观察： 按照观察计划，对观察对象进行详细的观察和记录，确保数据的准确性和完整性。

记录和分析数据： 观察数据的记录应详细、准确，包括观察对象的特征、行为、环境等信息。进行数据分析时，研究者可以根据研究目的选择合适的分析方法，如描述性分析、因果分析等。

观察法为理解城市生活和社会现象提供了一种直接而有效的途径。特别是在分析非言语行为如肢体语言、空间使用等方面，观察法具有独特优势。这些在理解城市社会互动中非常重要，有助于研究者深入洞察城市环境中的复杂社会动态和文化特征。

4. 实验法

实验法是通过人为地操控和改变某些社会现象或条件，观察和分析这些操控和改变对社会现象或个体行为的影响，以检验理论假设或揭示因果关系。该方法强调对实验对象的严格控制和操纵，以确保研究结果的准确性和可靠性。

实验法的主要特点体现在以下四个方面。

控制性： 强调对实验条件的严格控制，通过设立实验组和对照组，在两组之间控制或改变某一或多个变量，从而精确观察和分析这些变化对实验结果的影响。

因果性： 致力于揭示社会现象之间的因果关系，通过对比实验组和对照组的结果，分析变量之间的关联性和因果效应。

重复性： 强调实验过程的可重复性和可验证性，即其他研究者在相同条件下能够复制实验并获得相似结果，以确保实验结果的可靠性和有效性。

伦理性： 由于实验法涉及对实验对象的干预和影响，因此必须遵循伦理原则，确保实验过程不会对实验对象造成不必要的伤害或侵犯其权益。

开展实验法的主要工作内容涵盖实验设计、实验过程、数据收集和分析等。其中，实验设计是实验法的核心，包括明确实验目的、选择适当的实验对象、设立实验组和对照组、确定实验变量和操作方法等。实验过程需要严格按照实验设计进行，以确保实验条件的稳定性和一致性。数据收集和分析是实验过程的重要环节，需要采用恰当的统计方法和分析工具，对实验数据进行处理和分析。

3.5.3 社会研究的分析方法

在社会研究中，分析方法是探索和理解复杂社会现象的关键工具。它们不仅有助于提炼规律性认识，还能推动社会科学知识的累积和发展。分析方法的选用对研究质量和结果具有决定性影响。主要的分析方法包括定量、定性和混合分析方法。

1. 定量分析方法

定量分析方法基于数值型数据，通过对大量数据的统计、测量和计算，揭示社会现象的数量特征和规律。该方法强调数据的客观性、可测量性和可重复性，追求研究的精确性和可验证性。

定量分析方法的主要特点有以下三个。

精确性高： 能够精确测量和计算数据。

标准化操作： 采用统一的标准和程序进行数据收集和分析，确保研究的可靠性和有效性。

可预测性： 基于大量数据的统计分析，能够预测社会现象的发展趋势。

定量分析方法主要有四种应用形式。

描述性统计： 通过计算平均数、众数、中位数等指标来描述数据的分布情况。

推论统计： 基于样本数据推断总体特征，如进行假设检验、置信区间估计等。

实验设计： 通过人为控制变量来检验因果关系，如随机对照试验、前后测设计等。

问卷调查： 通过设计问卷来收集大量数据，以便进行统计分析。

在使用定量分析方法时，应确保数据准确可靠，避免数据误差对结果的影响；明确研究目的和假设，选择合适的统计方法和分析工具；注意结果的适用范围和局限性，避免过度推断。

2. 定性分析方法

定性分析方法基于非数值型数据，通过深入挖掘文本、图片、观察记录等资料，探索和理解人们的行为、经历、动机和态度。该方法强调数据的情境性、主观性和解释性，关注"为什么"和"怎样"的问题。

定性分析方法的主要特点包括三个方面。

深入性： 通过深度挖掘研究对象的经历、观点和情感，揭示社会现象背后的深层含义。

灵活性： 可以根据研究需要和情境变化，调整研究设计和方法。

理解性： 强调对研究对象的理解和解释，有助于发现新观点和问题。

定性分析方法的主要应用形式包括四种。

深度访谈： 与研究对象进行深入交谈，了解其观点、经历和情感。

参与观察： 通过亲自参与研究对象的活动，观察并记录其行为和互动。

文本分析： 对文本数据进行深入解读和分析，以揭示其背后的意义和价值。

案例研究： 选择典型案例进行深入剖析，以揭示其背后的规律和机制。

在使用定性分析方法时，应保持客观、中立的态度，避免个人偏见；应选择合适的样本和数据收集方法，确保数据的可靠性和有效性；在数据分析和解释过程中，应充分考虑数据的情境性和主观性，避免过度解读和误用。

3. 混合分析方法

混合分析方法结合了定量和定性研究方法的优势，旨在更全面、深入地理解社会现象。它不局限于简单地同时应用定量和定性技术，还包括在不同研究阶段、不同数据层面或不同分析层次上的综合应用。

在使用混合方法时，应根据研究问题的特性和研究目的，精心选择和设计合适的方法组合，并确保各种方法之间的协调性和一致性。在数据整合和分析中，应注重不同来源数据的相互补充和验证，避免信息重复或冲突。

3.5.4　社会调查报告的撰写

社会调查报告是社会研究的重要成果，旨在通过系统调查和分析，深入剖析和阐述某一社会现象、问题或政策。它不仅增进我们对社会现象的认识，也为政策制定和社会规划提供科学依据。

社会调查报告具备以下四个主要特点。

客观性： 以客观事实为基础，确保数据的真实性和可靠性，避免主观臆断。

系统性： 通过全面、系统的调查和分析，确保研究内容的完整性和连贯性。

针对性： 针对具体社会现象或问题，为解决现实问题提供有力支持。

可读性： 采用通俗易懂的语言和图表，方便读者理解报告内容。

1. 社会调查报告的分类

根据社会调查报告的特点，有以下四种分类方式。

按内容广度，可分为综合性调查报告（全面、系统地调查和分析某一社会现象或问题）和专题性调查报告（针对某一具体问题或领域进行专门调查和研究）。

按内容深度，可分为描述性调查报告（描述社会现象或问题的现状和特点）和因果性调查报告（探究社会现象背后的原因和结果，以及它们之间的因果关系）。

按报告目的，可分为应用性调查报告（以解决实际社会问题为主要目的，追求及时性和实用性）和学术性调查报告（以学术研究为主要目的，强调理论性、专业性和科学性）。

按规划工作特点，可分为规划设计调查报告（为规划设计提供实证支持，强调实证性和决策支持）和规划研究调查报告（深入、系统地研究某一规划领域或问题，推动理论创新和实践应用）。

2. 社会调查报告的主要内容

一份完整的社会调查报告主要由以下四个部分组成。

绪论： 开篇即明确研究主题，简要介绍研究的背景、目的、意义、范围和方法。

本论： 作为报告的核心部分，详细展开研究内容、分析过程和结果。内容主要包括文献综述、数据收集和分析、结果呈现、讨论与解释等。

结论： 总结研究的主要发现和结论，并指出研究的局限性和未来研究方向。

附录： 提供补充材料和信息，如原始数据、调查问卷、访谈记录、参考文献等。

3. 社会调查报告的编写步骤

编写社会调查报告是一个系统且有序的过程，主要包括以下七个步骤。

明确研究目的和问题： 明确研究的目的和核心问题，确保研究的针对性和实效性。

进行文献综述： 查阅相关文献和资料，了解研究现状和已有成果，为研究提供理论支持。

设计研究方案： 明确研究方法、数据来源、样本选择等，为研究提供框架和基础。

收集和分析数据： 按照研究方案收集数据，并运用相关理论和方法进行分析，揭示数据内在规律。

撰写报告正文： 在绪论中介绍研究背景、目的等，本论部分详细阐述研究内容、过程和结果，结论部分总结主要发现和结论，并指出局限性和未来方向。

完善报告格式和引用： 确保报告格式符合学术规范，包括标题、摘要、关键词等部分，并准确引用相关文献。

审核和修改报告： 仔细审核报告的逻辑性、准确性等，并根据审核结果进行必要的修改和完善。

扩展阅读

[1] 顾朝林，刘佳燕. 城市社会学 [M]. 北京：清华大学出版社，2013.

[2] 风笑天. 现代社会调查方法 [M]. 6版. 武汉：华中科技大学出版社，2020.

[3] 艾尔·巴比. 社会研究方法：第11版 [M]. 邱泽奇，译. 北京：华夏出版社，2018.

关键术语

社会学、社会学研究方法、人口迁移、城市化、社会分层、空间分异、城乡收入差异、社会包容性、社区与住房、人口老龄化、新技术与生活方式变化、社会公平、社会研究、社会调查方法、社会研究分析方法、社会调查报告

思考题

1. 简述人口迁移如何影响城市化进程。
2. 思考如何通过空间规划干预来减少社会不平等。
3. 简述国土空间规划中的社会学研究方法。
4. 技术变革如何影响居民对住房、交通和公共空间的需求？
5. 谈谈如何开展高质量问卷调查。

参考文献

[1] 王煦柽.人口迁移[M]//中国大百科全书地理学编辑委员会.中国大百科全书：地理学.北京：中国大百科全书出版社，1992：358-359.
[2] 葛剑雄.中国移民史：第一卷[M].福州：福建人民出版社，1997.
[3] RAVENSTEIN E G.The laws of migration[J].Journal of the Statistical Society of London，1885，48（2）：167-235.
[4] RAVENSTEIN E G.The laws of migration[J].Journal of the Royal Statistical Society，1889，52（2）：241-305.
[5] ZIPF G K.The $P_1 P_2/D$ hypothesis：on the intercity movement of persons[J].American Sociological Review，1946，11（6）：677-686.
[6] STOUFFER S A.Intervening opportunities：a theory relating mobility and distance[J].American Sociological Review，1940，5（6）：845-867.
[7] BOGUE D J.Principles of demography[M].New York：John Wiley & Sons，1969.
[8] LEE E S.A theory of migration[J].Demography，1966，3（1）：47-57.
[9] 严重敏.城市化[M]//中国大百科全书地理学编辑委员会.中国大百科全书：地理学.北京：中国大百科全书出版社，1992：37-38.
[10] 顾朝林，刘佳燕.城市社会学[M].北京：清华大学出版社，2013.
[11] HARVEY D.The urbanization of capital：studies in the history and theory of capitalist urbanization[M].Oxford：Basil Blackwell，1985.
[12] GIDDENS A.Sociology[M].6th ed.Cambridge，MA：Polity Press，2009.
[13] GRUSKY D.Social stratification：class，race，and gender in sociological perspective[M].Boulder，CO：Westview Press，2008.
[14] GIDDENS A.Capitalism and modern social theory：an analysis of the writings of Marx Durkheim and Max Weber[M].Cambridge：Cambridge University Press，1971.
[15] DAHRENDORF R.Class and class conflict in industrial society[M].Stanford，CA：Stanford University Press，1959.
[16] WEBER M.Class，status，party[M]//GERTH H H，MILLS C W.From Max Weber：essays in sociology.New York：Oxford University Press，1946：180-195.
[17] WEBER M.Social stratification and class structure[M]//The theory of social and economic organization.Glencoe，IL：Free Press，1947：424-429.
[18] GIDDENS A.The class structure of the advanced societies[M].New York：Harper Torchbooks，1981.
[19] GRUSKY D B，SØRENSEN J B.Can class analysis be salvaged？[J].American Journal of Sociology，1998，103（5）：1187-1234.
[20] BLAU P M，DUNCAN O D，TYREE A.American occupational structure[M].New York：Free Press，1978.
[21] WARNER W L，LUNT P S.The status system of a modern community[M].New Haven：Yale University Press，1950.

［22］ COLEMAN J S.Foundations of social theory［M］.Cambridge, MA; London: Belknap Press of Harvard University Press, 1990.
［23］ WARD K.Inequality, spatial［M］//GREGORY D, JOHNSTON R, PRATT G, et al.The dictionary of human geography. Chichester: Wiley-Blackwell, 2009: 380-381.
［24］ WIRTH L.The ghetto［M］.Chicago, IL; London: University of Chicago Press, 1969.
［25］ 风笑天.现代社会调查方法［M］.6版.武汉：华中科技大学出版社，2020.
［26］ 艾尔·巴比.社会研究方法：第11版［M］.邱泽奇，译.北京：华夏出版社，2018.

第 4 章

国土空间治理

■ **教学要求**

本章要求学生学习了解国土空间治理的相关概念，掌握国土空间治理的理念与方法，熟悉典型国土空间工程，通过学习本章内容，能够深入理解国土空间治理的内涵。

国土空间治理是一个涵盖多方面知识与实践的复杂体系，它不仅包括当代国土空间规划，更蕴含着我国几千年的国土空间治理智慧。从中国古代的国土观念，到整合国土的都邑体系，再到连接、重组与修复国土的若干重大工程，都体现了我国古代国土空间治理的独特智慧，及其保障人民生活、推动社会稳定发展的重要作用。《中共中央 国务院关于建立国土空间规划体系并监督实施的若干意见》明确提出，国土空间规划是保障国家战略有效实施、促进国家治理体系和治理能力现代化、实现"两个一百年"奋斗目标和中华民族伟大复兴中国梦的必然要求。这一理念与我国古代国土空间治理思想一脉相承。通过学习传统国土空间治理的理念、方法与实践，我们可以更好地理解国土空间治理的本质，为当前的国土空间规划提供有力的知识支撑。

4.1 中国传统空间治理

4.1.1 宇宙观

宇宙是人们认识外在世界的最大空间尺度。"宇"具有空间含义，上下四方称为"宇";"宙"具有时间含义，古往今来称为"宙"。中国古人将天、地、人当作构成宇宙的三大要素。"宇宙观"是人们对时间与空间的看法，因为人们需要理解昼夜四季的更替，以及空间方位的变化。在天文学尚不发达的古代，中国较流行的宇宙观是盖天说、浑天说和宣夜说。其中盖天说与"天圆地方"的观念相关。

1. 天圆地方

"天圆地方"是中国古代早期对地球与宇宙空间关系的描述模式。早期人们认为"天圆如张盖，地方如棋局"，但圆盖形的天与正方形的大地边缘无法吻合。于是又有人提出，天与地并不相接，而是像一把大伞一样高悬在大地之上，地的周边有八根柱子支撑着，天和地的形状犹如一座顶部为圆穹形的凉亭。天圆地方的宇宙观至今仍在影响中国的空间实践。

天圆地方也是对时空坐标的描述。古人用"天圆"形容时间轮回，如四季、昼夜的轮回；用"地方"形容空间有东、南、西、北"四方"，其中，古人将太阳升起的一方称为东方，将太阳落下的一方称为西方。

天圆地方的观念由来已久，从考古发掘来看，这种观念在新石器时期就已经出现。天圆地方观念对中国古代城市和建筑影响深远。古人讲"天道曰圆，地道曰方"，因方而正，只有在地上建立秩序才能维持安定，因此中国古代的祭祀建筑、陵寝建筑等多体现了天圆地方的思想。

2. 象天法地

"象天法地"是中国古人想象地面上的政治空间单元（如州、国）或建筑与天上的星宿有关系，并认为通过观察天象变化，可以预测对应地区的福祸吉凶。《周易》中讲"在天成象，在地成形"。古人讲究天、地、人相通，"仰则观象于天，俯则观法于地"，通过象天法地，实现天地人合一。

中国古代王城或都城的选址和规划几乎都考虑了象天法地的原则。此外，都城中的王宫也倾向建在城的中心位置，这个位置对应了天球的中心。《吴越春秋》记载："子胥乃使相土尝水，象天法地。造筑大城，周回四十七里，陆门八以象天八风，水门八以法地八聪。"古代都城规划既要取象于天，又要取法于地，在"象天"和"法地"的互动中，形成了"天地结合"的空间布局。

3. 天下

"天下"，即"普天之下"。在不同语境下，"天下"的范围大小不一，但都是指地球表面人们居住的地方。在中国古代，人们尚不知道地球有多大时，就将看到、听说、想象到的地球表面都称为天下。譬如其中有一种想象是：天下的中间为陆地，四周为海洋。也有文献将"天下"比作国家的疆域，如魏蜀吴"三分天下"，就是指三方各据中国疆域一方。

天下人居指的是中国古代受天下观念影响而形成的人居环境规划建设的整体性概念。是中华民族的文化理想、生存安全、经济生用等在大尺度地面上的映像。天下人居的内涵蕴含了择中立都、外御强敌、内施教化、确立国家秩序的大一统思想。中国古人通过划分区域来管理天下，划分方式如"九州""山川形便""犬牙交错"；通过布局神山、神水护佑天下，如"五岳""四渎"等。天下人居的思想体系深刻影响了中国各层级、各地域的人居建设，构成中国人居环境营建智慧的主体框架和基石，并持续影响到中国人今日的生活，在古代还传到了中华文化辐射的东亚地区。

4. 人居天地间

战国《文子·上礼篇》记载老子论治国理政智慧，"昔者之圣王，仰取象于天，俯取度于地，中取法于人"，"列金木水火土之性，以立父子之亲而成家；听五音清浊六律相生之数，以立君臣之义而成国；察四时孟仲季之序，以立长幼之节而成官。列地而州之，分国而治之，立大学以教之，此治之纲纪也"。这是以天地人相参为主线，设官分职、分而治之、人文化之，国（都邑）是治国理政的据点。

西汉《淮南子·泰族训》进一步发展了老子的观点，形成一段集大成式的论述："昔者，五帝三王之莅政施教，必用参五。何谓参五？仰取象于天，俯取度于地，中取法于人"，"制君臣之义，父子之亲，夫妇之辨，长幼之序，朋友之际，此之谓五。乃裂地而州之，分职而治之，筑城而居之，割宅而异之，分财而衣食之，立大学而教诲之，夙兴夜寐而劳力之，此治之纲纪也"。这是在天地人相参的基础上，进一步提出分区分职、城以盛民、富而教之的系统观念，强调城市是区域中心与人居之地。

4.1.2 传统国土空间观念

在中国古代，国土空间观念是文化和政治思想的重要组成部分，它不仅反映了人们对地理环境的认知和利用，还体现了对国家统一和管理的理念。战国中后期，随着国家统一趋势的加强，思想家和政治家们开始构想一种网格化的技术来规划中央集权下的国家秩序。"九州"的划分、"五岳四渎"的布局，以及"畿服制"的设想，均是在这种背景下的产物。这些理念的核心在于将原本分散且性质各异的地区整合进一个统一的"天下"概念之中，将多元的地方社群融入一个整体的天下秩序。王权借助这种空间构架，将中央与地方、中国与世界的关系进行了有机的联结，确立了一种基于中央集权价值的地方认同[1]。

1. 九州

中国人常用"九州"代表中国。九州是中国古代因地制宜划分国土、管理国土思想的体现。

"九州"最早见于《尚书·禹贡》（即《尚书·夏书》中的《禹贡》一文）。其按照自然山水，将当时中国疆土的核心部分划为九州，并简要地描述了每州的疆域、山脉、河流、植被、土壤、物产、贡赋、民族、交通等自然和人文地理现象。这里的"贡"代表一个地方可以向国家提供的贡赋。

九州中个别州的名字在历史上有一些变化，但是分为九部分的格局是固定不变的。《尔雅·释地》记载："两河间曰冀州，河南曰豫州，河西曰雍州，汉南曰荆州，江南曰扬州，济河间曰兖州，济东曰徐州，燕曰幽州，齐曰营州。"《周礼·夏官司马》记载："东南曰扬州"，"正南曰荆州"，"河南曰豫州"，"正东曰青州"，"河东曰兖州"，"正西曰雍州"，"东北曰幽州"，"河内曰冀州"，"正北曰并州"。

九州是古代传说中的中国地理区划，不同于秦代以后推行的行政区划，《尚书·禹贡》中九州的范围是依据山川确定的。有学者推论九州的设计理念源于对大一统国家的希冀，希望有朝一日诸侯称雄的局面结束，形成统一的国家，而那时的天子要管理好这个大国家，必须将天下分为不同的区域来管理。由于各个区域的自然条件、人文条件都不同，所以每个区域要根据自己的长处来发展，如果各个区域互通有无，那么整个国家就安宁富强了。

2. 五岳

在中国各地的传统文化中，山神崇拜十分普遍。人们相信一个地方的山神会保佑当地平安。与世界上许多国家的山神崇拜相比，中国传统文化中山神崇拜有一个

---

1. 李宪堂.九州、五岳与五服——战国人关于天下秩序的规划与设想[J].齐鲁学刊，2013（5）：41-50.

空间上的特点，即将多个神山组合，以护佑更广阔的地域，例如五岳。

选择五岳，与春秋战国时期"五行"之说开始盛行有关。"五行"既代表组成世界的五种元素——金、木、水、火、土，也代表东、南、西、北、中五个方位，"五岳"就是位于五个方位上的神山。五岳也是历代帝王封禅的场所。

中国的名山首推五岳，其中"岳"意为高峻的山。在中国古代，人们认为高山峻极于天。位于中原地区的东、南、西、北方和中央的五座高山被定为"五岳"。现在人们熟知的五岳分别是东岳泰山、南岳衡山、西岳华山、北岳恒山、中岳嵩山。但五岳一词并非五座山的简单加和，这个山岳组合与江山社稷相关联，是国家一统的象征。

3. 五镇

中国古代礼制文化空间的营造手法之一是在空间不同位置设立镇物。在多种布局镇物的方法中，典型的做法是将区域内的大山命名为镇山。

镇山是保护一方安宁的神山，是一个区域的主山。古人将水环绕的陆地称为州（与洲字通）。在中国古人的宇宙或世界中，天下被划为九州或十二州，河流是它们彼此的界线。而每个州都要用区域范围内的一座大山镇住。有镇山统摄，则能获得一方安定。

在城市尺度，有一些城市周边的山体不仅具有自然地理上的显著性，强化了城市的空间秩序，还在历史文化、民俗信仰等方面承载着深厚的意义，被称为"城市镇山"。

4. 四海

所谓四海，并非实指。古人曾以为中国居大地之中，四境有海环绕，故有此称，实不针对具体海域而言。其中东海、南海、北海，亦与今日之地理概念迥异。

《礼记·祭义》云："夫孝，置之而塞乎天地，溥之而横乎四海。"《礼记·祭义》中具体提到东海、西海、南海、北海，但只有方域可指，无海域可定，对四海的祭祀，自唐代之后才基本固定。宋元以来，海运和海上贸易迅速发展，海上的风波凶险直接关系社会的经济、政治生活，因此，人们屡屡会加封象征性的四海之神。

5. 四渎

四渎是指中国古代核心地区四条独立入海的大川与其主要支流。四渎由河（黄河）、江（长江）、淮（淮水）、济（济水）组成。河、江、淮、济在古时均是向东流入大海的大河，四条大河对古人的生产生活影响极大，古人将其奉为河神的代表，加以祭拜，由此便诞生了地上四渎。中国古代帝王有祭祀四渎之礼。

古人认为天地本一体，天上有名为"四渎"的四颗星星，地上也应有"四渎"。《晋书·天文志》上记载："东井南垣之东四星曰四渎，江、河、淮、济之精也。"

四渎是文化源远流长的中华的见证者。除现已并为黄河下游的济水，其他三条大江大河仍在今日中国的发展中发挥着重要作用。

6. 畿服制

畿服制是指战国以后成书的典籍中将王都以外的地区，按其离王都的远近与服事王朝之义务不同而划分为几个大区域的一种制度。"畿"指疆界、疆域，王畿即王所直接统辖的土地。"王畿千里"意指其范围之大，并非确有"方千里"。"服"的本义为职事、职位，作动词时指服从、服事。周代称王朝职官为内服，诸侯等为外服。外服之地又可按照各邦国、部落同王朝关系的亲疏以及所负担职贡的轻重，分为不同的服。

畿服制度的核心在于将中国视为一个统一的整体，将中国与"非中国"纳入一个统一的空间架构之中，从而在中央集权的原则下赋予地方及边缘地带以特定的价值与意义。该制度反映了战国时期儒家学者对理想君主权力的追求和对天下秩序的理解。此外，它也是研究传统政治文化的重要资料，因为它深刻地影响了此后历代的政治思想和政治实践[1]。

4.1.3 传统国土空间治理

划分行政区是国家行政管理的基本手段。"山川形便"和"犬牙交错"是中国古代两个比较突出的行政边界划分原则。中国古代中央政府以此做法确定行政区边界，防止地方政权以自然地理单元实施割据，使城市体系与行政体系高度吻合，与交通网络相辅相成，与大国山河相得益彰，为统一多民族国家的塑造提供了基本的空间骨架，共同在广域国土空间控制与社会治理中发挥枢纽作用。

---

1. 李宪堂. 九州、五岳与五服——战国人关于天下秩序的规划与设想[J]. 齐鲁学刊, 2013（5）: 41-50.

1. 山川形便

所谓"山川形便"是在确定行政区边界时，以山脉和河流等自然地理实体的走向确定分界线。

在交通工具和道路建设不发达的古代，高山大河成为人们交往的自然屏障。两侧地域的人们在生产生活习惯、语言风俗上都有很大的差异。古人早已注意到这些现象，《礼记·王制》中提到"广谷大川异制，民生其间者异俗"，因此，自然地理区域单元往往也是人文地理单元。

依山川，划地域。"山川形便"最早出自《新唐书·地理志》。据书中记载，"太宗元年，始命并省，又因山川形便，分天下为十道"，意思是唐太宗贞观元年（627年），太宗下令合并诸省进行行政区划调整，为了方便按照"山川形便"的原则，将全国分为十道，即分为十个一级行政区。后来《资治通鉴》《通志》《舆地广记》《禹贡锥指》《五礼通考》等书都传抄了这段记录，"山川形便"因此成为后世传承的中国行政区划分原则之一。

2. 犬牙交错

所谓"犬牙交错"，就是专门打破以自然边界为基础的自然地理单元边界，使相邻的行政区拥有不同的自然地理区域。

"犬牙交错"也被称为"犬牙相入"。它作为划分行政区的理念最早见于《史记》，其中记载汉高帝在分封各王的领地时，"地犬牙相制"，后人认为这是使大汉疆土像磐石一般坚固完整的基本原则。

3. 大国山河体系

在国家治理中，"大国山河"体系即以城市为核心，对周边的山川地理进行认知、规划和利用的一种理念和实践活动，起到了至关重要的作用。首先，它是一种空间秩序的安排，以城市为中心，将山川地理分为不同的区域，并以此为基础建立行政管理体系。其次，它是一种对山川地理的深度理解和利用，通过对山川形势的把握，合理安排城市建设和居住布局，使人与自然环境和谐共生。再次，它还体现了一种政治理念，通过山川脉络的规划，构建起层级严整、脉络鲜明的空间治理思路。它不仅是一种地理概念，更是一种文化和政治象征，体现了人与自然的和谐共生关系。

4.1.4 相关治理工程

在中国广袤的国土上，地理环境的多样性和复杂性构成了国家发展的自然基础，众多独立的地理单元之间的连接存在诸多困难。然而，正是这种地理上的挑战，激发了中华民族在不同历史时期进行资源调配与重组的智慧和决心。从大禹治水、大运河的开凿，到长城的修建，再到现代的基础设施建设，中国一直在努力克服自然障碍，实现国土的紧密连接和资源的有效调配。

1. 大禹治水

在中国古代史籍中，大禹治水为早期国家形态的发展作出了重要贡献。因此，古代中国人常常把中国视作大禹足迹所到之地，于是有"禹迹""禹之堵"等观念。

从大禹治水到西汉贾让"治河三策"，东汉王景"宽河行洪"，再到明朝潘季驯"束水冲沙法"，数千年来，历代先贤百折不挠，成功治理黄河使天下安澜，国祚昌盛。

2. 京杭大运河

京杭大运河是纵贯中国南北和中东部平原的巨型内陆水道系统，连通海河、黄河、淮河、长江、钱塘江等中国境内最重要的五大江河流域，历经多个朝代修建和维护，长期作为中国内陆交通体系的主干道，起到了紧密联系各片区的功能。

大运河的雏形可以追溯到公元前5世纪，到公元7世纪其首次成为帝国统一的水路交通系统，在此之后进行的一系列巨大工程，是工业革命之前世界上规模最大、范围最广的土木工程项目。长期以来在漕运体系的管理下，大运河是帝王运输粮食及战略性原材料物资、征收赋税和控制交通的专用通道。大运河体系供应了百姓生存所需的粮食物资，实现了对领土的统一管辖和军队的运输。13世纪，大运河发展达到顶峰，形成了包含2000多千米人工河道的统一内陆航运网络。大运河一直是重要的内陆水道系统，在保障中国经济繁荣和社会稳定方面发挥了重要作用。

3. 长城

长城是从公元前3世纪至17世纪中国历代王朝在国家北部边境持续修建的军事防御工程。长城东起河北山海关，西达甘肃嘉峪关，总长度超2万千米。长城不仅包括墙体、马道、敌台、铺舍等构成的城墙本体，也包括沿线配置的城堡、关塞等相关军事设施，关隘形成的贸易聚集点，以及与周边的城邑道路、驿站等共同组成的信息网络与供给网络，可称之为长城地带。

长城反映了中国古代农耕文明和游牧文明的碰撞与交流。长城并非一条线，而是一个地带，以两边为腹地，其活力贯穿于军事、社会、经济、文化等一系列层面。

4. 主体功能区

主体功能区指根据不同区域的资源环境承载能力、现有开发密度和发展潜力，按区域协调、环境友好、资源节约等原则划定的具有某种主体功能的规划区域。

《全国主体功能区规划》于 2011 年正式发布，规划根据不同区域的资源环境承载能力、现有开发密度和发展潜力，统筹谋划未来人口分布、经济布局、国土利用和城镇化格局，将国土空间划分为优化开发、重点开发、限制开发和禁止开发四类，确定主体功能定位，明确开发方向，控制开发强度，规范开发秩序，完善开发政策，逐步形成人口、经济、资源环境相协调的空间开发格局。

划分主体功能区的意义在于：①引导人口分布、经济布局与资源环境承载能力相适应，促进人口、经济、资源环境的空间均衡；②从源头上扭转生态环境恶化的趋势，促进资源节约和环境保护，应对和缓和气候变化，实现可持续发展；③按照以人为本的理念推进区域协调发展，缩小地区间公共服务和人民生活水平的差异；④打破行政区划界限，促进区域经济一体化水平的提高，也利于制定实施更有针对性的区域政策和绩效考核评价体系，加强和改善区域调控；⑤利于推进经济结构战略性调整，加快转变经济发展方式，实现科学发展。

4.2 都邑体系

4.2.1 都邑体系

中国古代都邑体系的发展和演变是推动中华文明进步的重要力量。从古国古城时期的"国—野"模式到郡县制时期的"邑—境"体系，体现了古代都邑体系对其周边地区的组织。从更宏观的层面着眼，一座座不同层级的都邑共同组成了都邑体系，将国家的行政管理体系与城市体系紧密结合，体现了先人们在空间规划与治理方面的智慧与创新。

1. 古城古国

中国文化中，"国"的本义是"城"。《考工记》有匠人"建国""营国"之说，其中"国"都是"城"的意思，"建国"侧重于朝向，"营国"侧重于规模与布局。

周代都邑及近郊称为"国"，近郊以外广大地区称为"野"。《周礼》所谓"体国经野"表达了一种将"国—野"作为一个生命体来对待的整体思想，大小都邑是突出的空间实体，其规划与布局是为"体"，阡陌、沟洫，交错纵横、沟通联系人与物，是为"经"。以经贯体，空间体系由此成为一个有机整体。

当时所谓的"普天之下莫非王土"，实际上是一个个相对独立的"国—野"单元散布于大地之上，其间有道路联系。植根于乡土的"国"就像网络上的"结"，形塑了早期中国的大格局，但是并没有形成后世那种连续的"领土"，尚存在大量的"隙地"。

2. 郡县制

随着历史的发展，中国古代城市体系逐渐发生了变化。郡县制的出现，标志着中国古代城市体系从"国—野"向"邑—境"转变。

郡县制是中国古代实行的中央集权体制下，郡、县二级政权的地方行政制度的总称，加强了中央对地方的管理。古制万户而置郡，千户而置邑。

县的基本单元是县邑，外围是县境。若干个县组合形成更高一级的统县政区，同样核心是"城"，外围是"境"。之后的历代王朝大都沿袭这种将全国划分为若干行政层级的治理方式。若干个郡、州、府组合，形成更高一级的路、道或省，也是"城—境"组成"核心—外围"结构。尽管行政区的等级不同，但是空间组织上都是围绕相应等级中心都邑组织区域性的"城市—山河—道路"体系，具有"邑—境"一体化的同构特征。

总的来说，古国古城下的"国—野"模式和郡县制下的"邑—境"的差异，反映了中国古代中国城市体系的转变。这种转变不仅改变了城市的组织方式，也影响了城市的发展和演变。

3. 都邑体系

都邑体系是指以都城为核心，以各级城市为节点的一个有机整体。在中国的历史进程中，都邑体系扮演了极其重要的角色。都邑作为中央政府置于地方的政治、军事枢纽，紧紧地控制着包括广大农村在内的地区局势。这一体系通过对空间的精确锚固和有效整合，为中国的长期统一和多民族国家的稳定提供了坚实的空间骨架。中国通过都邑体系实现广袤空间治理的体系化、制度化。

都邑体系的建立和优化，可以追溯到秦汉时期推行的郡县制。这一制度将国家的行政管理体系与城市体系紧密结合，历经两千多年的演变，逐渐形成了一个高度协调的行政城市网络。这个网络与国家的交通网络和自然地理环境相辅相成，共同在广袤的国土空间内发挥控制与社会治理的枢纽作用。

都邑体系是中国历史上一项深远影响的战略。它通过制度化的城市布局，实现了对广袤国土空间的高效治理，为统一多民族国家的维系和发展提供了坚实的基础。这一体系不仅在政治和军事上具有重大意义，同时也是中国悠久文化和历史传承的重要载体。

4.2.2　都城地区与拱卫格局

都城是中央集权的帝制国家政治文化的象征，在中国多民族统一国家形成与发展的历史进程中，首都作为全国政治中心和文化礼仪中心，一直发挥着文化认同、民族凝聚、国家象征的重要作用。都城作为国家的政治中心，是集中物化的国家政权形式。

都城的选址、都城地区的经营、都城本身的规划体现了国家的政治理念。第一，在国土空间层面，要考虑都城的宏观选址问题，这实际上是定都问题，也是都城规划所独有的。第二，在都城地区，要统筹安排首都功能布置、总体规模、空间结构形态等。第三，在城市局部，要考虑主要功能区与建筑群营建的朝向、规模、布局等，其通常有政治文化考虑，作为一种制度建设与安排，这也不同于一般城市。

1. 都城选址

城市选址通常位于山水聚会之处，聚会愈多则局势愈阔，局势愈阔则结作愈尤，这样的地点被认为具有更深的自然脉络和更广阔的地理形势，从而使得都城的等级更高，统治范围更广。具体而言，都城选址方式包括：仰观俯察，把握较大尺度的地理特征，初步确定都城选址；相土尝水，近察看形，身临其境地考察地形地表、河川流向以及日照风向等自然地理条件，进行"用地评价"。

隋大兴城选址于"龙首山"，放眼龙首山南坡这块地区，的确是构建新都的好地方：地势开阔起伏，愈向东南，地势愈高，但是原面更广；从东南两面引水入城，可以方便地解决城市用水问题；依靠山塬将都城与渭河远远隔开，又可避免洪水没都的危险。从今天的地形图上看，这个地块符合《管子》总结的立都原则："凡立国都，非于大山之下，必于广川之上。高毋近旱而水用足，下毋近水而沟防省。"

2. 都城地区经营

地区设计就是创造区域尺度的空间（体形环境）的协调秩序（可简称为区域空间秩序），以形成适合生产生活的美好环境。都城地区的人居建设相较一般城市，规模尺度更大、气势更为磅礴，是当时最高营建水平的体现，也是当时人居理想的集中反映。

从典型都城地区人居环境建设看，下列三点尤为突出：①大尺度人居环境对称布局手法的出现，这实际上是儒家空间秩序架构经过东汉洛阳的发展，到魏晋时期已经趋向成熟的过程；②中轴线空间组织艺术性的增强，纵深方向的空间追求，通过对比、烘托、对景等手法，增助空间艺术效果的体现；③结合自然环境的儒家空间秩序，经过建康城规划的探索，逐渐成为一个典范。

3. 都城规划

都城规划注重完整、严肃的礼制系统建设，"非壮丽无以重威"，经天纬地、象天法地、建中立极、营宫立庙等方法都是都城规划的重要环节。

具体而言，都城规划包括在选址的基础上开展的一系列后续工作，主要有四个步骤。

辨方正位： 对国土资源进行综合调查、评估、分类，进行合理的土地利用安排与贡赋要求。这一步骤主要是对城市布局基准的中轴线进行确定，有意识地选择城市特殊的自然环境与山水形态，以增强轴线的空间与艺术效果。

计里画方： 运用方形网格并以"里"为基本长度模数（或者以"方里"为基本面积模数）对已经选择作为工程建设的地区进行划分和控制；在此基础上，根据用地功能和微地形特点，以"丈""步"和"夫"等"分模数"对建筑群、重点建筑的形式进行控制，协调城市各主要部分的比例关系，实现规划与营建的结合，保持城市轮廓的完美性。

置陈布势： 城市中不同功能区建设尽管形体不一，但都必须精心考虑其在空间中的适当位置，抓住用地的形势特点，因地制宜，扬长避短，并因形而造势，进行空间构图与总体设计，形成一个完善的整体。这一步骤强调布局的战略性，主要包括两个方面的内容：一是作为都城核心的宫城或宫殿建筑群的选址与布局；二是从军事防御角度对宫城选址与都城布局的考虑。

因势利导： 城市空间结构布局初步形成后，规划必须因势利导，不断追求空间的新秩序。此中所"因"之"势"，就是"时势"[1]。

4.2.3　城以盛民

在中国文化与政治语境中，"城"的主要功能是安置万民。"城"是"圣王域民"的工具，通过"筑城郭—制庐井—开市肆—设庠序"的系统性安排，使民安其居。士农工商各有业，王官民各司其职、尽其能、尽其力，圣王用"财"来"聚人守位"，这与西方工商业城市迥然不同。

1. 度地居民

都邑是国家实现制土分民的关键。战国中期《礼记·王制》记载："凡居民，量地以制邑，度地以居民。地邑民居，必参相得也。""邑"是"居民"（安置人民）的实体环境，是一种人居环境，"制邑"就是将"邑"作为一种人居环境来建设。地是都邑与人口之载体，"制邑"要基于"量地"，"居民"要基于"度地"，"地—邑—民—居"作为一个体系，要努力寻求不同要素之间的均衡关系，避免土地资源浪费，避免人民居无定所。

由于邑是居的主要形式，因此地、邑、民、居的关系，实际上是地、民、居（邑）三者之间的关系，正所谓"参相得"也。政府统一划疆分野，规划邑里。邑是包括了一定数量的人口和地域的共同组织体，它是社会政治经济一体化的统一实体，制邑是政府的行政作为，指按照一定标准将土地分授予一定人口，具有明显的治理与规划的含义。政府通过都邑的战略布点，开展对相应地域的控制，通过系统思考与综合平衡，可以实现对超大规模国土空间的组织。

2. 民安其居

在以农立国的传统文明社会，以都邑为核心的空间规划与人居营建不是一种随心所欲的纯技术性创造，而是基于一定的社会理想对国土空间进行合理配置，进而

---

1. 武廷海. 规画：中国空间规划与人居营建[M]. 北京：中国城市出版社，2021.

营建美好人居，根本目标是使民乐其处而有长居之心。

古代安居实际上包括两个方面的工作：一是相地，选择安居之地；二是营建，营造宜居之所。这两个方面都与人居"空间"有关。

4.2.4 城乡一体

中国古代的城乡空间治理具有统一性，"体国经野"构建了一个有实体、有联系、有层级、有秩序的有机空间体系，以满足城乡民众的基本生活需求。"设官治民"通过设置治理体系，将各层级的行政单元整编为一个政治系统，实现对城乡民众的治理。"教化齐同"注重城乡社会环境中人的化育，赋予人居环境以丰富的文化内涵，追求社会秩序的和谐统一。

1. 体国经野

"体国经野"指的是在包括城邑与乡村的广阔土地上，塑造有实体、有联系、有层级、有秩序的有机空间体系。这个空间体系的目的是组织人的生产生活空间，满足人居的基本需求：衣食住行，"衣食—土地"分配、水利建设、"住—城邑"规划建设，以及"行—道路"建设，其本质是一个人赖以生存的物质环境系统的建设，或谓之"人居环境建设"。

具体而言，有分地域、颁田里、为沟洫、通阡陌、营城邑等流程。一是分地域。地法中的土圭之法自上而下地划分了王畿与邦国的边界，形成了空间规划的基本框架。《周礼·地官司徒·遂人》记载："五家为邻，五邻为里，四里为酂，五酂为鄙，五鄙为县，五县为遂，皆有地域，沟树之。使各掌其政令刑禁，以岁时稽其人民，而授之田野，简其兵器，教之稼穑。"二是颁田里。在细分土地、建立聚落体系的基础上，开始"治野"的工作，首先是"颁田里"。在土地细分的基础上，赋予土地一定的功能，并将这些具有特定功能的土地分配给人民来使用，亦即进行土地利用与分配。三是为沟洫、通阡陌，指的是在进行了基本的土地划分和分配之后，则开始相应的人居工程建设，其主体是农田水利和道路系统，也就是"为沟洫、通阡陌"。四是营城邑。土地既已分配，沟洫、阡陌亦已完善，一片自然之区便成为可以保障基本生存和交流的、秩序井然的可居之地，下一步工作的重点自然就是城邑里宅的规划建设。

2. 设官治民

"设官治民"指的是通过设置治理体系，将各层级的行政单元整编为一个政治系统。都邑中有职官体系，乡村则有乡里组织。《周礼》称之为"设官分职，以为民极"，构想了"王—官—民"治理体系，在相当程度上反映了一种正在形成的城乡关系。

《周礼》的官僚制度（周官）有两个主要的设计，一是将邦国、都家、乡与邑整编为一个政治系统，二是邦国中各家开展生产与贸易，即货殖。地官是邦国为治理全体之民所设的官僚机构，职责是"乃经土地而井牧其田野"，意思是将民安置在不同层级的政治单位中而由官僚管理。

《周礼》设计了两套组织体系，一是井田体系，人为规划与创造出以农业为主的聚落，规划是"九夫为井，四井为邑，四邑为丘，四丘为甸，四甸为县，四县为都"（《周礼·地官司徒》），即"家—井—邑—丘—甸—县—都—邦国"；另一套是自主形成的聚落，组织形式是"令五家为比，使之相保；五比为闾，使之相受；四闾为族，使之相葬；五族为党，使之相救；五党为州，使之相赒；五州为乡，使之相宾"（《周礼·地官司徒》），"家—比—闾—族—党—州—乡—邦国"的体系也被纳入官僚制的支配，其长官有乡师、乡大夫、州长、党正、族师、闾胥、比长等。这两套行政组织，可以被视为"郡县制"的基础。

3. 教化齐同

"教化齐同"指的是中国古代城乡社会注重聚居环境对人的化育，赋予人居环境以丰富的文化内涵，追求教化齐同的社会秩序，包括环境化育、俭以养德、家国同构、精神家园等传统观念。

环境化育是指古代中国人在人居环境营造中注重物质环境与精神需求的一体，追求文化意义与空间布局的统一，认为良好的环境能够潜移默化地影响人的品德和行为，从而维护社会秩序。俭以养德则强调在日常生活中倡导节俭朴素的美德，以此培养人的道德品质，认为通过俭约的生活方式，人们可以养成良好的品德，进而促进社会的和谐稳定。家国同构是指在中国古代社会的观念中，家庭和国家是相互联系、相互影响的整体。家庭是国家的基础，国家的治理需要借鉴家庭的管理经验。精神家园则是指人们对于故乡和家国的一种精神寄托和认同感。追忆祖先、寄托思念等对精神家园的建设对于维护人们的归属感和民族凝聚力具有重要意义。

4.2.5 相关治理工程

在中国悠久的历史中，资源的调配与重组一直是国家治理与发展的重要议题。从古代的西域开拓、江南开发、边疆治理，到当代的南水北调、京津冀协同发展，中国在不同历史时期展现出了对资源调配重组的深刻理解和实践智慧。这些举措不仅促进了区域经济的均衡发展，加强了民族团结，还为国家的长期稳定与繁荣奠定了坚实基础。

1. 西域开拓

"西域"一词出现在公元前2世纪中叶汉朝"张骞凿空"（即张骞首次出使西域）以后，意为西部地域，所指范围按中原王朝政治势力的伸张、地理知识的扩展或时代与情况不同而异，一般没有固定的界限。其主要有广狭两义：狭义西域往往是指中原王朝政治势力直接控制的地区，西汉至十六国时期曾先后设置西域都护、长史、校尉府于此；广义常指玉门关、阳关以西的今中国新疆以及帕米尔高原以西的中亚、西亚、南亚广大地区。

汉武帝时期，张骞出使西域，开辟了著名的丝绸之路，加强了中原与西域地区的联系。在开拓西域的过程中，古代先贤通过丝绸之路与西域地区进行经济、文化交流，促进了经济发展和民族团结。随着丝绸之路的繁荣，中原地区的文化、技术传入西域，推动了当地经济的发展。同时，西域的物产、文化也传入中原，丰富了人民的生活。此外，汉朝还在西域设立了西域都护府，加强对该地区的政治、军事管理，维护了国家的统一和稳定。

开拓西域具有重要意义，它不仅加强了中原与西域地区的联系，促进了民族团结，还推动了经济、文化的交流与发展，为中华民族的形成和发展奠定了基础。同时，开拓西域还为后世提供了宝贵的经验，对我国边疆地区的开发和治理产生了深远的影响。

2. 开发江南

江南地区作为一个地理概念随着地域的开发而不断变化，大致指我国长江以南的地区。江南地区具有丰富的自然资源和优越的地理位置，是我国经济、文化的重要发源地。

对江南地区的开发始于东汉末年，随着中原地区的战乱，大量人口南迁，为江南地区带来了先进的技术和文化。东晋至南朝时期，江南地区得到进一步开发，经济逐渐繁荣。隋唐时期，随着大运河的开通，江南地区与中原地区的联系更加紧密，经济、文化交流更加频繁。

江南地区的开发，从农业开始，带动了手工业、商业的发展和城市的繁荣，改变了中国传统的经济格局，全国的经济重心开始由北向南转移，这为全国经济发展奠定了坚实基础。同时，北方人民南下，多次出现人口迁徙，促进了各民族交往、交流、交融。

3. 边疆治理

元明清时期，依托边疆治理制度，我国对边疆地区的治理得到了进一步加强。广义的边疆治理制度，大致包括政治制度、行政区划制度、行政管理制度、法律制度、经济制度等方面的内容。其中，政治制度又可划分为元首制度、中央决策体制及其运行机制、中央行政体制及其运行机制、地方行政体制及其运行机制、监察制度、军事制度、人事管理制度等具体部分。

元明清时期，边疆治理对调配重组全国各类资源、整合中华民族具有重要意义，它使边疆地区政治稳定、经济发展，促进了各民族之间的交流与融合，增强了中华民族的凝聚力，为中华民族的发展提供了广阔的空间和丰富的资源。此外，它还对我国后世边疆地区的治理和发展产生了深远的影响，为我国国家统一和民族团结提供了宝贵的经验。

4. 南水北调

南水北调指的是从中国南方多水的长江流域及西南诸河引水到干旱缺水的西北、华北地区的当代跨流域调水工程。该工程按照长江与北方缺水区之间的地形状况，分别在长江下游、中游和上游规划了三条调水线路，形成南水北调东线、中线和西线的总体规划布局。

中国总体水资源短缺，地域分布不均。黄河、海河和淮河流域在中国政治、文化、经济格局中占有重要地位，但水资源总量仅占全国总量的7%，人均水资源量仅为全国平均水平的1/5。水量的短缺导致黄河、海河和淮河流域长期过度利用地表水、超采地下水和挤占生态用水，出现海水入侵、地面下沉、水质变差和生态环境恶化等问题，水污染问题进一步加剧了这一地区水资源的短缺。长江流域人均水量虽仅为世界人均占有量的1/4，但水资源在中国相对丰富，年平均入海水量约9 000亿立方米，为黄河、海河和淮河流域的4.4倍，因此，南水北调工程可支持北方缺水地区的经济社会发展。

基于20世纪50年代以来的勘测、规划、调研和论证，最终分别在长江的下游、中游、上游划定三个调水区，依次构成南水北调工程的东线、中线、西线三条调水线路。三条调水线路与中国地势天然自西向东的三级阶梯相适应，互为补充，不可替代。南水北调工程连通长江、淮河、黄河、海河，构成中国水资源"四横三纵、南北调配、东西互济"的总体格局。

南水北调工程在全国范围内调配水资源，提高资源配置效率，解决北方缺水问题，改善当地生态环境，也促进当地经济发展，推动城镇化进程，具有重要的意义。

5. 京津冀协同发展

京津冀包括北京、天津、河北，是中国经济最具活力、开放程度最高、创新能力最强、吸纳人口最多的地区之一，也是拉动中国经济发展的重要引擎。但在发展过程中，存在着较多难题，如北京过多集聚了非首都功能；京津冀地区水资源严重短缺，地下水严重超采，环境污染问题突出；区域功能布局不够合理，城镇体系结构失衡。以上问题迫切需要国家层面加强统筹，有序疏解北京的非首都功能，推动京津冀整体协同发展。

京津冀协同发展战略是党中央在新的历史条件下做出的重大决策部署和国家区域重大战略之一，以解决北京"大城市病"为出发点，旨在通过京津冀三地的协同互动，打破三地之间存在的行政壁垒，促进京津冀三地要素顺畅流动、资源有效配置、产业合理布局，探索人口经济密集地区优化发展的路径模式，推动建设中国经济发展新的支撑带、具有国际竞争力的世界级城市群。京津冀协同发展战略作为一项面向区域资源再分配与空间结构重组的重大发展战略，具有重要的意义。

4.3 基层空间治理

"受时与治世同，而殃祸与治世异"，"治"代表着国家的稳定、社会的安宁与民众的幸福生活。中华文明之所以能够延续至今，空间治理发挥了不可或缺的作用。回顾我国古代人居环境发展历程，总结古代基层治理的基本模式、职能与经验，有助于当前国土空间规划中基层空间治理工作的开展。

4.3.1 县是空间治理的基本单元

郡县制是中国古代最基本的行政架构，在郡县制架构下的地方行政体系中，县构成了最基层的治理单位。县级行政区不仅是古代中国权力结构的基本单元，同时也构成了一个相对稳固的治理实体。其管理区域、居民数量和所辖领地通常保持在一个较为恒定的范围，体现了治理的连贯性和固定性。因此，县级基层空间治理的效果，直接关联到国家的经济繁荣、民众福祉，以及政权在基层的稳固性。

1. 由中央传达至县的制度安排

在古代中国，存在一套严谨且规范的科层制，国家的治理策略与实施手段通过省、府、郡、州等多个中间管理层级，最终传递到官僚体系的最基层——县。中央的决策通过府郡层级传递至县，再由县实施于民众，同时，县亦负责搜集和整理民间的意见和情况，通过府郡上报至中央。在中国的历史长河中，中央集权的影响力大多时候局限于县级行政单位。县级政府作为中介，将中央的政令和资源通过多渠道分配至民众，直接负责地方的行政管理、财政收支、军事防卫以及土地管理等关键事务，并且组织农业生产等活动。这种行政体系构成了中国古代社会的基础运行机制。以县城为枢纽的周边乡村构成了中国居民生活和社会发展的根基，并逐步确立了延续数千年的县域管理体制。这个体制在两千多年的演变中不断完善和标准化，有效保证了中央政策与地方治理的一致性，为营造稳定的社会秩序提供了坚实的基础。

2. 县域治理的基本结构

县域治理涉及面广，任务琐碎复杂。县令作为掌管全县行政的第一人，其职责反映了该县治理事务的基本特征。例如《旧唐书》对于县令的政务要求如下："皆掌导扬风化，抚字黎氓，敦四人之业，崇五土之利，养鳏寡，恤孤穷。审察冤屈，躬亲狱讼，务知百姓之疾苦。"又如《清通典》对于县令的要求是："掌一县之政令，平赋役、听治讼、兴教化、厉风俗，凡养老、祀神、贡士、读法、皆躬亲厥职而勤理之。"

县域治理的结构往往通过县志的条目设置反映。例如，明代县志撰写包括建置沿革、分野、疆域等在内的多个篇章。明清时期，各地编纂的方志普遍遵循这一体例，虽然具体条目有所差异，但总体结构大致相同。通常情况下，新任县官在就任后进行人居环境建设时，常借助地方志来掌握县域情况，以此确立施政方向。

基于上述材料，可将基层治理结构概括为安全、民生、政权、教化四个方面。第一，"保安全"，确保民众拥有一个安定的生活环境而无需担忧流离失所；第二，"便民生"，关注民众的实际生活需求，让他们能够安居乐业；第三，"实政权"，县级行政单位作为国家治理的基本单元，其稳定性直接影响到国家政权的稳固；第四，"兴教化"，以儒家文化和科举制度为核心，同时尊重并发展地方特色文化，从而形成独特的地域文化风貌。这四个方面各自具有独特的空间内涵，但又相互交织，共同构成一个和谐统一的整体。

3. 人居环境建设是县域治理的组成部分与空间载体

在县域治理的广阔范畴中，人居环境建设构成了关键环节和空间基础。它不仅涉及自然生态、经济发展、社会事务、文化发展和政治活动等多个层面，而且在治理结构中具有不可替代的地位。县域人居环境建设的核心目标是营造基层的宜居环境与有序空间，这对提升县域治理的整体效果极为关键。一方面，人居环境建设构成了县域治理的基础和核心，它与经济、政治、社会等治理领域相互影响，共同构成了基层治理的框架；另一方面，它为经济、社会、政治等方面的治理提供了必需的空间依托和基础设施，为治理活动的有效开展奠定了基础。

4.3.2 基层空间治理的职能

1. 安全

安全是人居的前提，在以农耕为主的中国传统社会中，人居环境的安全性格外受到重视。一个县的人居建设从勘定地界开始，县界的四周通常利用山川作为天然屏障，对外具有防御功能，对内则形成独立的地理单元，有利于农业生产。除了利用自然地形之外，县级政区还需在险要位置建设关隘和堡垒，以确保安全。关隘一般设在重要的山口，而烽火台和堡垒则多建于县域内的其他战略要点。此外，水灾、火灾、盗贼和土匪也是威胁居民安居的重要因素，因此县域空间治理对此也予以充分考虑，比如通过建造城墙、整治水利等措施，尽可能降低自然灾害和盗匪活动对居民生活的影响，为民众创造一个安全的居住和生产环境。

2. 民生

满足民众定居的根本需求是治理的核心，所谓"度地以居民"。在以农业为主的县域基层，环境条件、农业水利、社会福利构成了人类居住的根本，所有人居环境的建设都必须立足于这一稳固的基石。

所谓"安居"方能"乐业"，"居住"在民生中占据十分重要的地位。在县域层面，占据最主要地位的是大量的村落居住模式，具有自给自足、怡然自得的特征；此外，还有市镇居住模式，基于农业生产和手工业产品的生产与交易，是县域居住结构中不可或缺的一部分；另有部分居民生活在县城之中，处一县之核心。

在基层，社会救济是保障民生的重要环节，也是县域人居治理的直接体现。官方设立的"常平仓"，以及半官方的社仓、养济院、育婴堂等，都是社会救济的典型代表。社仓普遍分布在人口密集、交通便利的市镇等地，便于粮食和人口的集散，并能有效覆盖广大乡村地区。育婴堂专门接收弃婴，养济院则通常收容无依无靠的老人，有些地区还会将孤儿、贫困人口和老人集中供养。

3. 政权

广大的基层社会长期处于中央的统辖之下，构建了"县政乡治"的基层行政管理模式。中央政权通过县级单位对地方施加影响，而基层社会在多种正式与非正式的制度框架下，以县为中心，自主或半自主地开展活动，从而形成了一个以县为基本单位的"基层行政单元"。

国家通过"编户齐民"来掌握和调控基层的人地关系，并通过直接面向县的行政体系进行管理。对于以农业为基础的国家而言，必须通过税收制度的设计从最广泛的社会经济单元中筹集国家运转的资金。这不仅是一种财政手段，也是维护基层统治的关键。通过对户籍、人口、土地的精准管理，实现对整个社会基层单元的有效控制。此外，基层社会还高度重视士绅等中间阶层在户籍管理体系中的力量，他们在凝聚中央政权与农村基层关系中发挥了纽带作用。这些人在官方与民间、上层与下层之间灵活穿梭，在中国特有的治理模式和社会结构中，有效地将上层的"行政治理"与基层的"基层自治"衔接起来。

镇市作为连接县城与农村的关键节点，其兴衰更迭既反映了一县的行政需求，也与其商品流通状况紧密相关。县级行政单位出于管理农村的考虑，会在辖区内设立几个重要的镇市，作为地域的节点，通常是根据地理位置和经济发展状况，在县境内沿着交通要道均衡地布置若干市镇，设定市集时间，并在部分地点设立巡检司和税课局，以强化统治和税收管理。

县城一般位于一县地理辖域之中，在县域城乡中扮演了十分重要的角色，不仅是整个县域的行政中心，更是文化中心、交通节点、商业中心。全县的道路网络将县城与全县各镇各村连接为一经济整体，全县的财政税赋也多半集中于县城。县城通常是一县最为繁华的市场，商品种类最多，交易量也最大。县城也是一县的文化中心，学宫、文庙，各类重要的坛庙祠塔均位于县城，使县域起到"教化中心"的作用。

道路邮驿体系的建设是人居环境建设的一项重要内容。道路体系沟通内外，邮驿系统上传下达，将县域内聚落、镇市、县城连成一个整体。同样，道路邮驿体系也构成了一个沟通城乡的商业、社会网络。

4. 教化

文教在地方起到十分重要的作用。国家兴学堂、明教化，使整个基层社会的社会思想凝聚到"读圣贤书，为国家谋"的方向上来。民众往往也在国家的文教、科举体系中不断做着努力，试图"报效国家"。在此文化氛围中，个人与群体往往都热衷于兴宗祠、办义学等，并尊重宗族力量，互帮互助，参与乡里社会的构建。

教育是民族发展的基石，历朝历代都对基层教育给予高度重视。不仅建立了官方从中央到地方的"太学—府学—县学"教育体系，还兼有民间的"书院""义学""私塾"等多种形式，共同构成了一个较为完备的教育体系。科举制度对中国的基层社会产生了深远的影响，其核心在于将所有官员的选拔任用权收归中央，以此达到社会思想教育和国家统治理念的统一，极大地拓宽了统治的基础。同时，主流社会文化的传播也在全社会统一了思想文化和教育标准。

地方的文化精神往往通过具体的建设活动得以体现，而这些具体的人居环境建设又能进一步促进地方文化精神的传承。一个县的官学、书院、文笔塔体现了当地崇尚学问和儒家的风气；名宦祠庙展示了地方人才的辈出，激励着后人。

文化是人们在共同建设过程中逐渐积累的共同认知。中国基层的人居空间营造深刻地塑造了中国人的生产和生活方式，最终成为中华文化的重要组成部分。这种共同认知来之不易，一旦与社会的基层力量相结合，所激发的推动力和凝聚力是极其显著的。

4.3.3 基层空间治理的经验

县域治理是确保国家稳定、社会和谐、民众幸福的关键。中国传统基层治理蕴含的深刻的空间治理理念和完整的制度框架，确立了国家治理的空间架构，为县域治理的有效实施打下了坚实的基础。纵观上述，中国古代县域基层空间治理主要有以下四个方面的经验。

第一，将县作为治理的基本单元，构筑国家治理的基石。在古代中国的治理结构中有"皇权不下县"的说法，县既是从国家治理角度也是从民众生活角度出发的基本单位。县域治理的核心任务是服务民众，它是国家与民众互动的界面，是统治的经济基础，也是维护社会稳定的基础。以县为单位进行基层统筹，是古代中国实现国家治理的关键。

第二，通过构建空间秩序来确立社会秩序。县域治理依托地理格局，通过对土地、自然等空间要素的合理安排，打造有序的基层空间，保障民众安居乐业，这是建立社会秩序、实现基层治理的重要途径。例如，地方官员春季亲耕土地，冬季领导民众兴修水利，促进农业发展；建设义学、义冢、养济院等设施，确保社会各阶层得到妥善照顾；重视文教建筑的建设，推动文化教育。

第三，整体规划，全面经营地区环境。县域空间治理注重各部分之间的协调，进行全面规划和巧妙实施，先确立总体原则和"大势"，再进行详细规划和执行。县域空间治理非一日之功，其治理理念和方法需要传承，从而保持治理的连续性。

第四，治理过程汇聚地方力量，培养地方意识。县内的官员和民众都具有浓厚的乡土情怀，官府、士绅和民众共同推动县域空间治理。县官代表国家行使行政权力，确立地方治理框架；士绅贤达因热爱乡土而协调上下，带领民众共同建设人居环境，成为地方建设的骨干。

古代中国通过长期的县域空间治理，在县域层面构建了稳定的治理和人居环境，解决了民众安居乐业的问题，成为国家空间结构的重要部分和国家稳定的支柱，为当前国土空间规划的制定与执行提供了宝贵的参考。

4.3.4 相关治理工程

基层空间治理工程与民生密切相关，需要通过对自然环境的改造，实现国土空间的优化利用与可持续发展，进而服务民生。都江堰与盐垦遗产集中展示了中国古代和近现代在空间治理层面的智慧和成就。

1. 都江堰

都江堰位于四川省都江堰市，岷江中游，始建于秦昭王末年（公元前 256 年—公元前 251 年），是蜀郡太守李冰父子在前人开凿的基础上组织修建的大型水利工程。都江堰是利用成都平原河流走向与等高线相垂直的天然地理条件建造的。岷江流至玉垒山下时，被鱼嘴工程分成两股，南侧称外江，是岷江正流，以排泄洪水为主，兼有灌溉之利；北侧为内江，又称都江堰，以灌溉农田为主。内江下游分汊为走马河、柏条河、蒲阳河等渠系。

都江堰的修建开启了成都平原大规模水系改造，有效解决了岷江洪水灾害的同时，还创造了发达的灌溉渠系，支撑成都平原农业和人居环境发展。到清代末期，都江堰灌区包含灌县、郫县、崇庆县等共十四县，面积约3 000平方千米。灌区水网呈扇形分布，可分为干、支、斗、农、毛五级，水系分布均匀、密集，支撑区域农业发展的同时还孕育了独特的川西林盘文化，形成了"水网—林盘—人居"共生一体的大地景观与生态系统，具有很高的历史文化遗产价值与生态价值。

2. 江苏沿海张謇盐垦文化遗产

江苏沿海地区地处长江三角洲北翼，是我国约1.8万千米大陆海岸线上的精华和特色段落。19世纪末至20世纪20年代，以张謇为首的优秀中华儿女在江北淮南海滨盐场旧地开垦农田、兴修水利、建设市镇，在江苏沿海地区特别是盐城市留下了大规模区域文化遗产。

19世纪中叶以来，随着西方资本主义的发展转型及其向东方的殖民扩张，古老的中国进入"数千年未有之变局"，面临深重的生存危机。近代中国先进分子提出了多种多样的自主现代化路径探索革命与建设平行的道路。其中，著名实业家、社会活动家张謇在江苏沿海地区开展盐垦实践，在区域尺度上，通过建设水利设施和改善人居环境、实业振兴等手段，探索民族复兴道路。盐垦事业是张謇在江苏海岸线不断东移、淮南盐业渐次衰退的背景下开展的沿海开发运动，形成了一套系统的、可操作的规划建设方法论。张謇关注的民生的经济主张，以及围绕地方自治、村落主义和广域统筹的人居思想，都融入了盐垦开发实践中，体现在盐垦区的居住、交通、堤圩、河渠、农田等系统上。

扩展阅读

[1] 吴良镛. 中国人居史[M]. 北京：中国建筑工业出版社，2014.

[2] 周尚意. 伟大的中国传统文化空间[M]. 北京：中国大百科全书出版社，2022.

[3] 武廷海. 规画：中国空间规划与人居营建[M]. 北京：中国城市出版社，2021.

[4] 周振鹤. 体国经野之道[M]. 上海：上海人民出版社，2019.

> **关键术语**

宇宙观、传统国土空间观念、古代都邑体系、古代基层空间治理

> **思考题**

1. 试分析中国传统的国土空间观念对于中国古代的国土空间治理起到了怎样的作用，对于当代有怎样的借鉴意义。
2. 试列举一项典型的国土空间建设工程，并分析其与国土空间治理的关系。

参考文献

[1] 吴良镛.中国人居史[M].北京：中国建筑工业出版社，2014.
[2] 周尚意.伟大的中国传统文化空间[M].北京：中国大百科全书出版社，2022.
[3] 武廷海.规画：中国空间规划与人居营建[M].北京：中国城市出版社，2021.
[4] 严耕望.中国地方行政制度史：秦汉地方行政制度[M].上海：上海古籍出版社，2007.
[5] 周振鹤.体国经野之道[M].上海：上海人民出版社，2019.
[6] 郭璐.地区设计：秦汉隋唐长安地区区域空间秩序营建[M].北京：中国建筑工业出版社，2019.
[7] 武廷海，郑伊辰.传承大国山河规画传统：新时代开展国土景观规划的基本任务[J].中国园林，2022，38（9）：29-33.
[8] 武廷海，郑伊辰，张能.江苏沿海张謇盐垦文化遗产研究[M].北京：中国地图出版社，2021.
[9] 李宪堂.九州、五岳与五服——战国人关于天下秩序的规划与设想[J].齐鲁学刊，2013（5）：41-50.

第 5 章

区域文化

■ **教学要求**

文化是人类创造的精神成果和物质成果的总和,是一个庞大的体系。就空间而言,任何地方都存在着"一纵"和"一横"的两种关系:"一纵"指一个区域范围内人文要素、自然要素之间的关系,由要素关联形成的区域独特性;"一横"则把不同区域的各种要素联结起来,分析在关系网中各个区域的独特性。

本章要求学生学习了解我国文化分区以及各文化分区的地理格局、文明进程、文化特色及典型聚落特征等,理解和欣赏这些地域文化的独特性和价值,促进地域文化的传承与发展,增强对中华文化的认同感和自信心。

5.1 文化区与区域文化

5.1.1 文化区

文化区指具有某种共同文化属性的人群所占据的地区,是在政治、社会或经济方面具有独特的统一体功能的空间单位,文化的区域差异形成不同层次的文化区。

5.1.2 文化区划

文化空间渐变、文化现象相互渗透等原因导致文化区的界限具有模糊性,文化界限的模糊性决定文化区的层次宜少不宜多，文化区划界限宜粗不宜细。根据《中国自然地理》（第三版），我国可以划分为华北地区、东北地区、华东地区、华中地区、华南地区、西北地区和西南地区七大地理分区。文化区划以差异性、民族和语言、行政区划为主要原则。根据我国地理分区及文化区划原则，中国文化区可划分为华北、东北、华东、华中、华南、西北、西南和其他文化区，共八个一级文化区。

5.1.3 区域文化要素

文化是人类社会发展过程中的重要组成部分，包括语言、宗教信仰、艺术形式、习俗传统、历史文化等方面。

语言是文化传承的载体，语言不仅是交流的工具，更是文化认同的象征，直接影响着区域内人们的价值观念和行为习惯；宗教信仰是文化的核心组成部分之一，不同的宗教信仰塑造了不同的文化模式，影响着人们对生命、人性、道德等重要问题的看法，并为社会生活提供了精神支柱；艺术形式是文化传承中的重要表现形式，它们为人们提供了审美享受和精神滋养，同时也传递着文化的精髓和生命力；习俗传统是文化的重要组成部分，包括节日庆典、家庭礼仪、婚丧嫁娶、饮食习惯等方面，反映了一种文化的传统价值观念和生活方式，保留了历史的痕迹和人们的情感纽带；历史文化是文化传承的重要依据，包括历史事件、历史人物、历史遗迹等元素，历史文化见证了一个民族或一个社会的兴衰变迁，它为人们提供了认识过去、把握现在、展望未来的重要线索，激励着人们勇往直前、追求进步。

上述要素共同构成文化的内在结构和外在表现，它们相互交融、相互映衬，为人们提供了丰富的生活体验和精神滋养，塑造了不同文化之间的独特魅力和吸引力，下文选取华北、华中、华南、西北和西南文化区为例作进一步阐述。

5.2 华北文化区

华北文化是最具代表性的中华区域文化之一。华北文化区主要包括北京、天津、河北、山西等地区。华北地区历史悠久，民族众多，历史上曾是匈奴、乌桓、鲜卑、奚族、契丹、女真等多个民族的活动舞台，这些民族的兴衰变迁与华北地区的历史紧密相连，积累了深厚的历史文化底蕴。

华北平原是我国重要的农业生产基地，广袤的华北平原造就了以农耕为主的生产方式，也孕育了以农耕文明为基础的华北文化。中原文化与草原文化在这里交汇，传统农耕文明与现代都市文化在此地共存。通过与周边文化长期交流、融合、创新，如今，华北文化区呈现出以北京为文化中心、历史底蕴深厚、文化特征鲜明、与时俱进的发展态势，在中国文化版图中占据着重要地位，并持续对中国乃至世界文化的发展产生深远影响。华北文化区是我国历史上农耕文化、游牧文化和渔业文化冲击交汇时间最长、范围最广的主要区域，在不同民族多元文化的交流影响下，逐渐成为我国文物、历史遗址和非物质文化遗产的汇集地之一。华北文化区的地缘关系密切、语言风俗相近、人缘关系相亲，造就了具有包容性、集大成性、稳定性、整体性和开放性的兼收并蓄的独特社会人文特性。

5.2.1　地理格局

华北文化区以广阔的华北平原为主体，西邻太行山脉，北以燕山为界，东临渤海，形成了"三面环山，一面临海"的基本格局，兼有高原、山地、丘陵、平原、湖泊和滨海，是地貌最丰富的文化区之一。太行山脉绵延 400 多公里，横跨北京、河北、山西、河南四个省份，是一条重要的地理分界线。太行山脉中八条东西横贯的峡谷被称作"太行八陉"，是古时交往与征战的咽喉要道。潮白河、北运河、海河、桑干河等众多河流滋养支撑着平原地区的经济社会发展。渤海为华北地区提供了宝贵的海洋资源和出海通道。平原是华北地区最显著的地形特征，由黄河、海河等河流长期冲积而成，土壤肥沃、地势平坦，自古以来就是中国重要的农业生产基地。

优渥的自然条件使华北文化区形成了独特的经济与人文地理格局。城市布局方面，平坦的地形便于城市建设和交通网络的铺设，促进了城市化进程，进而形成了以京津冀城市群为核心，辐射周边中小城市的格局；乡村聚落往往围绕耕地和水资源形成，集中分布在平原和丘陵地带。交通网络以北京为中心向四周延伸，包括发达的公路、铁路系统和重要的航空枢纽；产业分布以农业为主，是中国重要的粮食生产基地，大量工业园区在城市周边聚集；文化景观既有长城、故宫、平遥古城等世界文化遗产，也有现代化都市景观；方言文化上，华北地区主要涉及官话和晋语两大方言区。早在春秋时期，晋国就施行"轻关易道、通商宽农"的政策，鼓励商贾与周边地区的人民进行商品贸易和文化交流，晋语方言也随之传播并得以巩固。

5.2.2 文明进程

1. 华北文明的历史形成

华北的历史可以追溯到大约公元前 10 000 年至前 7 000 年的新石器时代早期。在河北省邯郸市武安磁山发现的磁山文化，被认为是华夏族文明的源头之一。磁山也是世界上粮食粟、家鸡和胡桃最早发现地之一。证明了在距今约 8 000 年至 7 600 年前的华北地区，初期的作物栽培和家畜饲养已经开始。

华北文化区作为中国古代中原的主体，一直处于中国历史舞台的中心，频繁激烈的政治斗争与军事征战对其社会经济发展影响深远。在大约公元前 1 000 年，华北地区进入以西周为先导的奴隶社会后期与封建社会时期。到了西汉时期，中国封建社会走向成熟，社会较为稳定，经济发展迅速。由于地形平坦，气候湿润，华北地区逐渐成为中国最主要的农耕文明区。

东汉末年到南北朝之间发生了较长期的战乱和分裂，华北地区处于中原文化与草原文化变乱和分裂的要冲。东汉末年，华北地区在豪强的争夺下已处于分裂状态，加上旱蝗等自然灾害，以致人口大减，农耕文明衰落。魏晋南北朝时期是中国动乱时间最长且战争十分激烈残酷的时期，华北地区又首当其冲，所遭受的人口损失最为惨重。

唐朝到宋元时期，随着华北地区战略地位的发展，民族融合也更加深入。唐朝的一系列恢复发展生产的有力措施，使经济空前繁荣，农耕文化得到持续发展，华北地区更是走在全国前列。五代辽宋金元时期，在历史战乱的间隙中恢复的农田又一次大荒芜。元初，华北地区人口减至北宋的十分之一，不少农田变为牧地，农耕文明的生存空间被游牧文明大肆侵占。

经过明清的发展，以北京为核心的华北地区的战略地位得到大幅提升。随着华北地区的安定，人口和耕地面积迅速增加，经济地位大大提升。从政治、经济、军事、文化、战略等多项指标来衡量，华北地区的重要性首屈一指。

2. 华北地区的聚落演变

华北地区的聚落演变经历了从原始的穴居生活到原始村落再到城市聚落的过程，聚落的形成与自然环境、社会结构、经济发展紧密相关，反映了人类社会从原始社会向阶级社会的过渡和发展。

1）穴居阶段

穴居阶段主要发生在旧石器时代和新石器时代。由于缺乏建造技术，华北地区的原始人类选择利用自然形成的洞穴作为遮风避雨、抵御野兽的居住地。洞穴多位于山区或丘陵地带，北京市房山区的周口店龙骨山遗址表明，原始人类已经掌握了利用和改造自然环境的基本技能。穴居阶段的人类以小规模的家族或群体为单位生活，共同狩猎和分享食物。而后随着农业的出现和社会的发展，人们开始利用黄土层建造半穴居，进而发展为地面上的建筑。穴居生活是人类适应自然环境、发展聚落文明的早期尝试。

2）原始村落阶段

原始村落阶段是华北地区早期人类社会发展的一个重要时期，标志着从游牧生活向定居农耕生活的过渡。原始村落中的居民以血缘或地缘关系为基础，形成了初步的家族和宗族结构，共同协作进行生产和生活，也出现了早期的贸易和文化交流。在新石器时代中晚期，随着人口的增长和社会组织的复杂化，华北地区开始出现规模较大的聚落。为了保护村落免受外来侵扰，居民们建立了围栏或壕沟等简单的防御设施。

3）都城发展阶段

随着人口增长和社会分工的出现，村落逐渐发展成为城邑。夏商周时期，宫殿建筑开始使用木构架和夯土技术，规模宏大的都邑开始出现，成为政治、经济和文化的中心。春秋战国时期，砖石结构开始被用于建筑构造，增加了建筑的耐久性和稳定性。秦汉时期，随着统一的中央集权国家的建立，更多的城市和市镇出现了。北宋刊行的《营造法式》中强调了对宫殿、寺庙、官署、府第等官式建筑的管理。元代是北京四合院建筑形式的重要起始时期。明清时期，北京四合院较元代有了新的变化，工字廊逐渐消失，宅院有了较为宽敞的庭院，砖瓦烧造技术的发展使得房屋广泛使用砖瓦。都城发展阶段不仅是华北地区人类文化和技术进步的重要时期，也标志着社会组织和政治结构的复杂化。

4）城市化发展阶段

进入近现代之后，华北地区的城市开始经历工业化，城市规模迅速扩张，城市规划理念逐渐成熟。随着城市化进程的加快，城市不断调整行政区划以适应城市管理和发展的需要，产业结构由以农业为主转变为以工业和服务业为主。然而，工业化也给华北地区带来了环境污染问题。近年来，华北地区控制城市扩张速度和规模，重视保护和修复传统聚落，统筹城乡发展，减少了无序扩张对资源和环境的压力。

5.2.3 典型案例：河北省正定县

正定县，隶属于河北省石家庄市，位于石家庄中部太行山东麓，于1994年被公布为全国第三批国家历史文化名城，有1 600多年的建城史。正定县拥有数千年的丰厚历史沉淀，曾是中原农耕文明和北方游牧文明交融的区域。

1981年，在正定南杨庄出土了丝纺织工具，如陶纺轮和丝织用的篦子、骨匕以及两件陶蚕蛹。这项考古发现证明该地区在新时器时代已经有了较为发达的纺织业。"千里桑麻绿荫城，万家灯火管弦清。"古代正定的桑麻及其纺织产品曾经创造了辉煌的文明。

正定县的建造历史源远流长。正定现有全国重点文物保护单位10处、省级重点文物保护单位5处、县级重点文物保护单位23处，馆藏文物7 672件，俗称"九楼四塔八大寺，二十四座金牌坊"，有"古建艺术宝库"的美称，至今仍存有完整的城垣形制及明代城墙（图5-1）、广惠寺华塔等遗存（图5-2）。梁思成曾对正定县进行三次考察，并写下著名的《正定古建筑调查纪略》，文中提及造型具备宋《营造法式》之典范的隆兴寺摩尼殿、被称为"海内孤例"的天宁寺凌霄塔、具有极高古建价值的开元寺钟楼等。

正定民俗文化同样丰富多彩，包括正定庙会、正定歌谣、常山坠子戏、正定青砖烧制技艺、正定传统拓片技艺等。正定县交通便利，京广铁路和京广高铁均途经此地，多条高速公路穿境而过，石家庄正定国际机场坐落于境内。正定是中国国际数字经济博览会的主要举办地，拥有中国（河北）自由贸易试验区正定片区、石家庄综合保税区等功能区。近年来，正定县积极推进一批重点文旅项目建设，随着24项古城风貌恢复提升工程竣工，千年古郡、北方雄镇的历史风貌得到有效恢复。

扫码读图

图 5-1　正定县古城墙遗址
资料来源：作者自摄

扫码读图

图 5-2　正定县广惠寺华塔
资料来源：作者自摄

5.3 华中文化区

华中文化区范围主要包括湖北、湖南、江西北部和河南地区，自古以来就是南北文化交融的枢纽地区，孕育了丰富多样的地域文化等。

5.3.1 地理格局

华中地区的地形地貌较为多样，自然地理环境构成复杂，平原、丘陵、山地各自具有鲜明的地域特色，如江汉平原、洞庭湖平原、豫中平原、湘中丘陵片区、鄂西山地等。

江汉平原区位于湖北省中南部，涵盖长江与汉江冲积形成的广阔平原，地势开阔平坦，长江、汉江等河流纵横交错，水网密布，气候温和湿润，为农业生产提供了得天独厚的条件，是中国重要的粮食生产基地。

洞庭湖平原位于湖南省东北部，是中国第二大淡水湖，洞庭湖周边由长江、湘江、资江等水系共同形成的冲积平原有着肥沃的农田和发达的水网系统，是湖湘文化形成的重要自然环境基础。

豫中平原位于河南省中部地区，也是黄河流域的核心地带。作为中华文明的发源地，豫中平原拥有洹北商城遗址、殷墟遗址、郑州商城遗址等重要的古代都邑遗迹，是研究华夏文明起源的重要地区。

湘中丘陵片区位于湖南省中部，西接雪峰山东麓，北临洞庭湖平原，气候温暖湿润，丘陵地形与亚热带湿润气候的交织，孕育了丰富的常绿阔叶林，森林覆盖率高。

鄂西山地位于长江中上游，湖北省西部，在我国地势三级阶梯中处于第二级阶梯至第三级阶梯的过渡地带。鄂西山地的地势起伏较大，海拔从64.5米（三斗坪）至3 105米（神农架）不等。鄂西山地的气候属于北亚热带季风气候，温暖湿润，雨量充沛，植被包括从亚热常绿阔叶林到混交林、亚高山暗针叶林等多种类型。

赣北山地与盆地片区，简称赣北地区，位于江西省北部，以南昌市、九江市为代表。地势南低北高，南部为鄱阳湖平原，北部则是江南丘陵。赣北地区气候湿润，四季分明，降水充沛，是典型的亚热带季风气候，鄱阳湖等湖泊湿地为当地的生态系统和生产发展提供了重要支撑。

5.3.2 文明进程

1. 华中文化的历史形成

华中地区的文明起源历史源远流长，考古发现早在旧石器时代湖北神农架、湖南洞庭湖周边就出现了早期人类活动的迹象，这些古人类已经开始打制石器，从事狩猎、采集等生产活动。新石器时代的华中地区展现出了更为丰富的文化特色，代表如仰韶文化、屈家岭文化和湖北龙山文化。与庙底沟文化类型相似的，以其精美的彩陶和独特的葬俗闻名于世的遗址包括河南渑池的仰韶村遗址和郑州的双槐树遗址。遗址中出土的陶器色彩斑斓、形态各异，展现了古代先民在陶瓷艺术上的杰出成就。河南淅川下王岗遗址的红烧土中稻谷印痕的发现，表明秦岭以南的仰韶文化已经具备了稻作文化的特色。

进入商周时期之后，中原地区作为文化的中心影响力逐渐增强，辐射向整个华中地区。位于河南安阳的殷墟遗址，是商代晚期的都城所在地，也是目前我国考古学研究中，第一个有文献可考、并为甲骨文和考古发掘所证实的中国古代都城遗址。殷墟的发掘，为我们揭示了商代社会的政治、经济和文化面貌。考古研究发现，中原商文化先进的青铜冶炼技术、成熟的文字系统以及礼仪制度，不断通过贸易、战争、迁徙等多种方式向外传播，并在与当地土著文化的不断融合中，逐渐形成了自己的风格和文化体系。

到了春秋战国时期，华中地区成为了华夏文明的重要舞台之一。以楚国、随国、蔡国为代表的诸侯国在频繁地进行战争和外交活动同时，也在不断加速地域内各种文化的交流和融合。《国语·楚语》曾记载："赫赫楚国，而君临之，抚征南海，训及诸夏，其宠大矣。"这反映了楚国对周边蛮夷地区的征服与融合过程。

2. 华中地区区域文化的形成

华中地区区域文化的形成，源于古代传统的中原文化与各地方的文化的不断碰撞与融合的结果，呈现南北交融的包容、多元特点。华中文化区大体可分为荆楚文化区、中原文化区、湖湘文化区。

荆楚文化区主要位于湖北省境内，春秋战国时期的楚文化就以独特的浪漫主义和神秘主义色彩著称，荆楚文化则是江汉平原地区的楚文化在逐渐发展和演变过程中和中原文化的精髓不断融合的结果。无论是古代的荆州古城、襄阳古城，还是现代的武汉城市圈，都是荆楚文化繁荣发展的重要见证。

华中文化区的中原文化区主要位于现今的河南省境内，这一地区自商周以来，长期处于中国的政治、经济和文化中心地带，不仅孕育了道家、墨家等思想体系，还诞生了《诗经》《易经》《道德经》等经典著作。

湖湘文化区以湖南省为核心，是中原文化南下与湖南地区本土文化融合的产物。在文化重心南移的大背景下，湖湘文化区成为以儒学文化为正统的地区。湖湘文化区一直以主张"入世""实学""学以致用"的实干精神闻名，拥有岳麓书院、岳阳楼等名胜古迹。

3. 华中地区聚落的形成与演变

华中地区涵盖地域广阔，地貌多样，文化多元，在长期的历史发展进程中，孕育出诸多具有地域性、历时性、文化性特征的聚落形式。如河南中原地区以生产、自治为目的形成的"村"，湖北鄂西地区因受到山地、丘陵等地理环境为约束而形成依山傍水的"寨居"形式。这些聚落是地理环境、政治经济和民族文化综合作用的结果。整体而言，华中地区聚落的发展总体划分为原始定居时期、聚落动荡与分化时期和聚落发展重构时期三个时期，不同时期聚落的形成与演变的特征和动力有所差异。

1）原始定居时期

秦汉时期，随着中华民族大一统的观念深入人心，整个社会迫切需要恢复和发展生产，执政者持续推行休养生息政策，为人们定居提供了良好的政策环境。人们开始选择适宜的生产生活空间，主要表现为"逐水而居""屯田"等。人们选择适于耕作生产的"肥美"之地，并逐渐"聚"而居之，形成了自然的聚落形态（图5-3）。如在汉代中原地区，出现了聚落、屯田和坞壁等原始聚落形态。两湖等地的先民地处河湖众多的丘陵、水乡地区，也依靠自然开展农业生产，过着"饭稻羹鱼"和"火耕水耨"的自给自足的小农经济生活，构成了原始定居型的村落（图5-4）。在一些山区、丘陵地带，由于交通不便，地域狭窄，原住民选择"依山就势，靠山吃山"的聚居生活形式，为抵御灾害和野生动物侵扰，建造具有防御功能的居所，如吊脚楼等。这一时期，聚落居所规模较小，且具有较强的地理环境适应性。如中原地区聚落以集聚为特征，呈团块状的布局形式，山地地区聚落则呈现分散分布特征。整体而言，这一时期的聚落呈现自然生长的特点，聚落围绕农业生产活动，形成具有一定生产活动半径的圈层结构，具有内聚向心的特征。

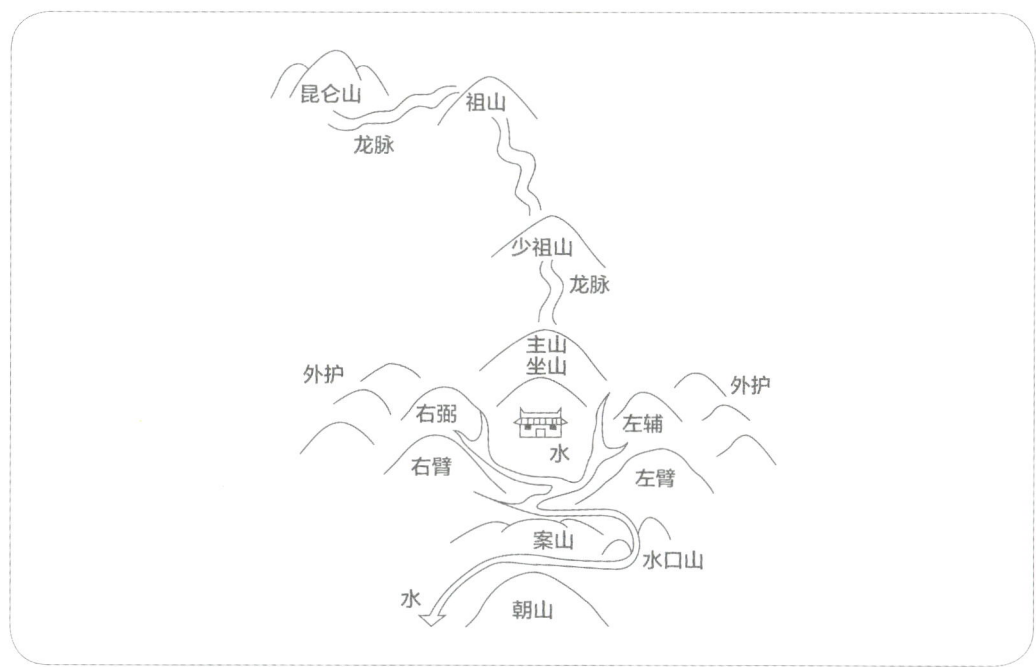

图 5-3 风水学说的聚落选址理想模式
资料来源：范居正. 特色村镇空间形态与基因图谱研究［D］. 南京：东南大学，2021：38.

图 5-4 安徽省绩溪县太极湖村聚落与山水关系
资料来源：作者自摄

2）聚落动荡与分化时期

聚落的形成也受到政治、军事和文化活动的影响。如魏晋南北朝时期中原战乱频繁，百姓背井离乡、逃避战乱，导致聚落的正常演化受到影响。同时，为应对战乱，各地聚落开始自发组织起来，修筑坞壁以自保，官府则建立"民屯"制度，这些都促进了聚落的快速形成。在两湖地区，政治和军事影响则为该地区发展导入大量的迁移人口。故土重迁的人们在新的土地上繁衍生息，为了寻求身份认同，氏族聚集定居，村落成群连片发展，形成新的集聚空间模式。对于华中地区的少数民族集聚区域而言，其空间分布与演化则受到文化冲突与融合，政治军事力量驱使的影响。实际上华中地区作为一个多民族文化融合的过渡地带，其聚落发展始终受到文化冲突与融合变迁的影响。如鄂西南、湘西地区是汉民族与土司民族交界地带，双方基于防御和治理的需要，形成了大量防御性聚落，之后随着文化交融的深入才逐渐放松这种地理隔离（比如恩施彭家寨，见后文）。

新中国成立以后，在国家宏观政策和制度的引导下，聚落发展也经历了较为剧烈的变化过程。如农业生产合作社运动塑造了新的聚落空间和功能形态，家庭联产责任承包制改变了村民的聚居和生产方式。华中地区乡村聚落演化主要表现为功能的变迁和空间组织模式的调整。

3）聚落发展重构时期

进入新世纪以来，国家经历了剧烈的城镇化过程，在城乡统筹发展战略指引下，也推动了多轮乡村建设工程。如 2005 年开始的新农村建设，2013 年前后开始的美丽乡村建设以及后续的村庄人居环境整治工程等。不同地域的聚落空间也呈现出鲜明的空间演化分异。华中地区作为乡村聚落人口密集地，也经历了剧烈的人口流动过程，村庄建设风貌得到较大改变。聚落空间分布呈现出扩张与衰落并存的特征。聚落的空间扩张主要表现为城市化进程中聚落基于空间品质提升的自我发展，如聚落呈现出沿路绵延集聚的特征；同时，部分村落也由于持续的城镇化导致的人口流失而呈空置状态。乡村的生产、生活和生态空间正经历剧烈的转型重构。

5.3.3 典型案例——恩施州传统聚落彭家寨

彭家寨地处恩施土家苗族自治州武陵山北麓，宣恩县境内，寨子依山傍水，背靠观音山，前穿龙潭河，由河上一座铁索桥连接内外。彭家寨在历史上既是商贸集聚之地，也是土家族、苗族等多民族生活之地，现存吊脚楼房屋均已有近百年历史，被称为"土家建筑的活化石"。该地区群山高耸，树木茂密，构成了隐藏定居点的天然屏障，在这种隐秘的地理环境下，聚落居民在早期得以安稳生活。在此后"川盐济楚"的贸易通道开辟过程中，盐运古道与彭家寨相连，聚落逐渐发展为盐运古村。彭氏家族在盐运贸易过程中成为聚落的主姓族群,并引导聚落居民逐渐建立了宗族观念。最终,彭家寨成为彭姓主导的宗族聚落(如图5-5)。

扫码读图

图5-5　恩施州宣恩县彭家寨建设实景
资料来源:作者自摄

彭家寨聚落建筑集中于观音山附近,坐北朝南,受到"抱阴负阳"风水观念的影响。彭家寨现有建筑以阶梯式有规律地分布于观音山一带,从桥头看去,层层叠叠,排列清晰。建筑群背靠两座山峰林木茂盛,似两只匍匐的巨龟,山前有一条龙潭河穿行而过,与山上的小溪交汇一起,又似飞翔的鸾鸟。根据风水学的理念,彭家寨前有朱雀凤鸾环抱可保生活幸福,后兼巨龟镇守一方平安,正是一块风水宝地。来到彭家寨的移民也理解其中的吉祥寓意,将村落建在玄武的背上,以祈求自然神灵的保佑。

彭家寨共有26栋吊脚楼,每栋自成体系,彼此间相互独立,总体呈现错落有致的形势。寨内道路和建筑布局依山就势,充分体现了先民们依靠自然,顺应自然的营建理念。聚落总体形成带状布局,寨内道路和建筑以观音山的自然斜坡格局为基础,沿等高线逐层递进排列。历史上,随着先进农业技术的引入,聚落的东南坡地逐渐被开发为山区耕地,形成沿龙潭河带状分布的生产景观。自此,彭家寨聚落的建筑空间被观音山、龙潭河和生产空间景观包围,形成"依山面水"的聚落格局。

在彭家寨形成阶段(1726年前),主要实行的土家族和汉族"分而治之"的治理模式。这一时期,彭家寨零星分布有规模较小的建筑,建筑功能简单,主要为干栏建筑或布局在有限的平地上的座子屋。形成阶段的聚落布局主要受观音山崎岖多变的地形影响，仍主要为自然式聚落定居点。在发展阶段（1726—1937年），随着"川盐济楚"事件的发生，彭家寨在川鄂贸易中建立起与外界的联系，逐渐发展起来。这一时期，彭家寨地区开始接受部分外地移民或商贸人群，聚落的规模得到扩大。同时，建造技术的进步和商贸经济的发展也推动建筑形制的改善，为了满足新来居民的居住需求，吊脚楼得以发展起来。

20世纪30年代后，由于彭家寨宗族礼仪礼制度的建立，聚落从移民群体转变为血缘群体，并开始有序发展，形成团块状布局（图5-6），增强了聚落居民的心理认同感。顺延等高线而下的聚落建筑的设计解决了观音山坡度过大的问题，降低了吊脚楼建造房屋的难度。成熟期聚落建筑的集群形式反映了聚落居民团结血缘、繁荣家族的理念，聚落至此更名为彭家寨。

新世纪以来，随着城镇化加快，彭家寨聚落的年轻一代对物质生活的需求越来越强烈，开始从缓坡上的定居点向近路点迁移。聚落进入异变时期，以"内空外移"的形式形成了空心村落。传统的吊脚楼建筑也在不断翻新的过程中失去了原有的民族特色，其建筑形式和造型变得统一、均质，民族文化的地域性景观特征日渐消散，彭家寨传统村落当前正面临保护和利用的困境。

扫码读图

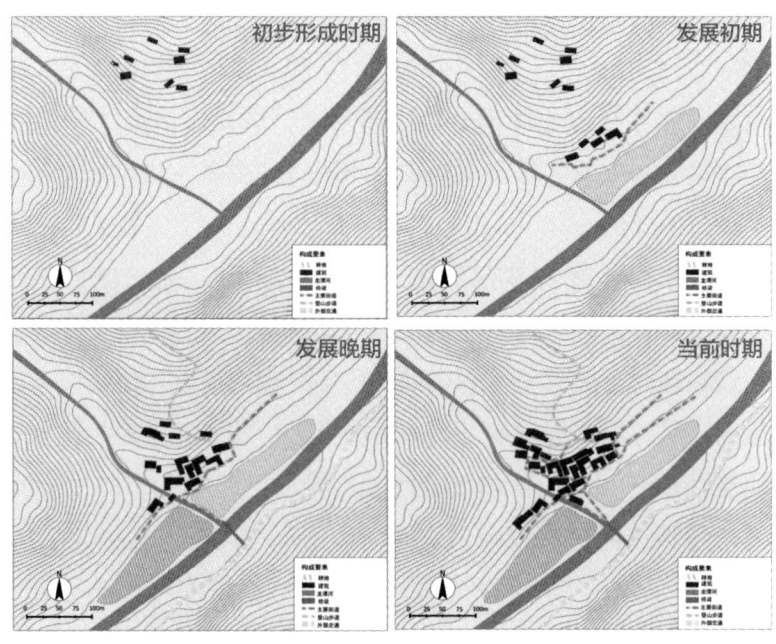

图5-6 恩施彭家寨不同发展时期空间形态演变
资料来源：廖天翔.恩施彭家寨聚落时空演进与形成机制研究[D].荆州：长江大学，2023：22-34

5.4 华南文化区

华南文化区作为中国南部的重要文化区域，拥有丰富的自然资源和独特的文化底蕴，在地理、气候、饮食、民俗和语言等方面与江南、中原地区存在显著差异。总体而言，华南文化区的区域文化形成是一个长期的历史过程，具有多元文化交融的特征。广东的粤文化、广西的壮文化、海南的黎文化等，都是华南文化的重要组成部分。其中，粤文化以广州为中心，具有浓厚的商业文化和海洋文化特征。粤剧、粤菜、粤语等都是粤文化的重要表现形式；壮文化则以南宁为中心，壮族的民歌、舞蹈、服饰等展示了壮族人民的生活方式和文化传统；黎文化则以海口为中心，黎族的竹编、纺织、舞蹈等体现了黎族人民的智慧和创造力。此外，以客家人代表的客家文化，以闽南人为代表的闽南文化也是华南文化的重要组成部分。对华南文化区的深入研究有利于更加深入地理解中国文化的多样性、独特性和复杂性，为推动区域经济文化的协调发展提供有力支持。

5.4.1 地理格局

华南文化区的地理格局多样，既有沿海平原，也有山地丘陵，气候温暖湿润，水网发达，为区域经济和文化的发展提供了良好的自然条件。经济发达的珠江三角洲、文化底蕴深厚的岭南山区、自然风光独具特色的广西喀斯特地貌区和旅游资源丰富的海南热带区，共同构成了华南文化区丰富多彩的地理格局。这一地理格局不仅塑造了华南地区独特的文化特征，也为区域的可持续发展提供了坚实的基础。

1. 地理位置与自然环境

华南文化区地处中国南部沿海，东临南海，南接东南亚，地理位置优越，主要包括广东、广西和海南三省区。其中，广东省的地形特点是东南为沿海平原，北部和西部则多为丘陵和山地，如南岭山脉。与此同时，珠江三角洲是华南地区最为重要的平原区，土地肥沃，水资源丰富，是中国重要的农业和经济区之一；广西壮族自治区则以喀斯特地貌著称，地形多样，包括山地、丘陵和平原；海南省是中国唯一的热带省份，主要由海南岛和周边一些小岛组成，地形以丘陵和平原为主，沿海地区多为沙滩和珊瑚礁。

2. 气候条件

华南地区温暖湿润的气候条件为农业发展提供了良好的自然环境,使华南地区成为中国重要的农作物生产区,尤其是水稻、甘蔗、热带水果等。具体来说,广东省的气候特点是夏季高温多雨,冬季温暖少雨,适合多种农作物的生长;广西因地形复杂,所以气候多变,北部山区冬季较冷,南部平原和沿海地区则气候温暖湿润;海南省则为典型的热带气候,全年温暖,降水量丰富,特别适合热带作物的种植。

3. 水系条件

华南地区的海岸线长,岛屿多,是海上丝绸之路的起点,与海外通行便利,所以也早得海外风气。珠江是华南地区的主要水系,珠江水系发达,河流众多,形成了纵横交错的水网,为华南地区的农业灌溉和水上交通提供了便利。珠江三角洲地区河网密布,水运发达,成为华南地区经济发展的重要支撑。其中,广东省的主要河流包括珠江、韩江和北江等,珠江是中国第二大河流,流经广州、佛山等重要城市,对区域经济发展起到了重要作用;广西的主要河流是西江,西江是珠江水系的主要组成部分之一,流经南宁、梧州等城市。值得一提的是,位于广西兴安县的灵渠是世界上最古老的人工运河之一,至今仍发挥着农田灌溉、排洪泄洪作用。海南的主要河流是南渡江,流经海口等城市,河流虽短小,但对区域农业和城市供水具有重要意义。

4. 地理分区与特征

根据地理环境和文化特征,可以进一步将华南文化区划分为珠江三角洲、岭南山区、广西喀斯特地貌区和海南热带区等次区域。

珠江三角洲位于广东省南部,地势平坦,河网密布,是中国最重要的经济区之一。珠三角地区是中国改革开放的前沿阵地,经济发达,城市化水平高,广州、深圳、珠海等城市均位于此区。

岭南山区包括广东省北部和西部的山区,地形复杂,多为丘陵和山地,南岭山脉贯穿其中。富于地域特色的客家文化也是岭南文化的重要组成部分。

广西喀斯特地貌区主要包括广西壮族自治区,地形多样,以喀斯特地貌为主。这里山水相宜,风景秀丽,如桂林山水,素有"桂林山水甲天下"之美誉。

海南热带区包括海南省全境,地形以丘陵和平原为主,气候为热带季风气候。海南岛是中国最大的热带岛屿,拥有丰富的热带资源,是中国重要的旅游度假胜地。

5.4.2 文明进程

华南文化区的文明进程是一个多元融合、不断发展的过程，在中国历史上占据重要地位。主要经历了从旧石器时代的早期人类活动到新石器时代的农业定居；从汉唐时期的文化整合到宋元时期的繁荣与多样化；从明清时期的文化成熟到近现代的变迁与创新。华南地区丰富的自然资源、多样的民族文化和开放的地理位置，共同塑造了华南文化区独特的文明进程。这一文明进程不仅展示了华南地区的历史与文化底蕴，也为今天的区域发展提供了宝贵的经验和启示。

1. 华南早期文明的历史起源

华南文化区的文明进程可以追溯到旧石器时代。考古发现表明，距今约10万年的广东曲江马坝人遗址是华南地区早期人类活动的证据之一。马坝人是中国南方地区更新世晚期到晚更新世早期的代表性古人类，其化石的发现为研究华南地区古人类的演化提供了重要依据。进入新石器时代后，华南地区的文明进程逐渐加快。距今12 000—7 000年的桂林甑皮岩遗址和距今约7 000—5 500年的广西柳江贝丘遗址，展示了早期华南人类以渔猎和原始农业为主的生活方式和社会组织。同时，这些遗址中出土的陶器、石器和骨器表明，华南地区的先民已经掌握了较为先进的生产技术，并开始进行农业生产、生活，逐渐发展出独特的地域文化特征。

2. 早期文明的交流与发展

广东雷州半岛出土的距今约3 000年的青铜器和广西左江流域的铜鼓不仅反映了华南地区的冶金技术水平，也展示了区域内不同文化的融合与交流。与此同时，华南地区的地理位置使其成为中原文化与东南亚文化交流的重要通道。早在距今4 000年前，华南地区就已经与中原地区和东南亚地区有了密切的文化交流。考古发现表明，华南地区出土的许多文物，如陶器、青铜器和玉器，都带有浓厚的中原文化和东南亚文化的影响。

3. 秦汉时期的开发与整合

秦汉时期，华南地区开始了初具规模的开发建设。秦始皇统一中国后（约公元前214年），派遣大将军赵佗南征，开辟了岭南地区，设立了南海、桂林、象郡等郡，开始了对华南地区的有效控制，在秦朝平定百越、开凿灵渠、南拓疆土之后，岭南文化开始与中原文化融合，逐步形成了独特的岭南文化，但岭南从唐朝和五代的诗词意象来看仍然多为谪贬之地。

4. 唐宋元时期的繁荣与多样化

唐宋时期是华南地区经济文化发展的黄金时期。唐朝政府在华南地区设置了多个州府，加强了对地方的管理。唐太宗贞观年间设岭南道，岭南作为一个地域名称沿用至今。张九龄五岭凿道以后，岭外与中原交流才得以畅通，客家迁入群体日渐增多，两广方言也因此融入了大量古汉语古音。值得一提的是，自唐代以来，以刘三姐歌谣为代表的广西文化便开始以各种文本、多种形式流传至今。刘三姐歌谣是壮族人民在长期的劳作和生活中发展而成的，具有鲜明的民族特色，已成为岭南珠江流域居民所创造且世代传唱的歌谣。在此期间，随着海上丝绸之路的开通与发展，华南地区成为中国对外贸易的重要门户，广州等港口城市迅速崛起，成为国际贸易和文化交流的中心，推动了华南地区经济文化的高度发展。

宋元时期，华南文化区进入了繁荣与多样化的发展阶段。宋代的经济重心南移，推动了华南地区的经济发展，陶瓷、丝绸和茶叶等商品通过海上丝绸之路远销海外，促进了华南地区与世界各地的文化交流。值得说明的是，唐至北宋时期岭南仍为士大夫贬谪之地，苏轼"问汝平生功业，黄州惠州儋州"的后两处州府反映了当时朝野对广东、海南的社会认知。

在元代，华南地区的文化多样性进一步显现，元朝政府实行民族融合政策，鼓励各民族之间的交流与融合，广西地区的汉族、壮族、瑶族、黎族等多个民族在长期的交往中，形成了独具特色的多元文化。

5. 明清时期的成熟与变迁

明清时期，华南文化区的文明进程进入了成熟与传承的阶段。在明代，郑和七下西洋，进一步加强了华南地区与东南亚、南亚的联系。华南地区的经济继续繁荣，农业、手工业和商业都取得了长足的发展。清代，随着中外贸易的进一步发展，广州成为中国唯一的对外通商口岸，推动了华南地区的经济繁荣。在此期间，岭南画派、粤剧、岭南建筑等文化形式逐渐成熟，成为中国南方文化的重要组成部分。明清以降，岭南为国家贸易重镇所在，沿海民众下南洋使该地区的对外交流活动更加频繁，成为现代中国与外部世界链接的桥梁和纽带，独特的自然条件加上东西方文化的交融，尤其是在中国内陆文化与域外文化的共同影响下，形成了独具特色的建筑、园林格局。追溯岭南地区景观风貌的基因来源，全球化与地方化在此地呈现交融促进的过程，开平碉楼、顺德清晖园、广州侨商楼均与清末民初时期的西洋建筑风格有关。值得一提的是，开平碉楼是一种集防卫、居住和中西建筑艺术于一体的多层塔楼式建筑，其特色融合了中国、古希腊、古罗马、中世纪、文艺复兴等时期多种建筑风格。2001 年，开平碉楼被列为全国重点文物保护单位。2007 年 6 月，开平碉楼与村落（锦江里、马降龙、自力村和三门里四个区域）入选世界文化遗产，中国由此诞生了首个华侨文化的世界遗产项目，这也是广东第一个世界文化遗产项目。这些不同风格流派的建筑元素在碉楼中和谐共处，表现出华侨和侨乡民众开放包容的心态，是主动接纳海外文化的历史见证。此外，明清时期渔民在南海岛屿上留下了大量遗迹，郑和航海图（局部）明确标注了南海诸岛。

6. 近现代的传承与崛起

近现代以来，华南地区经历了巨大的社会变革。清代晚期以及民国时期，岭南地区的文化中心逐渐漂移，由于两广间的梧州、湘桂间的桂林等传统陆路交通门户地位趋于下降，广州、香港、南宁等城市社会经济地位不断上升。辛亥革命后，华南地区成为中国革命的重要策源地。

改革开放以来，华南地区尤其是珠江三角洲地区成为中国经济发展的前沿阵地，经济总量和发展速度在全国名列前茅，成为中国经济最为活跃的地区之一。改革开放后，特定的地方营造也成为城市发展的重要动力来源，深圳的世界之窗、锦绣中华等旅游地产项目代表了当时的地方形象诉求，历经时间积淀后，也演绎为主题公园类的城市景观意象。

5.4.3 典型案例——千年商都：广州

广州是华南地区最具代表性的城市之一，有着"千年商都"的美誉。作为中国最早的通商口岸，广州自秦汉以来就是中国对外贸易的重要港口，在唐代成为海上丝绸之路的起点，吸引了大量的外国商人和移民，形成了多元文化交融的城市风貌。宋元后，广州承担了大量的国际交往活动，明清时期中西合璧的岭南园林——余荫山房即是文化交流的积淀，国内各地传统民居悬挂辣椒和玉米等食材的文化景观也多由美洲经两广传入；肇始于明代的一口通商、西方地理大发现后的全球流通，使得广州成为连接域内外海洋文明与华夏疆土的枢纽门户。改革开放以来，广州凭借其优越的地理位置和良好的经济基础，成为中国南方的重要经济中心和国际大都市。

1. 商贸传统悠久

广州作为千年商都，有悠久的商贸业历史。无论从历史传承还是现实条件看，"国际商贸中心"都是广州最具特色的"标签"。2021年广州对外贸易的首位区域已从香港转为东盟国家，基于既有市场区域拓展"一带一路"合作伙伴有助于发挥广州地缘、人缘、经济优势，落实国家"一带一路"倡议和广东省自由贸易试验区发展规划。

2. 文化多元包容

广州在历史上包容度极高，历来为北方逃难百姓、戍边流民、贬谪官员的安身之所。历史上岭南地区的战乱少，原住民质朴少文但崇文重文，唐代宰相张九龄凿通岭南后，广州与中原文化交往日渐频繁。

以广州为核心、以珠江三角洲为通行范围的广府（粤）文化具有浓厚的商业文化和海洋文化特征，粤剧、粤菜、粤语等都是粤文化的重要表现形式。广府文化主要包括以下四个方面。

广州以汉族为主，主要由南迁的中原移民所形成，逐渐形成广府、客家、闽南三大汉族民系，少数民族以壮族、黎族、高山族较多。同时，广州是全国著名的侨乡都市，广大侨胞对此具有文化和价值认同，海外特别是东南亚华侨的"衣食住行"都在推广Canton（广式）文化。

广州的饮食文化享誉海内外。主食为米饭，膳食结构中，水产品占比较多，淡水鱼虾、生猛海鲜、新鲜蔬果备受欢迎；在烹调方式上，华南地区讲究保持食物的本味，烹饪方式以蒸、煮为主，味道清淡。粤菜是我国的四大菜系之一，其特点是善于在模仿中创新，用料广博，选料珍奇，配料精巧，做工考究，讲究"镬气"，注重形象，品种繁多，五味俱全，浓淡适宜，包括早茶、烧腊、海鲜等，也因此享有"食在广州"的美誉。

粤剧以粤方言演唱，是广东流行最广、影响最大的地方戏曲剧种。粤剧是由多种外来戏曲声腔和本地土戏、民间说唱艺术不断融合而形成、发展起来的。粤剧是岭南文化的重要代表之一，被誉为"南国红豆"。粤剧起源于明清时期，经过长期的发展，形成了独具特色的艺术风格。粤剧的表演形式多样，包括唱、念、做、打等，具有高度的艺术性和观赏性。粤剧的代表性剧目包括《帝女花》《白蛇传》《三娘教子》等，这些剧目通过生动的表演和优美的唱腔，展示了岭南文化的独特魅力。

广州的经济生活与海洋关系密切，崇拜海神，敬奉妈祖，盛行沿海文化。祭拜妈祖是广东、福建、台湾的共同文化，也说明了台湾和祖国大陆的两岸同根、血浓于水的关系。此外，广州的建筑是岭南乃至华南文化区的重要文化遗产之一，具有独特的风格和精美的工艺，多以其通风、采光、防潮的设计特点，适应岭南地区的气候条件，展示了岭南人民的智慧和创造力。代表性建筑包括光孝寺、陈家祠、佛山祖庙、肇庆七星岩和老式骑楼等，这些建筑不仅是广府（粤）文化的重要载体，也是岭南地区的重要旅游景点。

3. 枢纽优势明显

广州的区域经济腹地广阔，涵盖广东、广西、湖南、湖北、江西、四川、云南等省，地缘优势明显，并可通过密集的珠江水系以及公路、铁路网络而涵盖华南地区以及泛珠三角九省两地的区域经济腹地。广州是中国南部连接世界的枢纽门户。两广地区的交通肇始于灵渠古运河，广州通海夷道是唐代世界上最长的远洋航线，粤北大庾岭古驿道与赣江上游构成了广州直达京师的南北联系。近代以来，冯如在广州制造出中国本土第一架飞机，"广州—汉口—天津"线是新中国第一条民航航线，改革开放以来在全球航空、航运网络中的门户枢纽能级不断跃迁。广州的信息技术发展全国领先，是全球用户数量最多、利用率最高、应用范围最广的超算中心之一。

5.5　西北文化区

西北地区南依昆仑山、巴颜喀拉山、秦岭，东临黄河北干流，西、北两侧以国界线为界，主要包括陕西省、宁夏回族自治区、新疆维吾尔自治区、藏族分布区之外的甘肃省和青海省共五个省域的相关范围。西北地区地域辽阔、干旱、自然环境复杂，在这里既有高山冰川、森林草地，又有山脉起伏、荒漠连绵。这里地广人稀，人口主要集聚在河流洪积、冲积平原，河谷盆地，黄土塬坡，高原草甸，绿洲，湖泊地区。受自然环境制约和民族传统文化的影响，西北地区形成了以农耕、游牧为主的农业产业结构，土地宜农宜牧、农牧交错特征明显。特殊的地理位置，造就了西北地区多民族的集聚和民族交融，是中国历史上中原文明西去，西域、西方文明东来，以及回、蒙、撒拉、维吾尔等民族相互融合的区域。

5.5.1 人文地理格局

西北地区广阔的地域范围、独特的自然环境、特色的历史人文，以及多民族的融合发展，形成了西北地区明显的地域空间格局和多样的文化类型，西北文化区具体可分为三秦文化区、甘陇文化区、宁夏回族文化区和新疆文化区。

三秦文化区，"三秦"即陕西省，因项羽进入关中后分别封雍王管咸阳以西、塞王管咸阳以东、翟王管陕北而得名。地势南北高、中部低，西部高、东部低，地势由西向东倾斜特征明显，北山和秦岭将陕西分为北部陕北黄土高原、中部关中平原、南部陕南秦巴山地。区域内生态环境脆弱，地形地势复杂，农业聚落形态随地形变化，塬面上聚落集中，沟谷间聚落分散，以窑洞为主；关中平原地处秦岭北侧、北山南侧，区域内地形从渭河分别向南北两侧呈不对称阶梯状增高。关中素有"八百里秦川"的美誉，是陕西人口聚集的主要区域，以合院式聚落为主；陕南北依秦岭、南屏巴山，具有"两山夹一川"的特征，汉江自西向东流过，山地众多，起伏剧烈，区域内亦以合院式聚落为主，但形态受蜀、楚建筑风格影响较大。

甘陇文化区，该区域包括除甘肃省甘南藏族自治州以外的大部分地区和青海省东北部，地处青藏、内蒙古、黄土高原交汇地带，海拔多处于1 000米以上，且海拔落差大，祁连山地最高峰海拔甚至超过了5 800米。区域内既有山地、高原，又有平川、河谷，还有沙漠、戈壁，相互交错分布，地貌类型复杂，整体地势自西南向东北倾斜，呈狭长。陇东位于黄土高原之上，东临子午岭、西依六盘山，泾河是该区域最大的河流，坐拥"天下黄土第一塬"之称的董志塬，是甘肃省的主要农业产区。陇中位于六盘山、陇山以西，秦岭以北，黄河以南的区域，属于典型的黄土高原地貌。陇南位于秦巴山区、青藏高原、黄土高原交会之处，北部向陇中黄土高原过渡，南部向四川盆地过渡，西部向青藏高原北侧边缘过渡，东部与西秦岭连接。河西地区位于黄河以西，故称河西，地形单元上包括河西走廊、祁连山地和北山山地，其中河西走廊斜插于祁连山和北部山系之间，东南起于乌鞘岭，西北至疏勒河下游地区，是河西地区的核心，丝绸之路的必经之地。武威、张掖、酒泉位于河西走廊沿河冲积平原形成的绿洲上，民居建筑多为夯土、土坯砌筑而成的合院建筑。

宁夏回族文化区，地处黄土高原与内蒙古高原的过渡地带，同时也是中国地貌中一、二级阶梯的过渡地带。地势上西南向东北倾斜，地貌上复杂多样，有山地、丘陵，也有地层断陷后又经黄河冲积而成的平原。区域内自南向北依次是六盘山、黄土高原、鄂尔多斯高原、宁夏平原、贺兰山。宁夏人口主要集中于黄河及其支流冲积平原和黄土高原地区，北部宁夏平原随黄河主流斜贯而入，海拔1 100～1 200米，地势平坦，便于引黄灌溉，自古便享有"塞北江南"的盛誉。南部黄土高原，海拔1 000～2 000米，以流水侵蚀的黄土地貌为主。其中平原、河谷平原地区居民建筑的主要形式为土坯、砖木合院聚落，山地丘陵地区则分布着各式窑洞和土坯房混合型聚落[1]。

新疆文化区，深居亚欧大陆中心，远离海洋、气候干旱、戈壁阻隔、沙漠广阔、地广人稀，但其特殊的地理位置使得新疆成为东西方文化交流的必经之地。丝绸之路使得汉文化、印度文化、希腊文化、伊斯兰文化在此交融，形成丰富多彩、独具特色的地域文化。"三山夹两盆"是对新疆地形地貌的典型概括，北面是阿尔泰山，南面是昆仑山，天山横贯中部，把新疆分为南北两部分，习惯上称天山以南为南疆，天山以北为北疆，在此基础上形成南疆文化、北疆文化。南疆以维吾尔族绿洲文化为代表，冬季寒冷干燥，夏季高温炎热，少雨雪，绿洲是当地的自然环境基础，当地民居建筑除顶棚使用少量木材外，四壁多用土坯砌成，屋顶平坦，留有天窗，院落内多搭葡萄棚，屋前屋后种植果木。北疆以哈萨克族草原文化为代表，冬夏冷热悬殊较大，相较于南疆，降雨量较为丰富，当地牧区房屋以毡房为主，林区以木屋为主。

5.5.2 文明进程

1. 西北地区文明的历史渊源

西北地区文明的源头，可以追溯到石器时代，据考证早在115万年到70万年前，旧石器时代的蓝田人就生活于此，当时出土的化石足以说明蓝田人生活的秦岭北麓气候温暖、湿润，植物茂盛，适合原始人繁衍生息。新石器时代的大地湾遗址是西北地区人类活动的重要痕迹。距今约六七千年的仰韶半坡文明分布于渭河流域，以陕西关中平原为中心向四周发展，往西到达陇东的天水、平凉等地区，创造了灿烂的文化。距今约四五千年的马家窑文化产生于西北地区的甘肃、青海，是新石器时代晚期的文化类型，主要有石岭下类型、马家窑类型、半山类型和马厂类型，分布于黄河上游地区以及甘肃、青海境内的洮河、大夏河以及湟水流域一带。

---

1. 王军. 西北民居[M]. 北京：中国建筑工业出版社，2009.

2. 西北地区文化的形成

1) 三秦文化

殷商时期，周人的先民在渭河流域西部往返迁徙，后联合其他部族伐灭殷商建立周朝。西周末年原居住于陇地的秦人势力逐渐拓展到关中地区，后来陕西被称为"秦"即因为此。春秋战国时期，商鞅变法使秦国很快成为当时最强大的诸侯国。秦朝建立后，定都咸阳，创立了多民族大一统的国家模式，后代王朝承袭，产生了巨大的影响力。两汉时期长安城成为当时世界上规模最大的国际性大都市，在政治、经济、文化、科技、农学等方面创造出极大的成就。魏晋南北朝时期，边疆少数民族内迁，使长安成为前赵、前秦、后秦、西魏、北周等朝代的国都，也成为中华民族大融合的中心舞台。唐朝是三秦发展的另一高峰，唐长安城沿用隋大兴城的旧制并不断增建，成为世界上最繁华、规模最为庞大的都市。城市格局严整，气势磅礴，影响远及日本、新罗。域外各国与唐交往频繁，外来文化大量传入长安，各国商旅云集，唐朝也以开放包容的心态接纳外域文明，使长安成为举世瞩目、万国朝聘的世界大舞台。宋夏交战之际，陕西北部广大地区成为两个政权拉锯的战场，后金军攻入关中，陕北大部和关中东部均为金占有，南宋仅保有陕南地区，与金军夹秦岭对峙。元朝设立陕西四川行中书省，辖陕西、甘肃、宁夏、青海、四川五省区及内蒙古河套地区。明朝改元奉元路为西安府，"西安"地名沿用至今。清康熙初年实行陕甘分治，陕西省的范围从此固定下来。

2) 甘陇文化

先秦时期，中国分九州，甘陇大部分地区分属雍州。商周之际，周秦部族先后在今甘肃东部崛起并向东发展，对国家政治生活产生重大影响。春秋战国时期，秦国的疆域向西扩展，已达今甘肃的东南部。西汉时，疆域继续西扩，河西四郡划归中原，后设凉州刺史部，辖安定、天水、陇西、金城、武威、张掖、酒泉、敦煌八郡。唐朝在陇山以西设陇右道，辖区延伸到新疆东部，是我国联系西域各国的重要通道。元朝设甘肃行中书省，全国创设省制，甘肃正式设省，省名取河西甘州、肃州二州地名合称，简称甘，又因省域大部分在陇山以西，或简称陇。明朝改省设司，属陕西布政司、陕西都司、陕西行都指挥使司。清乾隆年间，甘肃辖区除今省域外，尚辖西宁府、宁夏府及新疆东境一部。1950年，甘肃省人民政府正式成立。甘陇地区作为中华民族和华夏文化的重要发祥地之一，相传中华民族的人文始祖伏羲、女娲和黄帝诞生在甘肃，故有"羲轩桑梓"之称。汉的开边政策和张骞通西域成功开通了丝绸之路。隋唐时期，甘肃成为我国联系西域各国和欧洲的重要通道，武威、张掖、敦煌成为经济文化繁荣的国际性贸易城市，整个河陇地区农桑繁盛、士民殷富。随着全国政治经济文化重心的东移南迁，特别是由于气候和生态条件的变化，甘肃渐渐成为荒僻之地。甘陇地区东西、南北跨度大，与周围各省、自治区形成犬牙交错之势，地域文化与周边文化相互影响，结合地理格局和长期的政治、经济、文化发展现状，甘陇文化又可分为陇东文化、陇中文化、陇南文化和河西文化。陇东地理上接近于陕西，在文化上受到三秦文化一定程度上的辐射，建筑、语言、习俗等有相近之处。陇中地理上处于甘陇腹地，甘陇地域文化特色鲜明。陇南受三秦文化、甘陇文化、巴蜀文化的相互影响，形成文化交融之势。

3）宁夏回族文化

商、周时期，胡（北狄）、羌（西戎）、猃狁（薰育、荤粥）等游牧部落在宁夏地区范围活动。春秋战国之际，固原南部属秦，其余地区分别为义渠、乌氏、朐衍诸戎部族的聚居地。后秦惠文王在今固原市原州区到甘肃平凉市安国镇一带设置了乌氏县，这是宁夏境内有史记载以来最早的城市。后秦昭王灭义渠诸戎国，宁夏全境被纳入中原王朝版图。秦始皇统一六国后，派兵北逐匈奴，在宁夏屯垦，沿黄河置县，开创了移民开发引黄灌溉农业的历史。汉代宁夏各县先后分属北地郡和安定郡，实施移民屯垦，经济得到开发。三国两晋南北朝时期，宁夏地区政权更替，民族大融合进一步发展。唐代宁夏安置过大量包括突厥在内的少数民族并且实行具有自治性的管理形式。安史之乱后，吐蕃、回纥、吐谷浑、党项等民族进入宁夏。1038年党项族首领李元昊以宁夏为中心，建立地方割据政权，国号大夏，史称"西夏"，形成了和宋、辽、金政权并立的局面。元灭西夏后设立宁夏路，此后的朝代均以宁夏为名设立行政区划。明朝设宁夏卫所屯田。清朝设甘肃省宁夏府、固原州。1954年宁夏省撤销，其大部分地区并入内蒙古和甘肃，1958年宁夏回族自治区正式成立。

从商周至明清的数千年间，宁夏境内生活过众多的民族，中原地区政权与少数民族政权也处于反复交替过程中，导致了中原农耕文化和北方草原民族文化的交互影响，促成了宁夏形成民族融合、文化交融的地域特色。

4）新疆文化

西汉汉武帝时期派张骞出使西域，西域各国与汉朝由此建立联系，西汉神爵二年（公元前60年）设立西域都护府，自此新疆地区正式纳入中国版图。魏晋南北朝时期，曹魏继承汉制，在西域设"戊己校尉"治设高昌，后又设西域长史对西域进行管理。隋唐时期，吐谷浑多次占领新疆，与隋唐发生多次战争。清乾隆后期，西域改称"新疆"，寓意"故土新归"。清光绪年间，正式设立新疆省。1955年新疆维吾尔自治区正式成立。作为丝绸之路的通道和各民族融合之地，新疆自古以来就是我国不可分割的一部分，东方文明和西方文明在此交互融合，形成多元一体的文明，创造出灿烂的文化。

3. 西北文化区聚落的形成与演变

西北地区自然生态环境脆弱，历史上自然灾害多、战争频繁、生存环境恶劣等因素，综合导致西北地区地广人稀、经济基础薄弱、聚落分布不均匀。然而数千年以来，西北地区人民积极探索与自然环境的和谐相处方式，以及合理利用自然资源的有效途径，摸索出最经济、实用的居住空间营造模式，建造出各种类型的地域聚落，许多聚居方式延续至今，成为人类宝贵的文化遗产[1]。西北地区聚落的形成最早可以追溯到距今70万~150万年前旧石器时代陕西蓝田人居所和距今约6 000年前新石器时代的半坡人半穴居、穴居建筑。新石器时代人类从原始群进入氏族社会，人工穴居成为当时黄河流域人类主要居住原型。到了青铜时代，即夏商周时期，木构件房屋大量出现，出现有版筑墙和夯土基地的房屋。秦汉以后出现砖瓦，表明建筑材料生产和建筑技术发展有很大进步，城市、宫殿建筑得到充分的发展。隋唐时期是我国封建社会前期发展的高峰，也是西北地区城镇、聚落发展的重要时期，建筑技术逐渐成熟，里坊制也成为一种主流城市形态。元明清时期传统古建筑取得不少成就，西北民居建筑中普遍使用砖瓦，聚落发展成熟，当地现存很多聚落就营建于明清时期。

西北地区的合院聚落多位于自然条件较好、经济相对富庶的局部地区，如陕西关中平原、宁夏黄河冲积平原、甘肃河西走廊绿洲等地。这些地区或雨量适宜、或灌溉方便、或地处交通要塞，自然条件相对优越、农业经济也相对发达，许多经典的传统聚落便分布于此，如陕西关中平原上的党家村、宁夏平原上的董府、河西走廊上的张掖硖口村等。

西北地区也是少数民族聚落的聚集区，在这里除汉族外还生活居住着回族、撒拉族、东乡族、蒙古族、裕固族、维吾尔族等少数民族。长期以来艰苦的自然生活环境，加之人口数量少、宗教信仰等因素，培养了这些民族天然的内聚力量，这种文化同时也反映在少数民族聚落的营建和布局上，例如回族、撒拉族的"围寺而居"，既方便了当地居民的日常礼拜，又体现了民族的内聚特点。

西北地区的堡寨式聚落散布在今天的陕西榆林、宁夏南部以及河西走廊等地，

---

1. 王军. 西北民居[M]. 北京：中国建筑工业出版社，2009.

被称为"土堡子""高房子"。西北地区作为我国北方游牧民族文化与农耕文化交汇处，同时也是历史上的交通要塞、戍边屯垦、军事防御重地，多种文明在这里碰撞和交融，使得西北地区防御性聚落独具特色。

西北文化区在长达数千年的历史演进中变化缓慢，传统聚落和民居与当地气候、地貌、资源和谐共生。但随着改革开放、工业化、城市化等因素的影响，西北地区传统聚落发生急剧变化，尤其在经济条件相对较为富庶的关中平原、宁夏平原等地，掀起了农村个体建房高潮[1]，传统聚落格局、街巷、民居形态遭到严重破坏。21世纪以来，城镇化迅速发展，人们选择到工作、教育、医疗资源更集中的城镇生活，城镇聚落迅猛发展，传统聚落逐渐没落。

5.5.3　典型案例——三秦文化区城镇黄陵县城

黄陵县，古称桥国、翟道、阳周、中部，黄陵地处陕西省中部，为延安市最南部的县城，疆域较为辽阔，境内交通优势明显，包茂高速西延段（包西通道）、国道210、高铁西延线路等重大交通干线都经过黄陵。悠久的历史背景加上便捷的交通条件，使黄陵早已被称为陕北的门户所在。而黄帝陵是中华民族始祖轩辕黄帝的陵寝，位于陕西省黄陵县桥山之巅，陵因桥山而得名，城市因陵而得名，该县是三秦文化区典型城镇代表。

黄陵县的历史进程可追溯至中华文明起源时期，孕育和见证了五千年的中华文明传承体系。历史上发生于此地的祭祀活动络绎不绝。

因黄陵县地域特征及社会文化地位的特殊性，作为两种文化的交汇处，具有较强的文化交融与碰撞现象，成为历史时期各民族争夺之地，因此富有极强的文化属性。从地域特征来看，黄陵城市位于我国的关中盆地北部，为高原以及秦岭等众多山脉所围，地势平坦，且处在由黑河与腾冲两点所连成的胡焕庸线上，并且位于基本偏中的位置，既有以农耕为主的劳作方式，又有以游牧为主的劳作方式，人群种类多样，包括中原民族与传统游牧民族，呈现出多民族共融的地域发展格局。黄陵县在大区位上具有长远的文化脉络，是东西两种文化相融合的地区，是不同社会习俗共通的地区，更是自然条件更为适中、更容易生存的地区，文化区位突显。

战国时期黄陵县所在地因受匈奴侵占，并未设立县制，但人们对黄帝的崇尚之情逐渐提升，这对后期黄陵的城市的形成起到一定思想启蒙作用，同时也使桥山

---

1. 王军. 西北民居[M]. 北京：中国建筑工业出版社，2009.

周边出现守陵人，以驻守与祭拜来表达对于黄帝的敬畏之心。十六国时期郝连勃勃占据此地后，为加强防御，在今黄陵城南村设杏城，为秦州刺史所镇，以抵抗外敌入侵。

北魏太武帝正平元年（公元451年）又在杏城设立了北雍州，孝文帝太和十五年（公元491年）时将其改为东秦州，治所杏城。孝明帝孝昌二年（公元526年）又改为北华州。直至西魏又将中部县治自故城迁至杏城，当时的治所杏城地理环境险要，建设有用以防守的城墙，以防御为主的城市整体格局基本形成，因此发展成为军事重地，各方势力纷纷在杏城屯兵据守，互相攻战，黄陵县治自然也迁至此地。且因为战乱的原因，各族部落为了便于取得政权，开始寻求共同之处，寻根问祖，将黄帝作为汉族与各族人民的共同祖先，直接促进了黄帝文化的发展，更为黄陵城市的发展奠定思想基础[1]。

隋文帝将其更名为内部县，后于大业三年（公元607年）将内部县治迁至上城，初步形成坊州古城，同时也为后期古城的扩张以及城址变化提供了基础。在此期间，全国战乱减少，社会逐步趋向安稳，促使社会与文化的多元发展，在此背景之下，黄陵初步形成了城市格局与特色风貌。

明初，县址未发生变动，知县韦汝霖曾修筑了坚固的城墙，立五门，形成了十分壮丽的城址景象。明末的战乱中，县内房屋被焚烧殆尽，朝廷本欲重新修缮，但考虑上城区域地势较高，存在风多且距水较远的现实问题，使得此地人居环境不适宜，因此选择地势较低且距水较近的下城区域进行建设，将衙署等行政机构均迁至此处。至明末时期，因下城逐步发展，上城居民逐步减少以至空无一人，下城逐步形成北面高旷空阔、东西两面临水的城市格局。清顺治十二年（公元1655年），当地知县带领百姓修复旧城形制。因旧城依山而建，轮廓参差不齐，所以同时重新修缮东西南北四个主要城门，增加小南门与小西门，修建护城石堤。自此开始，后续的建设发展均以坊州古城为基础向四周扩展，城址未发生变化。

民国时期，中部县属陕西省榆林道辖，废道后直属陕西省长公署辖。1944年，因轩辕黄帝陵寝所在于此，政府将中部县更名为黄陵县，县治设上城。后经行政区划多次变动，1958年政府将县治设桥山下城，此后称黄陵至今（图5-7）。

---

1. 黄陵县地方志编纂委员会. 黄陵县志［M］. 西安：西安地图出版社，1995.

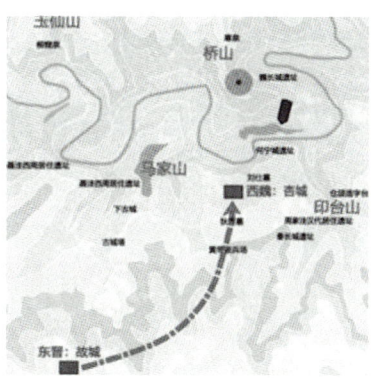
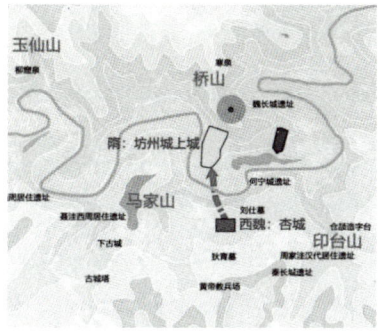
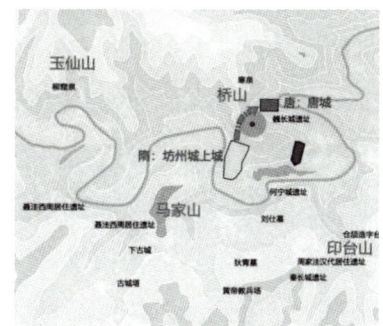
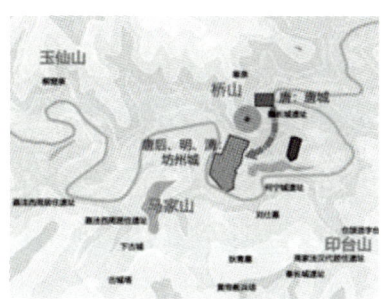
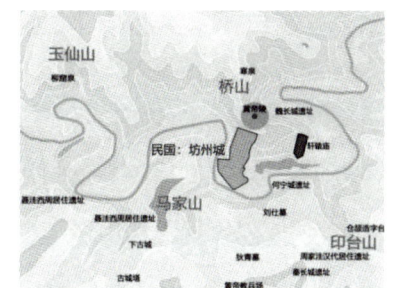

图 5-7 黄陵城市历史时期位置变迁图
资料来源：根据《黄陵城市历史人居环境营建经验研究》改绘

5.6 西南文化区

5.6.1 地理格局

自然地理上的西南地区，主要指秦岭以南的四川盆地、云贵高原及青藏高原等地理单元，在政区上包括四川、重庆、贵州、云南、西藏以及陕西省秦岭以南的汉中地区。该地区深处内陆，地形复杂多样，主要由高原、山地和盆地组成，呈现出明显的垂直分布特征。除西藏位于青藏高原外，其他地区多属于从青藏高原下降到低海拔的华中丘陵平原之间的过渡带，为中国地势三大阶梯中的第二阶梯。西南地区由多个地理单元组成，各单元之间也存在着比较大的差异。

秦巴山地是四川盆地北缘的大巴山与秦岭之间的地区。秦岭横亘于汉水、渭河之间，是中国南方与北方自然区域的分界，其南北两侧的大地构造、气候、土壤和植被均有很大的差异。秦岭、大巴山之间的谷地由汉水干支流沿岸的一系列冲积盆地串联而成。

四川盆地是中国四大盆地之一，被青藏高原、云贵高原环绕，盆地内地势平坦，气候温暖湿润，适宜农业生产，是中国重要的农业区之一。四川盆地四周为山地，包括岷山、龙门山等，使该区域形成了独特的盆地文化。

云南、贵州多为山地和高原，地势起伏大。云南地处云贵高原，最高点为梅里雪山，最低点为红河谷地，形成了独特的高山峡谷地貌。贵州则以喀斯特地形著称，石灰岩地貌遍布全境，洞穴、溶洞和石林景观丰富。

西藏则主要是青藏高原的一部分，平均海拔超过 4 000 米，被称为"世界屋脊"。青藏高原地势高峻，气候寒冷干燥，生态环境脆弱，但其独特的高原风光和浓厚的宗教文化，使其成为西南文化区的重要组成部分。

这种复杂的地形和多样的气候条件，不仅塑造了西南文化区独特的自然风貌，也影响了该地区丰富多样的文化发展。复杂的地理格局使西南文化区在经济、社会和文化方面都呈现出高度的多样性和独特性。

5.6.2 文明进程

1. 古代文明的起源与发展

西南文化区的文明起源可以追溯到新石器时代。四川的三星堆和金沙遗址出土的大量青铜器、玉器、金器展示了古蜀文化的高度发达。这一时期，西南地区的社会结构复杂，已经具有早期的城市雏形和王权体制。与中原文明不同，西南地区的文明具有强烈的地域特色，呈现出独立发展的态势。

2. 民族融合与文化交流

随着历史的推进，西南地区经历了多次民族迁徙和文化交流。汉代以后，中原文化逐渐传入，与当地的少数民族文化相互影响，形成了独特的地方文化。特别是在唐宋时期，茶马古道的开通促进了西南与西北、西藏以及南亚地区的交流，进一步推动了文化融合。元明清时期，"土司制度""改土规流"等民族政策进一步强化了西南地区各民族之间的交流与融合，多元文化共存的局面逐步形成。

3. 近现代的文化发展

近现代，西南地区由于其特殊的地理位置和多民族文化背景，成为中国革命和抗战的重要区域。特别是在抗日战争期间，大批文化机构和学者迁至重庆，形成了抗战时期的文化高地。1949年后，西南地区在国家政策的支持下，经济和文化得到快速发展，少数民族文化得到保护和传承。改革开放以来，西南地区的文化事业迎来了新的发展机遇，文化产业蓬勃发展，传统文化与现代文化相互交融，形成了丰富多彩的文化景象。

4. 文化特色与传承

西南文化区的文化特色鲜明，主要体现在少数民族文化、宗教文化和传统手工艺等方面。西藏的藏族文化、云南的纳西族东巴文化、贵州的苗族和侗族文化、四川的巴蜀文化等，都是西南文化区的重要组成部分。这些文化通过节庆活动、民俗仪式和手工艺品等形式得到传承和发扬，成为西南文化区的重要文化资源。

西南地区地形复杂，每个地理单元都是一个内部趋同而与外部不尽相同的生境，这种地理环境孕育出许多个各具特色的民族，培育出各种适得其所的社会经济类型，也因此创造出了异彩纷呈的多元文化。各个地理单元之间交通不便，在客观上又有利于各种文化的独立发展和保存。西南地区历史上一直是中原王朝势力控制很弱的地区，政区疆域整合的时间比较晚，中原文化的进入以及对本土文化的同化规模较小，而且移民的来源也是四面八方。以上这些因素都有助于西南地区的文化呈现并保持多元的特点。

总的来说，西南文化区的文明进程体现了多民族、多文化的交融与发展。复杂的地理环境和多样的民族构成，使得这一地区在中国文化版图中占据了独特的地位，其丰富的文化遗产不仅是中国文化的重要组成部分，也是世界文化的宝贵财富。

5.6.3 典型案例——都江堰市

都江堰市位于四川省成都市西北部，以都江堰水利工程闻名于世。作为中国古代最伟大的水利工程之一，都江堰不仅具有重要的历史价值，也在当地的经济、社会和文化发展中发挥了重要作用，于 2000 年列入世界遗产名录，是全世界至今为止年代最久、唯一留存、以无坝引水为特征的宏大水利工程。两千多年来，它一直发挥着防洪灌溉作用，使成都平原成为沃野千里的天府之国。

1. 地理位置与环境

都江堰市地处岷江河畔，依山傍水，地势高低错落。市境地势西北高、东南低，由西北向东南倾斜，山地、高原、丘陵、平原四种地形单元呈阶梯分布，形成"六山一水三分田"的扇形立体地貌。这种地形地貌为都江堰市的水利工程和农业发展提供了独特的自然条件。

都江堰境内河流密布，水系发达，主要有岷江、府河、柏条河、走马河、江安河、沙沟河、黑石河、金马河八条河流。其中，岷江是长江上游的重要支流，都江堰水利工程巧妙地将岷江水引入成都平原，不仅解决了农田灌溉问题，还形成了优美的水乡风光。都江堰市拥有丰富的生态资源，市域内植被丰富，涵盖了多种珍稀植物和野生动物。同时，都江堰市还拥有众多的自然景观和人文景观，如青城山、都江堰水利工程等，这些景观不仅具有极高的观赏价值，也是生态旅游的宝贵资源（图 5-8、图 5-9）。

图 5-8　青城山鸟瞰
资料来源：徐连摄

图 5-9　青城山山门
资料来源：吴运杰摄

2. 建设发展历史

都江堰地区历史悠久，文化底蕴深厚。其历史可追溯至远古时期，是古蜀先民繁衍生息的重要场所。自秦代以来，都江堰一直是成都平原上的重要城市之一。在历史上，都江堰经历了多次变迁和发展。隋唐时期，都江堰成为了全国知名的灌溉工程和文化中心。宋代以后，随着农业生产的进一步发展和商业贸易的繁荣，都江堰逐渐成为了成都平原上的重要城市之一。都江堰凭借其悠久的历史、独特的文化和优美的自然风光，获得了众多荣誉称号。其中最为知名的包括"世界文化遗产地""世界灌溉工程遗产""全国重点文物保护单位""国家级风景名胜区"等。

随着历史的发展，都江堰市的城市规划和建设也经历了多次变迁。从古代的城墙和街道布局，到现代的城市规划和建设理念，都江堰的城市面貌不断发生变化（图 5-10）。在现代城市规划与建设中，都江堰注重传承历史文脉和保护自然生态，致力于打造宜居宜业宜游的现代化城市。

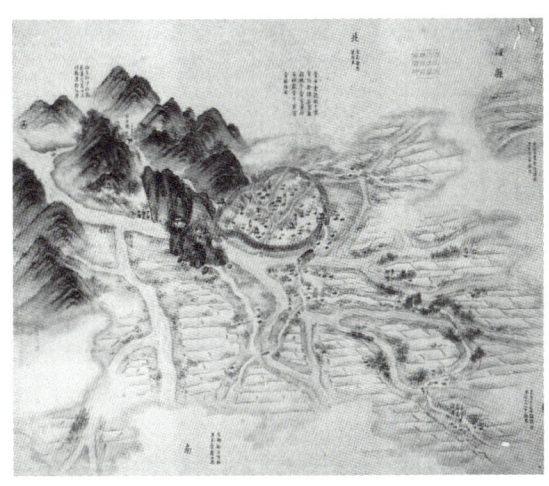

图 5-10　清代都江堰的城墙和街道布局
资料来源：四川大学. 清初四川通省山川形胜全图［M］. 成都：成都地图出版社，2021：9.

3. 建筑与城市规划

都江堰市的城市规划融合了古代与现代的特点，古城区保存完好，现代化建设也在有序推进。古城内的建筑多为传统的川西民居，青瓦白墙，木质结构，具有浓厚的地方特色（图5-11）。古城的街道依河而建，错落有致，形成了独特的城市风貌。

图5-11 位于古城区的城隍庙
资料来源：吴运杰摄

都江堰的城市结构以老城为核心，呈放射形扩展。其骨架主要由扇形扩展的城市道路与河道构成，这种结构在保持老城历史风貌的同时，也为城市的未来发展提供了广阔的空间。都江堰市依托自然山水格局构建了"西北生态山林，东南田园水网，一心一轴多点"的国土空间保护开发总体格局，同时通过滨水建筑界面与河道的不平行特征以及多条垂直通向滨水空间的小巷，进一步加强了城市空间的亲水特色。

4. 文化景观价值

都江堰根据江河出山口处特殊的地形、地势及水势，因势制宜，化弊为利，改变了旱灾洪涝交替出现的局面，在尊重自然基底的情况下，创造出与自然和谐共存的景观，体现出人类认识、利用和改造自然的智慧。

功能的持续演进是都江堰水系景观历经岁月更迭并持续发挥作用的核心动力机制。都江堰水系文化景观的主要功能涉及军事、防洪、航运、生产灌溉、生活与游憩等。

同时，青城山道教文化与政治文化的相互渗透形成了道教二郎神和李冰父子共庙祭祀的独特文化现象，由此衍生出二王庙和伏龙观等相应的祭祀场所（图5-12、图5-13）。除此之外，都江堰特有的岁修节日，如放水节等民俗节日，丰富和诠释了水文化的内涵。

图 5-12　二王庙
资料来源：吴运杰摄

图 5-13　伏龙观
图片来源：赵炜摄

5. 保护与传承

都江堰市在现代化进程中十分重视历史文化遗产的保护与传承，地方政府采取了一系列措施，保护和修复古建筑，规范旅游秩序，传承地方传统文化，通过举办各种文化活动，如都江堰放水节，弘扬李冰治水精神，增强公众对文化遗产的保护意识。

总之，都江堰市作为西南文化区的典型代表，展示了该地区深厚的历史文化底蕴和独特的地方特色。通过对都江堰市的分析，我们可以更全面地了解西南文化区的文明进程及其在中国文化中的重要地位。

5.7 典型文化区

5.7.1 草原文化

草原是我国最大的自然生态系统，在以自然环境和生态系统为主要特征的文化中，草原文化是比长江文化、黄河文化地域分布更广阔、生态功能更全面的文化，主要分布在我国的北方地区，是中华各区域文化中分布最广的区域文化。草原文化是草原地区的世代先民、部落和民族共同创造的一种与草原生态环境相适应的文化，是具有浓厚地域特征和民族特征的复合型文化[1]。草原先民在辽阔草原上过着"逐水草而居"的生活，形成了与游牧特征相匹配的生产生活方式和文化习俗。草原文化通过与中原文化长期碰撞、交流、吸收、融合，今天已经演变成为以内蒙古为主要集聚地、蒙古族文化为典型代表、历史悠久、特色鲜明、内涵丰富的文化体系。

1. 地理格局

草原地区的地形多样，包括高原、山地、丘陵和平原等。其中，高原和山地占据了比较大的比例，如内蒙古高原、青藏高原等，这些地区地势相对平坦，海拔较高，但起伏不大，有利于草原植被的生长和分布，也有利于畜牧业的发展。因此，与之相适应的游牧生产方式、生产工具、生活习俗等应运而生，具有鲜明的地域性和民族性，也是游牧文化的重要组成部分。

中国草原资源分布具有明显的地域空间格局和特征，可划分为内蒙古草原区、东北草原区、甘宁草原区、新疆草原区、青藏草原区五大区。

---

1. 呼日勒沙. 草原文化区域分布研究［M］. 呼和浩特：内蒙古教育出版社，2007：15.

2. 文明进程

1）草原文明的历史形成

草原文明的源头，一直可以追溯到旧石器时代。距今均70万年～1万年前的大窑遗址（位于内蒙古自治区首府呼和浩特东郊），是旧石器时代早期古人类打制石器的制造场。在鄂尔多斯高原萨拉乌苏河沿岸，以及呼伦贝尔满洲里市札赉诺尔，则发现了距今约5万年至1万年的旧石器时代晚期古人类的遗存。关于内蒙古早期文明的创造者——草原地区的古人类的人种问题，通过对札赉诺尔人头骨的分析，已经确认他们具有原始蒙古人种的体质特征，而且札赉诺尔人和发现于北京周口店的山顶洞人一样，都属于形成中的蒙古人种，两者都有人工改变头骨形状的习俗，并能制造较为复杂的工具，从事狩猎、采集、缝制皮衣等生产活动。

族群的交往促进了文明的发展。以苏秉琦先生为代表的考古工作者通过对内蒙古赤峰、辽西地区红山文化的探索与研究提出："红山文化在距今5 000年前就跨入了古国阶段，以祭坛、女神庙、积石冢群和成批成套的玉器为标志，反映原始公社氏族部落的发展已经达到基于公社又凌驾于公社之上的高一级组织形式。而与此同时的中原地区迄今还未能发现与红山文化坛、庙、冢和成套玉器相匹敌的文明遗迹"。

在辽阔的草原上，游牧人群大规模的迁徙和扩张则成为文化互动和基因交流的重要推手。铜石并用时代、青铜时代和早期铁器时代，欧亚大陆东西方多项重大的驯化物种、技术、产品和思想通过草原得以传播。这些马背上的通道为东西方打开地理、民族和文化视界，为绿洲"丝绸之路"的开通奠定了基础。游牧民族逐水草迁徙，马上骑射，既对中原农耕民族造成了冲击，又与农耕民族形成了相互依存、相互补充和相互促进的关系。

2）草原区域文化的形成

内蒙古地区的区域文化可追溯至族群文化，区域化是族群文化交融的产物。在这一从融合迈向区域特色鲜明的演变路径中，历代蒙古汗国对调控族群人口资源的配置模式起着关键作用，不仅守护了各族群原有的独特文化，还推动了不同时代族群文化的创新与发展。随后，清朝统治时期官方正式确立了族群文化与地域间的稳定关系，界定了不同族群文化的地理界线，这对区域文化的产生起了关键性作用。新中国成立以来，族群文化与地域之间的关系得以进一步巩固。因此，内蒙古草原文化区域分布特征，是历代北方草原民族历经数千年不断探索与适应的产物，是由于对自然环境、社会变迁的顺应而形成。

内蒙古地区大体可分为呼伦贝尔草原文化区、科尔沁草原文化区、锡林郭勒草原文化区、鄂尔多斯草原文化区、阿拉善草原文化区这五个草原文化区域[1]。

呼伦贝尔草原,被誉为游牧文明的摇篮与蒙古族历史的重要起源地,其草原辽阔无垠、自然风光秀美,享有"草原文化之源,马背民族摇篮"的盛誉。历史上,东胡、匈奴、鲜卑、室韦、契丹、女真、蒙古、达斡尔、鄂温克、鄂伦春等诸多民族共同创造了呼伦贝尔草原文化区。科尔沁草原,是蒙古族重要的聚居地之一,蒙古族的巴林部、喀喇沁部以及科尔沁部和土默特部等部落在特定的地理区域背景下,形成了以草原地区传统文化为主的地域文化区,具有多元复合的开放共融的特点。考古资料显示,这里经历了多次农牧文化的转化与交融,在 8 000 年前便有多种类型的原始农业文化出现,从兴隆洼文化再到赤峰敖汉旗分布较多的红山文化、赵宝沟文化和小河沿文化以及夏家店文化等。锡林郭勒地区的草原文化区是以蒙古族为主体的多民族聚居区,还有满族、回族以及鄂伦春族、鄂温克族、达斡尔族等三十余种少数民族。该地区也是蒙古族长调民歌,祭敖包、那达慕、搏克等民俗传承的地区,乌珠穆沁、苏尼特、察哈尔以及阿巴嘎等部落的传统文化独具锡林郭勒草原文化区的特征。鄂尔多斯草原文化区将鄂尔多斯草原、阴山山地草原、乌兰察布草原、巴彦淖尔草原等囊括在内,它自古以来就是众多民族共同活动的历史舞台。这里黄河文化与草原文化交相辉映,农耕文明与游牧文明碰撞融合,共同创造、培植了历史悠久、内容丰富的鄂尔多斯草原文化。阿拉善草原文化区相当于现行行政区划的阿拉善盟。阿拉善的文化融合了党项、汉族和回族等多民族的元素,形成了具有漠西蒙古特色的蒙古族文化,也有西北地区汉族和回族文化的交织。

3)草原聚落的形成与演变

受自然环境和民族文化影响,内蒙古传统的草原聚落与畜牧业生产方式相适应,呈"大分散、小集聚"的地域特征。随着游牧向定居的转变,草原聚落逐渐由分散走向集中,空间布局逐渐趋向于农业村落或城市社区特征。因草原地区相对封闭,政策性因素对于草原聚落生产模式和空间形态演化的影响较为明显。

游牧时期,牧民与牧群通过季节性迁移以达到"人–畜–草"的最大化平衡。草原是牧民主要的生产生活场所,蒙古包是居住建筑,居住空间规模小且形态单一。邻近游牧家庭互助合作完成搭建蒙古包、织毡帐、洗羊等生产活动,所建造的空间同时具备一定的抵御外界侵入和防护功能,此类聚居形式被称为"古列延"和"阿寅勒"。"古列延"意为"营",或"圈子",是古代蒙古帝国较为盛行的游牧集中聚居模式,可分为大小两类,大"古列延"是以部落或部落联盟为单位,以远征

---

1. 呼日勒沙.草原文化区域分布研究[M].呼和浩特:内蒙古教育出版社,2007:43-44.

和大型游牧活动为目的；小"古列延"是以氏族为单位，规模相对较小。游牧氏族或部落在不同营地间迁移和驻营时，以氏族或部落酋长的毡帐为中心，蒙古包与幌车从中心向四周层层展开安扎成环形场所，在草原上形成圆形驻营（图5-14）。"阿寅勒"出现于12世纪，是以生产力的发展和家庭私有制的成熟为前提，主要以家庭为基础单位进行生产生活，依靠邻近的血缘家庭实现生产生活中的互助合作的居住方式。"阿寅勒"是现代草原上嘎查（村）的原型。

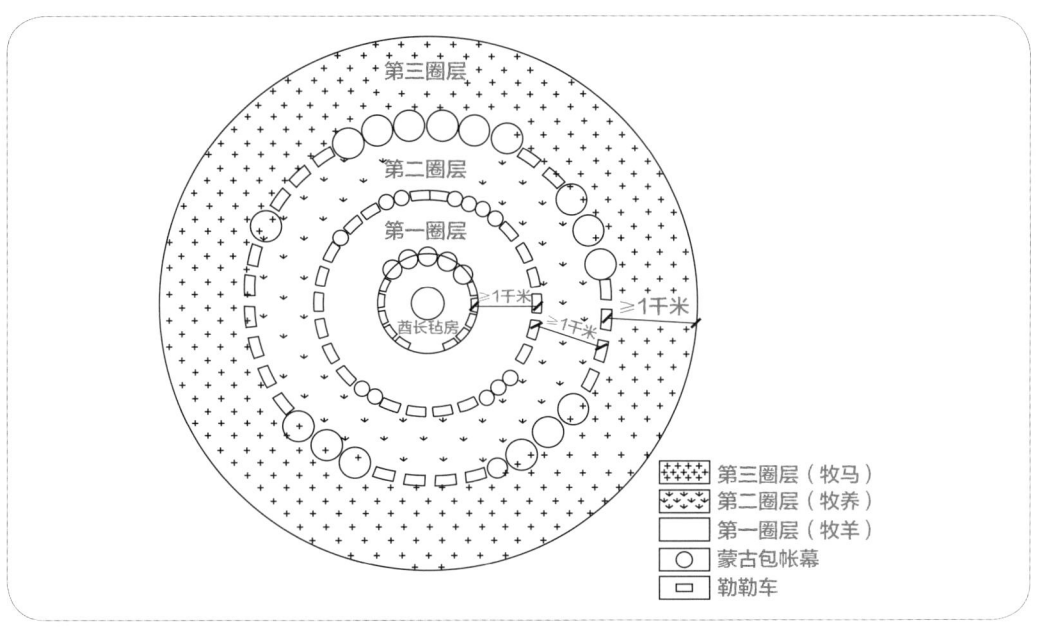

图5-14　古列延驻营方式（原型）
资料来源：刘兆和.蒙古民族毡庐文化［M］.北京：文物出版社，2008.（根据文献内容改绘）

政策指引下的游牧与定居相结合的半定居模式始于自治区成立初期。政府在部分有条件地区推广"定居游牧"，建设以老弱儿童为主的定居点，青壮年则延续传统的游牧方式。后又执行"划区轮牧"政策，以人民公社、生产队为基层单位组织生产，根据草原生产力和牧群的需要，将放牧场划分为若干区，规定放牧时间，按分区顺序放牧。"划区轮牧"政策配合着牧民定居、草场围栏等政策同时实施。此类定居政策在草原上形成了以家庭或嘎查为单位的小规模聚居点。

草原牧区实现定居定牧后，草场划分到户经营，有限面积的草场被划分为打草场和放牧场，大部分地区的游牧模式难以为继，部分牧民选择在自己的草场上建设固定住所，赶场、打草或某些经济生产活动均围绕自家草场开展，生活方式由游牧、半定居生活转为定居生活，草原聚落的空间布局形式则由"大分散、小集聚"向集中式发展（图5-15），牧民定居地区的聚落空间逐渐接近于农区村落，但人口密度相对较低，且布局分散（图5-16）。固定的聚落分布与网围栏的草场划分模式对于草原生态环境影响较大，草原群落物种组成单一、数量减少等退化现象较为明显，草原社会关系也随之发生了变化。

扫码读图

图5-15　锡林郭勒盟正镶白旗明安图镇
资料来源：作者自摄

扫码读图

图5-16　锡林郭勒盟正镶白旗乌宁巴图嘎查
资料来源：作者自摄

草原聚落蕴含着丰富的地域人文特质和传统根基，体现地方性建筑文化、民族文化、生产生活、风土人情和宗教观。从原始自然崇拜的重要祭祀载体"敖包"到住居形式"蒙古包"，再到传统聚落"古列延"，均体现了蒙古族崇尚"圆形"的美学特征，聚落空间分布灵活、形态特征鲜明，饱含牧民对自然的理解和生存智慧。从内蒙古草原聚落发展历程来看，游牧转农耕、游居到定居的过程中，社会经济制度和民族政策对草原聚居形态演化具有较大影响，体现出外生发展因素影响强于内生因素、聚落形态与生产生活方式契合度高的特征。

3. 典型案例：内蒙古草原城镇多伦诺尔

多伦又称"多伦诺尔"，蒙语意为"七个湖泊"，地处内蒙古自治区中部、锡林郭勒盟东南部，阴山北麓浑善达克沙地南端，位于滦河之源，背靠大草原，面向京津冀，是内蒙古自治区距离首都北京最近的一座草原边城，是中蒙俄万里茶道上的重要节点城市。多伦诺尔建于清初，"因庙而建""因商而兴"，历史上被誉为"塞外名镇""漠南商埠"，是内蒙古典型草原城镇的发展缩影（图5-17）。

扫码读图

历史建筑：善因寺

重要湖泊：多伦湖

历史建筑：汇宗寺

图5-17 多伦诺尔重要节点
资料来源：作者自摄

多伦县高原、山地为主的地形条件造就其独特的自然景观，总体地形四周高、中间低，由西南向东北逐渐低缓，形成半环形盆地，城市周边的山脉、自然景观资源、平原、湖泊和河流，形成了多伦诺尔与山水相互映衬的独特的自然地理景观。"七溪会盟"的多伦诺尔水资源富集，全县有47条河流、62个湖泊，虽然面积不足锡林郭勒盟的2%，但地表水却占到全盟的一半以上，森林资源丰富，被誉为"天然氧吧"。

多伦诺尔因庙而建、因商而兴，城市空间形态形成和演化受自然、经济、城市规划引导、政治等因素影响较大。"多伦会盟"是康熙边疆政策的重大举措，也是多伦诺尔肇建的因由。先后修建的汇宗寺和善因寺两大藏传佛教寺院，使多伦诺尔成为漠南蒙古草原地区的宗教中心，商贸活动随之蓬勃发展，其庙宇和街市分设于额尔腾河两岸（今小河子河），汇宗寺和善因寺在右岸，街市位于河的左岸，随着人口不断增加，街区逐渐扩展，多伦诺尔成为当时草原上最大的商贸城市。

清末以前，城市在现多伦诺尔东南的古城（买卖营子）聚集发展，城市呈不规则椭圆形，小河子河由南向北环城而过，城镇西北侧隔河与汇宗、善因两座寺庙相望，呈现"北庙南居"的空间格局，山水人文空间格局特征鲜明。1900—2000年，城市的行政、商务、商业等功能集中在北侧新组团，古城组团聚集了古时的商贸功能，2000年以后，城市跨越小河子河东西向发展，形成带状组团式结构。2011年后城区呈现古城、老城、工业园区倒"品"字型空间形态。进入新时代，多伦诺尔迎来历史性发展机遇，城市空间格局随着城市功能的改变而再次打破。如今，城市跨出古城，在北面小河子河以西的汇宗寺和善因寺周边聚集发展，空间格局呈现一南一北沿河双组团的布局模式。

5.7.2 齐鲁文化

齐、鲁本是周代时山东境内的两个封国，齐鲁文化指的是齐人和鲁人在各自的社会历史实践过程中所创造出来的物质财富和精神财富的总和。广义的齐鲁文化是泛指山东地域文化，狭义的齐鲁文化是专指先秦时期齐、鲁两国的文化[1]。从汉武帝确立"罢黜百家、独尊儒术"的地位至清末的两千余年中，齐、鲁文化融为一体，从主流文化逐渐上升为中华文明的核心文化，对中华文明的发展走向和文化特质的形成产生了深远影响。

1. 地理格局

齐鲁文化的特殊历史地位，绝非偶然形成，与其独特的地理环境是密不可分

---

1. 刘振清. 齐鲁文化：东方思想的摇篮［M］. 上海：上海远东出版社，1998.

的。在地理上，山东省位于中国东部沿海、黄河下游。境域包括半岛和内陆两部分，山东半岛突出于渤海、黄海之中，同辽东半岛隔海相望；内陆部分自北而南与河北、河南、安徽、江苏四省接壤。境内中部山地突起，西南、西北低洼平坦，东部缓丘起伏，形成以山地丘陵为骨架、平原湖泊交错环列其间的地形地貌。泰山雄踞中部为全省最高点，黄河三角洲为全省陆地最低处[1]。山东独特的地理格局不仅为先民生存活动提供了重要场所，更为齐鲁文化的形成提供了得天独厚的便利。黄河和泰山作为典型地理标志，一柔一刚刻画着齐鲁文化之道，共同守护着民族文明之魂；半岛和内陆蕴含丰富的自然资源，为齐鲁文化的繁荣奠定了深厚物质基础；古代中国的丝绸之路、京杭大运河等在这里交汇，使得齐鲁地区成为连接东西、贯穿南北的交通要道，为齐鲁文化的传播和交流提供了优厚条件[2]。

2. 文明进程

至少在四五十万年前，山东已有人类活动的足迹。到新石器时代，齐鲁先民便创造了灿烂的史前文化，而且主脉相承，至商周朝以前，自成"后李文化—北辛文化—大汶口文化—龙山文化—岳石文化"一条完整的考古学文化发展序列。从地域民族主体构成的角度出发，这一文化序列又可以被称为东夷文化，伏羲、蚩尤、后羿等都是这一文化的代表性人物，其与当时的华夏文化并行发展不断融合，从而建构了中华文化形成的主体源头。东夷文化中以大汶口文化和龙山文化的成果最为突出，比如在泰安大汶口出土的红陶器具及类文字符号与在济南龙山出土的蛋壳黑陶等。

周朝时，齐鲁两国作为诸侯封国的代表，在山东的土地上，各自结合本地的东夷文化和当时代表中央王权的、先进的周文化，发展出两种既有共性又有差异的文化类型，即是齐文化和鲁文化。一般认为，齐文化以东夷文化为主、周文化为辅，呈现出一种功利取向的文化。经济上，"通商工之业，便鱼盐之利"；政治上，"举贤而上功"；风俗上，"因其俗，简其礼"，主张宽松自由、兼容并包，表现出强烈的革新性、开放性和包容性。其代表性人物有姜尚、管仲、晏婴、邹衍等经世名家。鲁文化则以周文化为主、东夷文化为辅，表现为一种道德取向的文化。经济上，重视农业生产；政治上，"尊尊而亲亲"[3]；风俗上，采取"变其俗，革其礼"的方针，用周文化强行改造土著文化，强调重仁义、尊传统、尚伦理、贵人和。其代

---

1. 山东省地方史志编纂委员会.山东省志・自然地理志［M］.济南：山东人民出版社，1996.
2. 山东省历史地图集编纂委员会.山东省历史地图集：远古至清・自然［M］.济南：山东省地图出版社，2016.
3. 逄振镐.齐鲁文化研究［M］.济南：齐鲁书社，2010.

表性人物有伯禽、孔子、曾子和孟子等贤德名士，特别是孔子创立的儒学更是鲁文化、的智慧结晶。

秦汉以后，齐文化、鲁文化进一步融合，同时兼收并蓄其他地域文化的精华，以儒家文化为代表在长期的发展中逐步成为中华传统文化的核心文化。近代以来，齐鲁文化在时代转型中进一步提升，并与中国革命和现代化建设相结合，产生了沂蒙精神。沂蒙精神是齐鲁文化优良传统在新时代的具体体现，为丰富中国当代文化精神、增强文化自信作出了新的巨大贡献。

孕育齐鲁文化的地域在文化分区上又被称作海岱文化区，在漫长的文明发展中，诞生了许多同时代代表性的城邑。在大汶口文化晚期出现了"垣壕聚落"形式的日照尧王城；进入龙山文化时期，海岱地区的史前城邑进入繁荣期，大量城邑聚落的出现为"都—邑—聚"三级聚落体系的形成提供了基础。如济南城子崖，是龙山文化时期某一古国的都城，与周边党家乡、黄桑院、宁埠乡等几十个聚落共同形成了具备国家形态的三级聚落体系[1]。奴隶社会时期，齐、鲁两国的都城临淄和曲阜，是受齐文化和鲁文化作用的典型城邑，在规划布局上各具特色。封建社会时期，作为地区级政治文化中心的青州、济南和作为全国性商业中心的临清，在传统营城的体系里也留下了浓墨重彩的一笔。到了近代，青岛作为中西规划理念结合的产物，对今天的城市规划建设工作仍能提供许多借鉴。

3. 典型案例：齐临淄故城与鲁曲阜故城

1）齐临淄故城

西周初年，周王封姜太公于齐，都治营丘。公元前866年，齐胡公迁离营丘，定都薄姑。公元前859年，齐献公徙离薄姑，复都营丘，更名临淄。直至齐国被秦所灭，临淄前后作为齐国都城的历史可达600余年。悠久的历史孕育了辉煌的城市，临淄成为了战国时代最大的都市，也是当时东方重要的政治、经济、文化中心。

齐临淄故城东濒淄河，西依系水，呈两河夹一城的形制。临淄齐国故城由大小两城组成，小城套筑于大城西南隅，加城墙、城壕在内总面积达16.8平方公里[2]，是目前所知春秋战国时期规模最宏伟的古城。大城南北长约4.5公里，东西长约3.5公里，是官吏、平民及商人居住的郭城，城基宽30米左右。城的南边是官署的所在地，东北角以及西部是冶铜、冶铁、制骨、烧陶等手工业作坊区，其间还分布有

---

1. 许宏.先秦城邑考古[M].北京：西苑出版社，2017.
2. 刘海泉，肖庆浩.山东历史文化丛书：名城卷[M].北京：中国文史出版社，2023.

商业区。小城是宫城，位于大城的西南角，平面呈长方形，东西长1.5公里，南北长2公里，周长约7公里，城的北部是宫殿区，西部是苑囿区。目前考古钻探出故城十座城门，有十条道路与之相连，其中小城三条，大城七条。

临淄故城的格局与战国时流行的都城布局模式具有一致性，即是小城为国王贵族居住的宫城，大城为平民居住的郭城，但又区别于其他都城的宫城在郭城之内的格局。确实在营城早期，临淄故城只有大城没有小城，大城内部建有宫城，是典型的大小套城形式。到了战国时期，随着都城人口规模的增加和工商业的快速发展，原有宫城的位置已经难以适应当时的城市经济社会发展要求，于是齐国在大城西南郭拓建新宫城，随后发展为小城。

临淄齐国故城是"因天材、就地利"的营城典范，尤其注意处理与水的关系，城市内部功能布局更加务实。首先，在城市选址时，遵循"凡立国都，非于大山之下，必于广川之上。高毋近旱而水用足，下毋近水而沟防省"的原则，在依托淄河和系水在解决供水问题的同时，还通过人工建设进一步形成了城市的护城河体系和排水体系。据考古发现，齐国临淄故城建成了当时世界先进的排水道口。城中工商业发达，不仅有大量的工坊，还出现了商业街道的雏形，体现了管子注重经济务实发展的理念，并且没有拘泥于大小套城的传统都城模式，而是从实际出发形成大城和小城两个部分。这也体现了管子"因天材，就地利，故城郭不必中规矩，道路不必中准绳"的规划思想。

2）鲁曲阜故城

西周初期，周成王封周公旦长子伯禽于鲁，建都于曲阜故城。到鲁顷公二十四年（公元前255年），鲁亡于楚，历时790余年。鲁国曲阜故城是周王朝各诸侯国中沿用时间最长的都城之一。据考古发现，曲阜鲁国故城城垣始建于西周晚期，延续至战国晚期，留存的宫城始建于春秋晚期，于战国晚期被废弃。

鲁曲阜故城坐北朝南，平面呈带圆角的横长矩形，最宽处东西约3.7公里，南北约2.7公里，周长约11.8公里，面积约10平方公里。北、西两面城墙濒临洙水，随河身弯曲，以河为城壕，东、南两面凿人工城壕。城墙夯土筑成，基宽50米。考古发现残存城身最宽处36米，最高处10米。城内中部偏北有大规模的夯筑基址，是当时鲁国的宫城所在地[1]。宫城的东、西、北三面分布着大量铸铜、冶铁、制陶、制骨等作坊和住房的遗址。故城共有11座城门，东、西、北面各三门，南面两门，绝大部分门道宽10米左右，城内已发现10条主干道路，东西向和南北向各

---

1. 董鉴泓. 中国城市建设史［M］. 北京：中国建筑工业出版社，2004.

5条，其中自宫城前向南有一条大路直接穿过南面城门。

周公是兴周灭商、辅佐成王和创立周代礼乐制度的元老重臣，因此鲁国在周代诸侯国中具有特殊的地位，其等级和形态最接近《周礼·考工记》所载王城制度，为其他诸侯国所效法。第一，鲁国曲阜故城是已发现的最早采取外郭围护宫城的"回"字形布局的都城，城市布局尽管限于地形，形状不方正，道路间距不均等，但宫城高地居全城之中，反映出中国古代都城营建的"择中"理念。第二，东西北城墙各有三个城门，这与考工记中"旁三门"的记载也呈现较高一致性。第三，曲阜故城在营建时并非一成不变地执行《考工记》的要求，也结合当地实际情况作了对应调整，比如顺应河流地势城池形态并不方正，为工商业发展而在城内东、西、北三面布局大量的手工作坊等。

扩展阅读

[1] 赵济. 中国自然地理 [M]. 北京：高等教育出版社，1995.

[2] 李孝聪. 中国区域历史地理 [M]. 北京：北京大学出版社，2004.

[3] 邹逸麟. 中国历史地理概述 [M]. 上海：上海教育出版社，2005.

关键术语

文化区、文化区划、区域文化要素、华北文化区、华中文化区、华南文化区、西北文化区、西南文化区、草原文化、齐鲁文化

思考题

1. 什么是文化区？文化区的主要划分原则是什么？
2. 请简要分析我国文化地域空间差异的形成因素。
3. 请简述游牧时期草原聚落的聚居形式有哪些？
4. 请简述齐鲁文化、东夷文化、周文化的关系。

参考文献

[1] 赵济.中国自然地理[M].北京：高等教育出版社.1995.
[2] 张旭华.魏晋南北朝时期中原城市与聚落的变迁[J].东岳论丛,2018,39（3）：92-98.
[3] 张伟然.湖北历史文化地理研究[M].杭州：浙江古籍出版社.2021.
[4] 裴逸飞.徽州传统村落群研究[D].南京：东南大学,2021.
[5] 彭智谋.湘南汉族传统村落空间形态及构形特征解析研究[D].长沙：湖南大学,2022.
[6] 陆林,凌善金,焦华富.徽州村落[M].合肥：安徽人民出版社.2005.
[7] 廖天翔.恩施彭家寨聚落时空演进与形成机制研究[D].荆州：长江大学,2023.
[8] 廖天翔,陈慧.川盐古道彭家寨聚落时空演变研究[J].城市建筑,2023,20（7）：85-89.
[9] 王军.西北民居[M].北京：中国建筑工业出版社,2009.
[10] 阿尔斯朗·马木提.新疆维吾尔文化地理特征研究[J].干旱区资源与环境,2009,23（12）：36-42.
[11] 吴必虎,罗德胤,张晓虹,等.西北地区传统村落[M].深圳：海天出版社,2020.
[12] 严大椿.新疆民居[M].北京：中国建筑工业出版社,2018.
[13] 黄陵县地方志编纂委员会.黄陵县志[M].西安：西安地图出版社,1995.
[14] 尹秀梅.明清时期陵、邑关系影响下坊州古城空间格局演变研究[D].北京：北京林业大学,2021.
[15] 李靖靖.黄陵城市历史人居环境营建经验研究[D].西安：西安建筑科技大学,2022.
[16] 娜达罕.中国北方草原游牧民族建筑史[M].呼和浩特：内蒙古人民出版社,2020.
[17] 荣丽华,王强,郭丽霞,等.内蒙古乡村人居环境[M].上海：同济大学出版社,2021.
[18] 呼日勒沙.草原文化区域分布研究[M].呼和浩特：内蒙古教育出版社,2007.
[19] 刘兆和.蒙古民族毡庐文化[M].北京：文物出版社,2007.
[20] 刘振清.齐鲁文化：东方思想的摇篮[M].上海：上海远东出版社,1998.
[21] 山东省地方史志编纂委员会.山东省志·自然地理志[M]].济南：山东人民出版社,1996.
[22] 山东省历史地图集编纂委员会,山东省历史地图集：远古至清·自然[M].济南：山东省地图出版社,2016.
[23] 逄振镐.齐鲁文化研究[M].济南：齐鲁书社,2010.
[24] 许宏.先秦城邑考古[M].北京：西苑出版社,2017.
[25] 刘海泉,肖庆浩.山东历史文化丛书：名城卷[M].北京：中国文史出版社,2023.
[26] 董鉴泓.中国城市建设史[M].北京：中国建筑工业出版社,2004.
[27] 约翰斯顿.哲学与人文地理学[M].蔡运龙,江涛,译.北京：商务印书馆,2010.

第 6 章

文化遗产

■ **教学要求**

　　文化自信是一个国家、一个民族发展中最基本、最深沉、最持久的力量。中华大地孕育了一大批体现民族文化的活态遗产，这些是中华民族5 000多年灿烂文明的重要物证，蕴含着中华文明独特的思想观念、精神价值和创造力，是中华民族文化自信的根源。保护好、利用好、传承好这些文化遗产对于增强文化自信至关重要[1]。从近两三年国家层面密集性地印发若干关于历史文化保护的文件和意见来看，历史文化保护传承问题已上升到国家战略高度[2]。

　　本章首先从国际视野出发介绍世界遗产、文化遗产以及重要国际遗产保护文件的内容，然后阐述基于国际经验产生的中国特色文化遗产保护制度，最后分析数字技术赋能遗产保护的前沿热点。

　　本章要求学生学习了解文化遗产的相关概念，掌握文化遗产的分类、内涵及特性，熟悉国际文化遗产保护文件与中国特色文化遗产保护制度的基本内容，学习数字技术赋能遗产保护方法。

6.1　世界遗产

　　截至2024年，《保护世界文化和自然遗产公约》已经存在了52年。由于世界遗产项目的成功，相关的遗产保护实践知识体系也逐渐形成。中国是世界遗产最多的国家，截止2024年7月，我国共拥有世界遗产59项，其中文化遗产40项，自

---
1. 王凯. 新时期城乡历史文化保护传承体系构建探索［J］. 城市规划，2022，46（S2）：6-13.
2. 李百浩，李楠. 中国历史文化名城保护：演变脉络、规划问题及应对策略［J］. 城市与区域规划研究，2022，14（2）：1-19.

然遗产 15 项，文化与自然双遗产 4 项。

世界遗产大体可以分为文化遗产、自然遗产、自然文化双重合遗产三大类，进一步细化可以分为文化遗产、自然遗产、自然文化双重遗产、水下文化遗产、重要农业文化遗产、世界灌溉工程遗产、世界记忆文献遗产、工业遗产等。

6.1.1 文化遗产

近年来，随着中国社会各界对文化遗产保护的日益关注，文化遗产概念的不确定性问题日益凸显，为学界和实务界带来不少困惑，也在很大程度上对文化遗产保护事业造成制约和阻碍。以下内容将对文化遗产及相关概念进行比较与辨析，廓清文化遗产概念的内涵与外延，解读文化遗产的分类体系及其相互关系。

1. 文化遗产的内涵

1）文化遗产的内涵的由来

早期的世界遗产知识体系相对比较简单，文化遗产的类型以古迹、建筑群和遗址为主，并且早期的实践更关注遗产的保护。我们今天面临的旅游、可持续发展、管理、社会需求等问题，相对来说在当时并不迫切。随着人们对文化遗产的理解不断深化，遗产类型不断增多，文化景观、历史城市，线性遗产相继列入世界遗产名录，世界遗产的相关知识逐渐增多，发展也越来越趋于专业化和技术化[1]。

2）文化遗产的概念

文化遗产指的是人类社会发展历程中留存下来的具有历史、科学和艺术价值的文物和传统文化，也是市民集体记忆的表现和不可再生的文化资源。

2. 文化遗产的分类

文化遗产首先应该划分为物质文化遗产和非物质文化遗产，此外可以对文化遗产进行进一步细化分类，包含历史文物、历史建筑群、人类文化遗产。

历史文物： 从历史、艺术或科学角度看具有突出的普遍价值的建筑物、碑雕和碑画、具有考古性质的成分或结构、铭文、窟洞以及联合体。

历史建筑群： 从历史、艺术或科学角度看在建筑式样、空间分布或与环境景色结合方面具有突出的普遍价值的单立或连接的建筑群。

人类文化遗产： 从历史、审美、人种学或人类学角度看具有突出的普遍价值的

---

1. 杜晓帆，王一飞. 世界遗产的知识体系与学科建设初探［J］. 复旦学报（社会科学版），2023，65（6）：43-49.

人类工程或自然与人联合工程以及考古地址等地方。

3. 文化遗产的特性

文化遗产与自然遗产有所不同，更加强调过去之物在当下面新的建构。文化遗产与社会各个层面的关联程度更加密切，与文化遗产有关的知识和信息的传播更加引人注目，对文化遗产保护的社会参与也更加广泛。人们越来越清醒地认识到，文化遗产是人类健康生存和社会可持续发展的宝贵资源。保护文化遗产，保持文化多样性，归根到底，就是保护人类自己的生存环境，保护子孙后代的生存空间。因此，在文化遗产保护的内涵方面，应更加突出世代传承性和公众参与性[1]。

1）**世代传承性**

文化遗产保护的世代传承性特别强调，每一代人都应当为社会的发展与进步做出应有的贡献。这种贡献既有自身的文化创造，也包括将文化遗产传于子孙，泽被后世。因此，作为当代人，我们并不能因为现时的优势而有权独享，甚至随意处置祖先留下的文化遗产。我们不仅要为提高自己的生存质量而不遗余力地保护文化遗产，在传承和守望的同时适当地加以利用，而且要为子孙后代妥善保管这些珍贵的文化财富，传之久远，正如单霁翔先生所说的，要"子子孙孙永葆用"[2]。

2）**公众参与性**

文化遗产保护的公众参与性特别强调，文化遗产保护是广大民众的共同事业，每个人都有保护文化遗产的权利和义务。在科学民主的时代，尤其是进入知识经济时代后，文化遗产的保护理念和目标需要向社会和公众说明：文化遗产蕴含着丰富的学科内容，对其加以诠释，并非几个人或一些人可以胜任，需要吸纳众多交叉学科的专家学者、社会贤达和当地民众参与讨论，献计献策，才能达到更好的效果。

6.1.2 自然遗产

我国的世界自然遗产共计 15 处，包括九寨沟风景区、武陵源风景名胜区、黄龙景区、云南三江并流风景名胜区、四川大熊猫栖息地、中国南方喀斯特、巴丹吉林沙漠－沙山湖泊群等。

---

1. 孙刚. 论科学的文化遗产保护观［J］. 中国文物科学研究, 2009（3）: 1-6.
2. 单霁翔. 全球视野下中国文化遗产保护新发展［J］. 当代中国与世界, 2022（1）: 53-68.

1. 自然遗产的特性

1）自然遗产的内涵由来

在探讨"自然遗产"的基本概念时，我们通常会引用联合国教育、科学及文化组织（联合国教科文组织）大会第十七届会议于1972年11月16日在巴黎通过的《保护世界文化和自然遗产公约》（下文简称《世界遗产公约》）。这一公约对"自然遗产"作出了明确的定义，并被广泛接受和认可。

2）自然遗产的概念

《世界遗产公约》中对"自然遗产"给出了明确定义：从审美或科学角度看具有突出的普遍价值的由物质和生物结构或这类结构群组成的自然面貌；从科学或保护角度看具有突出的普遍价值的地质和自然地理结构以及明确划为受威胁的动物和植物生境区；从科学、保护或自然美角度看具有突出的普遍价值的天然名胜或明确划分的自然区域。

3）自然遗产的界定标准

根据《世界遗产公约》，自然遗产的界定标准可归纳为以下四条。

①构成代表地球演化史中重要阶段的突出例证，包括有生命的记录、在土地形式演变中重大的持续地质过程的记录，或重大的地貌或自然特征的记录；②表现陆地、淡水、海岸和海洋生态系统及动植物群落进化和演变中重大的持续的生态和生物过程的重要实证；③包含有绝佳的自然现象或是具有特别的自然美和美学重要性的区域；④包含有最重要和最有意义的自然栖息地，目的在于保护原有生物多样性和那些从科学和保护角度看具有显著世界级价值的濒危物种。

2. 自然遗产的分类

1）纵向分类

自然遗产纵向分为世界遗产、国家遗产和地方遗产三类。其中，世界遗产是指由国家向世界遗产委员会申报并被批准通过的自然遗产；国家遗产是指由地方政府向国家申报，被国家自然遗产委员会批准通过的自然遗产；地方遗产是指由地方政府自行对有保护价值的自然区域进行论证，并建设、加以保护的自然遗产[1]。

2）横向分类

自然遗产横向分为自然景观、生物物种、湿地、地质遗迹和古生物化石。

---

1. 卢学实，黄德林.关于自然遗产的概念及其几个相关问题的探讨[J].湖南环境生物职业技术学院学报，2006（3）：260-264.

3. 自然遗产的特性

1）不可再生性

自然遗产的不可再生性，主要体现在其独一无二且无法替代的特性上：一旦这些珍贵的遗产遭受破坏，它们将彻底消失，并且无法挽回，也就是说，人类目前的技术手段和方法还无法实现对自然遗产的完全恢复和重建。这一结论是基于自然遗产的定义和特性得出的，因为自然遗产是在没有人为干预的情况下自然形成的。因此，任何试图通过人力来恢复已遭破坏的自然遗产的想法和做法都是不切实际的。

2）价值性

自然遗产的价值性主要体现在生态平衡、科学研究、科学普及、自然美学以及旅游休闲等方面的重要作用和意义[1]。此外，自然遗产的不可再生性也从另一个方面决定了自然遗产的价值性。俗话说，"物以稀为贵"，讲的就是越是稀少、稀缺的东西就越是价值连城，自然遗产也是一样的。正是由于自然遗产是唯一的，而且不能再生，所以其价值无疑也是巨大的。更为重要的是，自然遗产的价值主要的并不在其经济价值，却在于其生态价值、科学价值、美学价值，然而就人类目前的技术发展水平和现状而言，对这些价值做出合理的、准确的估算和评价是不可能的，因此，自然遗产的价值性更多地表现为其价值的不可估量性。

3）原真性

原真性包括遗产的形式与设计，材料与物质，使用与功能，传统与技术，位置与环境，精神与感受。从实践的角度来说，自然遗产的真实性也往往于不经意间被破坏。例如，针对以生态系统保护为核心内容之一的自然遗产地，近年来被强调要谨慎对待外来物种的引进问题。我国云南滇池水葫芦的蔓延及其对水体造成的污染便是一个突出的例子。与此相对应的是，本地物种的缺失与恢复也已成为一个新的关注热点。比如，美国黄石国家公园，现已完成初期试验性地恢复灰狼在公园内的存在，借以恢复过去为保护农畜、消灭灰狼之前的自然生态系统。以上正反两个事例体现出当前自然遗产真实性问题存在的客观性，以及人类为恢复自然生态系统真实性（不人为增加，也不人为减少）所作的努力[2]。

4）完整性

"完整性"始见于自然遗产评价，指未经触动的原始条件，对自然景观与自然资

---

1. 晋曦.我国自然遗产保护的法律机制研究［D］.武汉：中国地质大学，2006.
2. 卢学实，黄德林.关于自然遗产的概念及其几个相关问题的探讨［J］.湖南环境生物职业技术学院学报，2006（3）：260-264.

源密切相关的周边空间范围内的环境内容不被随意增添或删减，具有完整性的价值内容。真实性与完整性的内涵是互有联系密切不可分的。真实性是核心，其精髓完整性是用来支持和强化真实性的。总之，自然遗产应具有自然资源应有的生态系统连续性和物种的真实性，又应具有与自然遗产密切相关的周边环境不发生更改的完整性。

6.1.3 自然文化双重遗产

《世界遗产公约》倡导对世界文化遗产和世界自然遗产进行国家保护和国际保护，当时，按照这一公约，世界遗产仅分为世界文化遗产和世界自然遗产两大类。1987年，联合国教科文组织自然遗产协会考察我国申报项目——泰山时，发现泰山不同于一般世界遗产项目的独特价值，即它不仅符合世界自然遗产的标准，也同时符合世界文化遗产的标准。可以说，泰山的申报丰富了世界遗产的内容，从此也改写了世界遗产的分类，即在以往世界文化遗产和世界自然遗产这两大类别之外，增加了"世界文化与自然双重遗产"这一新的品类[1]。

我国的世界文化与自然双遗产共计4处，包括泰山风景区、黄山风景区、武夷山和峨眉山－乐山大佛。

1. 自然文化双重遗产的内涵

1）自然文化双重遗产的内涵由来

文化遗产的产生和发展与其所在的自然环境密不可分。我国自古即有"天人合一"的思想，崇尚人与自然的和谐共处，风水堪舆之学盛行，许多名山大川更是人文胜景荟萃之处，形成了我国文化遗产与自然遗产相互交融的重要特性。

2）自然文化双重遗产的概念

世界遗产中，在历史、艺术或科学及审美、人种学、人类学方面有着世界意义的纪念文物、建筑物、遗迹等内涵的文化遗产，和在审美、科学、保存形态上特别具有世界价值的地形或生物，包括景观在内的地域等内容的自然遗产融合起来，构成的第三个类别的遗产，就是同时含有文化与自然两方面因素的文化与自然双重遗产[2]。

---

1. 单霁翔.全球视野下中国文化遗产保护新发展［J］.当代中国与世界，2022（1）：53-68.
2. 李世涛.关于"非物质文化遗产"概念的理解与规范问题［J］.学习与实践，2006（9）：134-141.

2. 自然文化双重遗产的特性

1）价值性

以我国为例，由于中国传统文化中对于自然的认识、对于人与自然关系的认识以及几千年来中华文明对自然的保护与合理利用，都蕴含着"天人合一"的哲学理念，"智者乐水，仁者乐山"的山水审美观将自然和文化紧密相连，因此，中国现有的双遗产都是历史上的文化名山、今日的风景名胜区，不仅自然和文化价值都很突出，而且呈现出自然与文化交相辉映的特征，体现出人与自然和谐相处的美好图景。峨眉山和武夷山，不仅发展出影响了中国乃至东亚的宗教和哲学文化，还同时保留有珍稀野生物种和栖息地，令人叹服于天人合一的魅力[1]。

2）与文化景观关联性

文化与自然的关系十分密切，事实上任何文化都不可能脱离自然环境而真空存在，也就是说，同一区域内的文化和自然都存在相互作用。比如墨西哥"玛雅古城和卡拉克穆尔热带保护森林"，隐藏在茂密森林中的卡拉克穆尔是玛雅文明古典时期最重要的城邦首都，2002年被列为文化遗产。2014年又因为加入城市周边的热带森林，满足自然遗产标准而成为双遗产。这里古城的选址、布局和建筑形式离不开周边森林的影响，而古城和人类也对森林生态产生影响，这种作用是相互的。

6.1.4 其他世界遗产

根据上述，世界遗产可以分为三大类，文化遗产、世界遗产与自然文化双重遗产。除此之外，还包含水下文化遗产、重要农业文化遗产、世界灌溉工程遗产、工业遗产等。

1. 水下文化遗产

水下文化遗产的定义过程，是伴随着水下技术的发展和人们对水下文化遗产的重视程度而逐渐形成的，大体经历了从"文化财产"到"文化遗产"再到"水下文化遗产"的过程。

提到水下文化遗产的定义便不得不提到联合国教科文组织1956年《关于适用于考古发掘的国际原则的建议》（以下简称《建议》），《建议》提出了关于"考古发掘"的定义，包括了成员国的内陆或领海及地层下进行的考古活动，水下文化遗产

---

1. 陈耀华，秦芳，陈远笛. 世界文化与自然双重遗产综述 [J]. 自然与文化遗产研究，2020，5（2）：64-73.

被纳入其中，这预示了水下文化遗产被重视的前景，具有十分重要的意义。1978年通过了《水下文化遗产报告》，这也是首次明确提出"水下文化遗产"的国际文件。

2001年联合国教科文组织《保护水下文化遗产公约》第1条规定了水下文化遗产的定义："水下文化遗产"系指至少100年来，周期性或连续地，部分或全部位于水下的具有文化、历史或考古价值的所有人类生存的遗迹。

2. 重要农业文化遗产

农业文化遗产的概念源自联合国粮农组织2002年启动的"全球重要农业文化遗产"项目。按照粮农组织的定义，全球重要农业文化遗产指的是"农村与其所处环境长期协同进化和动态适应下所形成的独特的土地利用系统和农业景观，这种系统与景观具有丰富的生物多样性，而且可以满足当地社会经济与文化发展的需要，有利于促进区域可持续发展。"

3. 世界灌溉工程遗产

2012年6月28日，在澳大利亚阿德莱德举行的国际灌排委员会国际执行理事会第63次会议上，高占义主席建议按照世界遗产的评选方法发起世界灌溉工程遗产（Heritage Irrigation Structures，2018年更名为World Heritage Irrigation Structures）的评选项目。2014年随着第一批世界灌溉工程遗产名录的面世，这一概念被正式提出。世界灌溉工程遗产应属以下类别之一：主要用于灌溉目的的大坝（如灌溉水槽等蓄水工程）、堰坝和其他引水结构、渠系统、古老的水车和桔槔、农业排水结构，以及与目前或过去农业用水管理活动在功能上有关的任何地点或构筑物。

4. 工业遗产

2003年7月由国际工业遗产保护协会（TICCIH）起草，最终由联合国教科文组织确认通过的《关于工业遗产的下塔吉尔宪章》中，对工业遗产的概念阐述如下："为工业活动而建造的建筑物、所运用的技术方法和工具，建筑物所处的城镇背景，以及其他各种有形和无形的现象。""工业遗产包括具有历史、技术、社会、建筑或科学价值的工业文化遗存。这些遗存包括建筑物和机械、车间、作坊、工厂、矿场、提炼加工场、仓库、能源产生转化利用地、运输和所有它的基础设施以及与工业有关的社会活动场所如住房、宗教场所、教育场所等。"

综上，工业遗产是指近代工业革命以来的工业文明遗存，它们具有历史的、科技的、社会的、建筑的或科学的价值。

6.2 文化遗产

文化遗产是历史留给人类的财富。从存在形态上分为物质文化遗产和非物质文化遗产。物质文化遗产是具有历史、艺术和科学价值的文物；非物质文化遗产是指各种以非物质形态存在的、与群众生活密切相关且世代相承的传统文化。本节主要介绍文化遗产的各种类型、起源、内涵、特征及相关理论。

6.2.1 非物质文化遗产

1. 非物质文化遗产内涵

非物质文化遗产（Intangible Cultural Heritage，简称"非遗"），与"物质文化遗产"相对。在中国，非物质文化遗产是指各族人民世代相传，并视为其文化遗产组成部分的各种传统文化表现形式，以及与传统文化表现形式相关的实物和场所。

2. 非物质文化遗产的分类

"非物质文化遗产"包括以下方面：一是口头传统和表现形式，包括作为非物质文化遗产媒介的语言；二是表演艺术；三是社会实践、仪式、节庆活动；四是有关自然界和宇宙的知识和实践；五是传统手工艺。

6.2.2 物质文化遗产

1. 物质文化遗产内涵

1）遗产内涵由来

最初与遗产相关的概念有古物（antiquity）、纪念物（monument）和遗产（heritage）三个。

15世纪意大利文艺复兴掀起了学者、收藏家、商人群体对古物（historic works 或 antiquities）历史价值和美学价值发掘的热潮，后逐渐转向为民族国家的古物（Antiquite's Aationalies）构建民族性格、国家意识。

在17世纪出现的遗产（heritage）一词指代祖先留下来的关于存在的物质和精神方面的状态和条件，1972年《世界遗产公约》提出文化遗产（Culture Heritage）概念将遗产的概念扩充。

欧美建成遗产概念的出现与丰富经历了一个长期铺垫和发展的过程：从建筑遗产（Architecture Heritage）到城市遗产（Urban Heritage），再到建成遗产（Build Heritage）。

2）物质文化遗产的概念

物质文化遗产（Material Cultural Heritage），又称"有形文化遗产"，与"非物质文化遗产"合称"文化遗产"。物质文化遗产包含文物、建筑群、文化遗址等不同形式。其中文物是人类在历史发展过程中遗留下来的遗物、遗迹，它是人类宝贵的历史文化遗产。它的基本特征是：第一，必须是由人类创造的，或者是与人类活动有关的；第二，必须是已经成为历史的过去，不可能再重新创造的。各个国家对文物的称谓并不一致，其所指涵义和范围也不尽相同，因而迄今尚未形成一个对文物共同确认的统一定义。

2. 物质文化遗产的分类

根据《遗产公约》对物质文化遗产的界定和规定，物质文化遗产包含以下三类。

1）文物

从历史、艺术或科学角度看，具有突出、普遍价值的建筑物、雕刻和绘画，具有考古意义的成分或结构，铭文、洞穴、住区及各类文物的综合体。

2）建筑群

从历史、艺术或科学角度看，因其建筑的形式、同一性及其在景观中的地位，具有突出、普遍价值的单独或相互联系的建筑群。

3）遗址

从历史、美学、人种学或人类学角度看，具有突出、普遍价值的人造工程或人与自然的共同杰作以及考古遗址地带。

3. 建筑遗产

1）建筑遗产的内涵

1978年5月22日，在莫斯科召开的国际古迹遗址理事会（ICOMOS）第五届大会上通过了《国际古迹遗址理事会章程》，该章程对建筑遗产（Architectural Heritage）的相关概念作了定义。

建筑遗产是指具有历史、文化、科技、社会等方面重要价值的建筑物和建筑群体。这些建筑物和建筑群体不仅仅代表了当地或者全球的建筑艺术和技术水平，也是人类文明的重要见证和载体。建筑遗产的保护与传承是我们对历史、文化、传统和人类智慧的尊重和保存，也是我们为未来世代留下珍贵财富的行为。建筑遗产的保护和传承需要政府、社会组织和个人共同努力，包括修复、保养、管理、宣传和开发利用等方面的工作。建筑遗产包含古迹/纪念物、建筑群、遗址/历史地段等类型。"纪念物""历史地段"及"建筑群"等词不应包括：①存放在古迹内的博物馆藏品；②博物馆保存的或考古、历史遗址博物馆展出的考古藏品；③露天博物馆。

2）建筑遗产的分类

（1）古迹/纪念物

"古迹/纪念物"一词应包括在历史、艺术、建筑、科学或人类学方面具有价值的一切建筑物（及其环境和有关固定陈设与内部所有之物）。这一定义包括古迹的雕刻与绘画、具有考古性质的物品或建筑物、题记、洞窟以及具有类似特征的一切综合物。

（2）建筑群

"建筑群"一词应包括无论城市还是乡村的单个或相连的一切建筑及其环境，这些建筑在环境中由于其建筑风格、同种类型或所处位置等原因而具有历史、艺术、科学、社会或人类学方面的价值。

（3）遗址/历史地段

"遗址/历史地段"一词应包括一切地貌的风景和地区、人工制品或自然与人工的合制品，包括在考古、历史、美学、人类学或人种学方面具有价值的历史公园与园林。

3）建筑遗产修复理论

（1）法国的保护理论

勒·杜克（Viellet-le-Duc）认为建筑遗产从外观到基本结构都应被修复到"属于它们自己的风格"，达到形式和艺术的完整性，实现风格式修复。

（2）英国的保护理论

拉斯金（John Ruskin）和莫里斯（William Morris）认为"宁可不采取任何措施，任其自生自灭，也好过任何随意的修复"。这并非置建筑的损毁于不顾，而是希望通过维持现状或有限度的保护而延缓建筑的消亡。

（3）意大利的保护理论

语言文献式修复：古迹是为了记录某种信息而修建，它本身就可以看成一种文献，可以分析、解读，而不应该篡改。

历史性修复：只有材料的原真性才能真实地反映历史，要理解古迹的历史和当时的文化。

科学性修复：兼顾古迹的历史价值和艺术价值，通过对干预措施的分类同时保护材料的真实性和"艺术生命力"的外表。

批判式修复：关注美学需求，如何用科学的方法重现原本的艺术价值，同时也要赋予古迹新的生命，可以采用创新的要素，以均衡的方式展现历史与现代两个层面。

4. 城市遗产
1）城市遗产的内涵
（1）城市遗产的内涵由来

1837年，法国创立历史性纪念物委员会，保护范畴包括古代遗迹、中世纪宗教建筑和宫殿建筑三大类别。

意大利的建筑师和古迹修复师乔万诺尼（Gustavo Giovannoni）发明的"城市遗产"（Urban Heritage）这一概念，使"次要建筑"（Minor Architecture）走入研究视野，从此开启城市遗产保护的新领域。

2004年，欧洲委员会提出了《通过城镇内部的积极整合实现城市历史地区可持续发展》报告。报告指出了两种文化遗产：第一类为评定后登录、指定和挂牌保护地；第二类为扩展的遗产，包括景观、城镇风貌、生活场所，以及一般的建筑群。

2011年，UNESCO通过的《关于历史性城镇景观的建议书》，将历史性城市景观（HUL）方法，在更广阔的城市背景范围应用，以景观方法去识别、保护和管理历史地区。

（2）城市遗产的概念

城市遗产是城市中所有具有保护价值的历史留存的总和。"遗产"一词具有法律性的意义，将"遗产"一词纳入法律范畴的目的是保护。当我们认为传统建筑、历史建筑、历史街区、历史街坊、历史空间、历史场所、历史地段等历史留存具有保护价值时，它们才被称作为"遗产"，我们需要为这些"遗产"制定保护的法律和法规。从"遗产"概念的法律角度来理解，在我国文化遗产保护的法律法规体系中，包括历史文化名城、历史文化街区、文物保护单位和历史建筑以及历史环境要素在内的历史留存都是城市遗产的组成部分。因此可以说，城市遗产在我国的文化遗产保护体系中早已存在，而且还在不断拓展其对象和内容[1]。

2）城市遗产的分类与保护体系

城市遗产相关的学术概念包含历史城市、历史城区、历史地段、历史中心、历

---

1. 周俭. 城市遗产及其保护体系研究——关于上海历史文化名城保护规划若干问题的思辨[J]. 上海城市规划，2016（3）：73-80.

史街区、历史空间、历史场所等。

从城市遗产的内容分析，城市遗产的构成体系包括层次和要素两个子体系。从城市遗产构成的纵向层次体系看包含了"历史城区—历史地段/历史中心—历史街区—历史街坊"四个具有层层涵盖关系的层次；从城市遗产构成的横向要素体系看，城市遗产要素则包括历史空间、历史场所和历史建筑三个在层次上相互平行的系统。把城市遗产的构成体系划分成层次和要素两个子体系对完善历史文化名城保护的科学体系、合理确定保护目标、保护范围、保护策略，具有关键性的意义。

5. 建成遗产

1）建成遗产的内涵

（1）建成遗产的内涵由来

1975年欧洲遗产大会上提出的《关于建筑遗产的欧洲宪章》（即《阿姆斯特丹宪章》）指出，建筑遗产不仅指品质超群的单体建筑及其周边环境，也指包括城镇或乡村的所有具有历史和文化意义的地区。1985年，欧洲理事会通过的《欧洲建筑遗产保护公约》（即《格拉纳达公约》）中，"建筑遗产"的概念被认为包括了以下三类永久性财产：纪念物、建筑群、地区。1999年ICOMOS第十二届大会上通过的《乡土建成遗产宪章》就采用了建成遗产的概念。20世纪末期之后出台的一系列遗产保护宪章与文件，更为广泛地扩大了建成遗产价值的内涵与外延。

（2）建成遗产的概念

2017年之前，虽然学界专家与学者已经对建筑遗产及其相关概念展开了一定的研究与工作建设，但由于遗产的内涵是复杂而多元的，因此还未梳理出明确的建成遗产概念。直到2017年4月，常青院士全面地对遗产蕴含的价值范式进行了总结，明确给出了"建成遗产"的定义，建成遗产是指以建造方式形成的文化遗产，由建筑遗产、城市遗产和景观遗产三大部分组成，该定义将内涵范围延展到了"历史环境"，广义上也可以将其内涵指向历史地理维度、原型意向和社会文化身份等非物质要素。建成遗产呈现出"物""境"与"人"的协同共生，注重空间本体环境和历史、文化、生活、社会等要素相互之间的关联。

2）建成遗产的特性

建成遗产最为显著的特点在于其价值性。建成遗产是过去与当下的桥梁，其价值内涵丰富而多元，不仅包含显而易见的历史价值、美学价值和科学价值，还蕴含着更深层次的经济价值、教育价值以及社会文化价值。

6. 文化景观遗产

1）文化景观遗产的内涵

（1）文化景观遗产的内涵由来

1992年10月，世界遗产中心会同国际古迹遗址理事会与世界自然保护联盟，在法国的拉贝第皮埃尔召开关于"将文化景观纳入《世界遗产名录》"的专题研讨会。这是文化景观遗产在迈向世界文化遗产的道路上具有重要意义的一次会议。1992年12月，在美国圣菲召开的第16届世界遗产委员会在会议上决定将具有突出普遍价值的文化景观遗产纳入《世界遗产名录》。至此，在《世界遗产公约》公布20年后，世界文化遗产的体系中增加了"文化景观遗产"这一新的类型[1]。

（2）文化景观遗产的概念

文化景观指人和自然多样互动形成的共同的景观，文化景观遗产代表着"自然与人类联合工程"，具有多种多样的形式，兼具文化遗产与自然遗产保护的要求与特性。

2）文化景观遗产的分类

（1）人类主动设计的景观

人类主动设计的景观包括庭园和公园等，美学和使用往往是其重要的建造追求，这些景观有时会和宗教或其他古迹关联。

（2）有机进化的景观

有机进化的景观，是人类社会、经济、管理、宗教作用形成的结果，是对其所在自然环境顺应和适应的结果。

（3）关联和联想的文化景观

关联和联想的文化景观，其重点在于自然元素在宗教、艺术和文化上的强烈联系，而文化上的物质实证退居到次要地位。

7. 区域文化遗产

1）区域文化遗产的内涵

区域文化遗产是指在分布区域范围内的具有整体性、统一性的文化遗产集合，典型代表有线性文化遗产和流域文化遗产等。

2）区域文化遗产的分类

（1）线性文化遗产

1995年，第19届世界遗产委员会常规会议上，文化线路（Cultural Routes）和

---

1. 单霁翔. 文化景观遗产的提出与国际共识（二）[J]. 建筑创作, 2009（7）: 184-191.

遗产廊道（Heritage Routes）出现在《保护世界文化和自然遗产公约实施指南》中，线性文化遗产由以上概念衍生而来。线性文化遗产是指在拥有特殊文化资源集合的线形或带状区域内的物质和非物质的文化遗产族群，往往出于人类的特定目的而形成一条重要的纽带，将一些原本不关联的城镇或村庄串联起来，构成链状的文化遗存状态，真实再现了历史上人类活动区域的移动，物质和非物质文化的交流互动，并赋予作为重要文化遗产载体的人文意义和文化内涵。中国典型的线性文化遗产类型有运河、茶马古道、古驿道、长城、丝绸之路、长征路线、铁路、藏彝走廊等[1]。

（2）文化线路

文化线路指一种陆路、水路或者混合类型的通道，展示了人类迁徙和交流相关的特定的文化现象，代表了一定历史时期国家或地区内部、国家或地区之间人的交往和文化的交流传播。

（3）遗产廊道

遗产廊道是发端于美国的一种区域化的遗产类型，是绿色通道发展和历史遗产保护区域化结合的产物，是拥有特殊文化资源集合的线性景观。

6.3 国际遗产保护文件

20世纪中叶以来，国际文化遗产的保护宪章、公约、决议和建议等国际文件为城市保护、遗产旅游和文化繁荣发挥了重要作用，在法规制度、政策措施和规划实践等方面均有值得参考的经验积累，同时也为我国的城市保护制度建设提供启发和灵感。本节通过梳理不同历史时期的国际遗产保护文件的背景、内容、影响和意义，展现文化遗产保护思想随时代发展的演变脉络。

6.3.1 20世纪60至70年代的国际文件

1.《国际古迹遗址保护及修复宪章（威尼斯宪章）》

1964年，第二届国际建筑师和历史建筑专家大会在威尼斯举行，会议通过了"国际文化纪念物与历史场所维护与修复宪章"（简称《威尼斯宪章》），并创立了国

---

1. 单霁翔. 大型线性文化遗产保护初论：突破与压力[J]. 南方文物，2006（3）：2-5.

际古迹遗址理事会（ICOMOS）。《威尼斯宪章》全面系统地对文物保护的认识、概念、指导思想和技术方法作出了比较细致的描述，为文物保护工作奠定了科学基础，是具有世界性文物保护划时代意义的里程碑。

1）思想

（1）文物是人类共同遗产，保护文物是人类的共同责任

《威尼斯宪章》是对《雅典宪章》的继承和发展，又摆脱了《雅典宪章》的羁绊。它不再局限于文物的民族国家属性，而是将对文物的认识提高到"人类价值的统一性"，将古代遗产看作是人类共同的遗产，为建立统一的文物保护原则和指导思想打下了基础。《威尼斯宪章》开篇就声明"世世代代人民的历史古迹，将饱含着过去岁月的信息留存至今，成为人们古老的见证"，人类应该认识到为后代保护这些古迹是我们共同的职责。《威尼斯宪章》中保护人类共同遗产的思想成为了后来的文化遗产核心思想。

（2）建立全新的文物古迹概念内涵，使保护文物向保护文化过渡成为可能

《威尼斯宪章》的第一条就是对历史古迹的定义："历史古迹不仅包括单个建筑，而且包括能够见证某种文明、某种意义的发展或某种历史事件的城市或乡村环境"。实际上《雅典宪章》已经提出"应注意对历史古迹周边地区的保护"，而这条要求在《威尼斯宪章》中得到了进一步的强化和明确。这一要求突破了文物的本体范围、向周围环境扩张延伸。建筑及其周边同时代的城市或乡村环境可以勾勒出当时社会的多个方面，包含了建筑背后的文化内涵，这表明文物的保护开始从保护文物走向保护文化。

（3）要以敬畏的心态对待文物，以审慎的科学方法保护文物

《威尼斯宪章》第九条强调："修复过程是一个高度专业性的工作，其目的是保存和展示古迹的美学与历史价值，并以尊重原始材料和确凿文献为依据。""任何不可避免的添加都必须与该建筑的构成有所区别，而且必须要有现代标记。"因此，保护文物是为了呈现文物背后的灿烂文化，而不只是文物本身；保护修复操作应尊重历史，尽可能减少介入程度；保护工作要遵循科学的指导思想，包括可识别性原则和可逆性原则。

2）地位

《威尼斯宪章》是文物保护历史上的里程碑，尽管它带有时代的烙印，存在某些局限，但不可否认它开启了文物保护的全新时期。它是一份重要的纲领性文件，所涉及的概念、范围和内容十分广泛，具有综合性、指导性和权威性。其核心基础是对历史古迹概念的定义，引导了其后文化遗产概念的发展；其中心内容是文物保

护，首次提出了"真实性"这一保护要求，只有通过保护文物的真实性和完整性才能真正做到保护。直到今天，《威尼斯宪章》的指导思想依然在传承中发挥着不朽的作用。

2.《保护世界文化和自然遗产公约》

《保护世界文化和自然遗产公约》（即《世界遗产公约》）是于1972年11月16日在联合国教科文组织（UNESCO）大会上通过，并在1972年11月23日签署的国际条约。

1）背景

《世界遗产公约》产生的直接原因之一是20世纪60年代的埃及阿斯旺大坝的国际救援行动。

1954年，埃及政府决定建造阿斯旺水坝，然而落成后的水库预计将会淹没尼罗河谷的大片区域，包括古埃及和古努比亚的文化宝藏。1959年埃及和苏丹政府请求联合国教科文组织协助他们保护和拯救濒临灭绝的古迹和遗址。1960年，联合国教科文组织发起了拯救努比亚古迹国际运动，促成了数百个遗址的挖掘和记录、数千件物品的恢复，并将几座重要寺庙搬迁到地势较高的位置，其中最为著名的是阿布辛拜勒神庙和菲莱神庙。该活动的成功促使联合国教科文组织、国际文化纪念物与历史场所委员会共同起草了这个关于文化遗产保护的公约草案。

2）内容

（1）对文化遗产和自然遗产的定义

根据《世界遗产公约》，文化遗产包括文物、建筑群和遗址。其中，文物指的是从历史、艺术或科学角度看具有突出的普遍价值的建筑物、碑雕和碑画、具有考古性质成分或结构、铭文、窟洞以及联合体；建筑群是指从历史、艺术或科学角度看在建筑式样、空间分布或与环境景色结合方面具有突出的普遍价值的单立或连接的建筑群；遗址指的是从历史、审美、人种学或人类学角度看具有突出的普遍价值的人类工程或自然与人联合工程，以及考古地址等地方。

自然遗产则包括从审美或科学角度看，具有突出的普遍价值的由物质和生物结构或这类结构群组成的自然面貌；从科学或保护角度看，具有突出的普遍价值的地质和自然地理结构以及明确划为受威胁的动物和植物生境区；从科学、保护或自然美角度看，具有突出的普遍价值的天然名胜或明确划分的自然区域。

（2）明确缔约国政府的责任

《世界遗产公约》确立了缔约国政府对"本国领土内的文化和自然遗产的确定、

保护、保存、展出和遗传后代"的责任，并要求缔约国采取积极有效的措施，包括建立机构、发展研究、采取法律和财政措施。条文也强调尊重所在国主权，同时承认文化和自然遗产是世界遗产的一部分，要求国际社会合作予以保护。

（3）建立世界遗产目录并设立世界遗产委员会

1972年的UNESCO大会建立了世界遗产委员会，并规定委员会的职责和委员会成员国的任期；《世界遗产公约》要求委员会根据缔约国递交的清单建立《世界遗产目录》，并说明了该目录制定程序；此外，公约还详述了国际援助的条件和形式，援助仅限于已列入或可能列入《世界遗产目录》的财产，援助形式包括研究、提供专家和技术支持、培训工作人员、提供设备以及提供贷款和无偿补助金。

3.《关于历史地区的保护及其当代作用的建议》

1976年11月26日联合国教育、科学及文化组织大会第十九届会议于在内罗毕通过了《关于历史地区的保护及其当代作用的建议》（以下简称《内罗毕建议》），首次提出了"历史街区保护"的概念。《内罗毕建议》认为在扩展或现代化的借口之下的一系列拆除和不合理的重建工程正给历史遗产带来严重的损害，而历史地区是不可移动的遗产，其损坏即使不会导致经济损失，也会带来社会动乱。

历史地区及其环境应被视为不可替代的世界遗产的组成部分。每一历史地区及其周围环境应从整体上视为一个相互联系的统一体，其协调性及特性取决于它的各组成部分的联合，这些组成部分包括人类活动、建筑物、空间结构及周围环境。一切有效的组成部分，包括人类活动，无论多么微不足道，都对整体具有不可忽视的意义[1]。任何修复工程的进行应以科学原则为基础，同时还应注意建筑群的组合，包括建筑各个部分之间的联系与对比所产生的和谐与美感。

在现代城市化进程中，建筑物的规模和密度大量增加，历史地区除了遭受直接破坏的危险外，还面临一个危机：新开发的地区会毁坏邻近的历史地区的环境和特征。建筑师和城市规划者应谨慎行事，以确保古迹和历史地区的景色不遭到破坏，确保历史地区与当代生活和谐一致。此外，建筑技术和建筑形式的日益普遍化可能造成整个世界的环境单一化，而保护历史地区在维护和发展各国文化和社会价值中有突出的贡献，同时也有助于从建筑上丰富世界文化遗产。

---

1. 孟宪民. 遗产保护的价值（上）[J]. 中国文物科学研究，2007（1）：4-10.

4.《实施世界遗产公约的操作指南》

《实施世界遗产公约操作指南》（以下简称《操作指南》）于1977年在第一届世界遗产大会上通过。它综合科学系统的理论基础，运用高度概括的语言，成功地从无到有建立了一套严密、完整并有着极强操作性和全球适应性的世界遗产实施体系。考虑到世界各地社会经济和文化背景的巨大差异，以及遗产种类、形式的多样性，应该有一本指南来规范和指导相关工作，该文件详细、明确地规定了建立和管理《世界遗产名录》《濒危世界遗产名录》以及通过世界遗产基金提供国际援助的标准和程序，成为全球世界遗产工作中最权威的指导文件。

《操作指南》旨在促进《世界遗产公约》的实施，并具体为开展下列工作设置相应程序：将遗产列入《世界遗产名录》和《濒危世界遗产名录》、世界遗产的保护和保存、世界遗产基金项下提供的国际援助、调动国家和国际力量为《世界遗产公约》提供支持。《操作指南》是不断演进的有生命的文件。随着社会大环境的变化，它在诞生后的50多年间不断吸取最新的概念、知识和经验，根据需要一再修订，日渐成熟和完善。其最新版本是2023年世界遗产大会后公布的版本。

6.3.2 20世纪80至90年代的国际文件

1.《保护历史城镇与城区宪章》

1987年10月，国际古迹遗址理事会第八届全体大会在华盛顿举办，并通过了《保护历史城镇与城区宪章》（以下简称《华盛顿宪章》）。此宪章是在遵循1976年联合国教科文组织的《内罗毕建议》的基础上，针对历史城镇与城区的保护问题而提出的，是对《内罗毕建议》的补充，也是对当时历史城市和历史地区的保护工作经验的全面总结。

《华盛顿宪章》在《内罗毕建议》提出"历史地区"概念的基础上，进一步明确了"历史城市"（Historic Towns）这一概念，把"整体保护"的概念加以扩大和提升，明确提出"不论是逐渐自发形成的还是精心创造出来的，所有的城市都是社会的多样性在历史中的表达，具有人类记忆的见证者和物质载体这一基本属性"。"整体保护"的概念主要体现为以下三点要求。

为了更加卓有成效，对历史城镇和其他历史城区的保护应成为经济与社会发展政策的完整组成部分，并应当列入各级城市和地区规划。

应该保护的特性包括历史城镇和城区的特征，以及表明这种特征的一切物质和精神的组成部分，特别是：由地段和街道构成的城市形态、建筑与绿地和空地之间的关系、建筑物的内外风貌（包含规模、大小、风格、材料、色彩、装饰等）、城镇和城区与周围环境的关系（包含自然环境与人工环境），以及这些要素对整个城镇和城区的长期影响与作用。任何危及上述特性的威胁，都将损害历史城镇和城区的真实性。

历史城镇和城区的保护首先考虑其周围的居民。居民的参与对保护计划的成功起着重大的作用，应鼓励居民参与。此外，保护的方法应该系统、严谨，考虑城镇的特点，避免僵化。

2.《奈良真实性文件》

《奈良真实性文件》（以下简称《奈良文件》）由国际古迹遗址理事会（ICOMOS）于第16届世界遗产委员会（会议）上提出，是为修正1964年《威尼斯宪章》中对文化遗产的价值与真实性之定义，以达成更广泛、客观的遗产评估，应对迅速增长的文化遗产议题。

最早各参与国的初衷，无非希望扩大真实性的涵盖范围，尤其对日本来说，对神社、城池等木建文化遗产进行工程修复的行为合法化乃是当务之急。出乎意料的是，各国通过该会议达成的共识，除"真实性是定义、评估和监测文化遗产的基本要素"外，更体认到"真实性"一词的概念和应用实际上因文化而异。因此，在评估特定文化遗产的真实性时，应考量其潜在的文化时空背景。《奈良文件》不仅为真实性分析提供了更广泛的技术框架，同时也澄清了许多长期存在的对真实性的迷思，对往后文化遗产保护的决策起了突破性的帮助。

6.3.3　21世纪以来的国际文件

1.《关于工业遗产的下塔吉尔宪章》

世界工业遗产保护委员会（TICCIH）成立于1978年，是保护工业遗产的世界组织，也是国际古迹遗址理事会（ICOMOS）工业遗产保护的专门顾问机构。它成立之后的第三十五年，世界上第一部关于工业遗产的国际宪章《关于工业遗产的下塔吉尔宪章》诞生，该宪章由TICCIH起草，并提交ICOMOS认可，由联合国教科文组织（UNESCO）最终批准。

工业遗产作为文化遗产的一部分，《关于工业遗产的下塔吉尔宪章》秉承《威尼斯宪章》保护遗产原真性和完整性的精神，引入工业遗产的定义、价值、鉴定、记录和研究的重要性、法定保护、维护和保护、教育与培训、陈述与解释等方面的概念和方法。宪章认同工业对人类具有重要影响的历史时期始于18世纪下半叶的工业革命，此后人类创造的在艺术、科技和历史方面最具有代表意义的遗产，也以工业遗产为主，所以虽然工业革命以前人类也从事手工业或者简单机械生产，但该宪章更关注工业革命之后的产业发展和工业遗产。

《关于工业遗产的下塔吉尔宪章》界定了工业遗产的概念，同时明确了工业遗产的价值，主要有以下四项。

工业遗产是工业活动的见证，这些活动一直对后世产生着深远的影响。保护工业遗产的动机在于这些历史证据的普遍价值，而不仅仅是那些独特遗址的唯一性。

工业遗产作为普通人们生活记录的一部分，提供了重要的可识别性感受，因而具有社会价值。工业遗产在生产、工程、建筑方面具有技术和科学的价值，也可能因其建筑设计和规划方面的品质而具有重要的美学价值。

这些价值是工业遗址本身、建筑物、构件、机器和装置所固有的，它存在于工业景观中，存在于成文档案中，也存在于一些无形记录，如人的记忆与习俗中。

特殊生产过程的残存、遗址的类型或景观，由此产生的稀缺性增加了其特别的价值，应当被慎重地评价，尤其是早期和最先出现的例子更具有特殊的价值。

2.《西安宣言》

2005年10月17日至21日，国际古迹遗址理事会（ICOMOS）第15届大会在中国西安召开，并通过了一份关于保护文化遗产环境的《西安宣言》，将环境对于遗产和古迹的重要性提升到一个新的高度。其目标是制定一份简洁有效的文本，强调古迹遗址及其他遗产环境和背景的重要性，确保从视觉、物理或审美角度或在无形文化方面给予合理的关注与掌控。《西安宣言》仅阐释原则，而不是描述完备的实施细则，因此可在此基础上通过国家及地方工具制定具体措施。

《西安宣言》强调，有必要采取适当措施应对由于生活方式、农业、发展、旅游或大规模天灾人祸所造成的城市、景观和遗产线路急剧或累积的改变；有必要承认、保护和延续遗产建筑物或遗址及其周边环境的有意义的存在，以减少上述进程对文化遗产的真实性、意义、价值、整体性和多样性所构成的威胁。

《西安宣言》标志着文化遗产保护事业在理念和理论上迈入了历史新阶段。它系统地宣告，遗产周边环境是其完整价值中不可缺少的组成部分，必须动员全社会、多学科的力量，周详、细致、深刻地解读、认证和欣赏遗产，尊重和爱护环境，严格谨慎地保护环境，尽可能充分地阐释环境，将遗产与其所处的传统环境一起完整地长久留存下去。

3.《维也纳备忘录》

2005年5月12日至14日在奥地利维也纳召开了关于"世界遗产与当代建筑—管理具有历史意义的城市景观"的国际会议，会议上讨论了一整套保护具有历史意义的城市景观的重要准则和方针，即《维也纳备忘录》，为之后联合国教科文组织拟定《关于保护城市历史景观的建议书》奠定了基础。

《维也纳备忘录》针对的是已经被列入《世界遗产名录》或正在申报中的具有历史意义的城市，以及那些在其城市范围内拥有世界遗产纪念性建筑和历史景观的大型城市。

城市历史景观指的是自然和生态环境中的所有建筑群、结构和空地（包括考古和古生物遗址），它们构成了城乡环境中的人类居住地。同时，城市历史景观还包含特定地点在社会和经济发展中的历史文化积淀。这一概念的提出反映了在一系列社会、经济和文化因素的内外作用下，人类社会和定居地的历史沿革，指明了社会中人类与自然环境及土地共存的关系，这就要求使用新的方法和途径在一定的地域背景下实施城市保护和发展。

《维也纳备忘录》重视有遗产意义的总体城市历史景观的现代化发展，其中城市历史景观的概念超越了诸如"历史中心""集合体"或"周围环境"等常被用在宪章和保护准则中的传统词汇，而是包含更广的地域和景观环境及历史文脉。

4.《关于保护城市历史景观的建议书》

2011年10月25日至11月10日，联合国教科文组织第36届大会在法国巴黎召开，会议通过了《关于保护城市历史景观的建议书》（HUL）。

HUL继承并进一步扩展了维也纳备忘录中提出的"历史性城市景观"概念。HUL认为历史性城市景观不仅是历史建筑、纪念物和城市布局的综合体，还包含了自然环境、社会文化、经济动态等更广泛的因素。HUL强调，历史性城市景观是一个动态的、复杂的系统，保护工作需要与现代城市发展的需求协调，并应用创新的管理和技术手段，形成综合保护和发展的框架，即"城市景观方法"。

城市历史景观方法旨在维持人类环境的质量，在承认其动态性质的同时提高城市空间的生产效用和可持续利用，以及促进社会和功能方面的多样性。该方法将城市遗产保护目标与社会和经济发展目标相结合。其核心在于维护城市环境与自然环境之间、今世后代的需要与历史遗产之间可持续的平衡关系。城市历史景观方法将文化多样性和创造力看作是促进人类发展、社会发展和经济发展的重要资产，它提供了一种手段，用于管理自然和社会方面的转变，确保当代干预行动与历史背景下的遗产和谐地结合在一起，并且考虑地区环境。

6.4 中国特色文化遗产保护制度

近代以来中国文化遗产保护制度的发展历程，经历了从最初的古迹、古物到文物保护单位、历史城市、历史城镇村、城乡历史文化的历史文化名城保护演变脉络，并有从名城名镇名村的重点保护扩展到一般城乡区域的全面保护的趋势。"城市是一个民族文化和情感记忆的载体，历史文化是城市魅力之关键。"全面保护振兴我们国家和人民的共同遗产，需要思想观念转变和制度机制创新。应以具有中国特色历史文化名城保护制度为基础，构建大保护格局，并形成与之相匹配完善的保护管理机制，保护历史文化遗产[1]。

6.4.1 微观层面：历史文化建筑的保护

1. 文物

1）定义及分类

在中国，文物通常指具有历史、艺术或科学价值的实物遗产。根据《中华人民共和国文物保护法》，文物可分为不可移动文物和可移动文物两大类。不可移动文物主要包括古建筑、石窟寺、壁画、古墓葬、古碑刻以及名胜古迹等；与此相对的可移动文物包括陶瓷、书画、硬币、铜器、玉器等。此外，文物也按照其历史价值、艺术价值、科学价值等级别进行分类，分为珍贵文物、重要文物等。

国家级文物保护单位指定了一批在历史、艺术和科学上有特殊意义的不可移动文物，这代表着中国文物保护的最高级别。

---

1. 张松. 欧洲遗产保护宪章及实践对中国城市保护的启示[J]. 城市规划学刊，2024（2）：64-70.

2）法规保护体系

中国的文物保护法规体系以《中华人民共和国文物保护法》为基础，辅之以《中华人民共和国文物保护法实施条例》等各项专门法规、部门规章以及地方性法规。《中华人民共和国文物保护法》规定了文物的保护范围、保护原则、保护措施以及法律责任，为文物保护提供了整体的法律框架。同时，对文物鉴定、出入境管理、盗窃及破坏文物的处罚等都依法有严格的规定。

3）管理与实践

文物管理体系在中国具有明确的行政级别划分：国家、省、市、县级文物管理部门，各级部门负责本行政区域内的文物管理和保护工作。国家文物局是最高级别的文物管理机关，负责全国文物工作的指导和管理；省级文物局负责组织实施省内的文物保护与管理；相应的市和县文物部门则负责各自行政区域内的文物保护工作。

实践中，管理部门贯彻文物保护法规，办理文物挖掘许可、文物修复审批、文物事故处理、违法案件查处等工作，同时组织文物普查、科学研究和展示教育活动，通过建立文物信息化管理系统以及开展文物保护宣传教育，确保文物管理工作的有序进行。

2. 文物保护建筑

1）识别和评级

在中国，对文物保护建筑的识别和评级遵循一套严格的国家标准和流程。这一流程通常由地方文物管理部门提出申报，并由专家进行考察评估。认定流程包括文献研究、实地调查、历史价值评估和艺术价值鉴定等方面。根据保护的紧迫性、代表性、稀缺性和科学性进行文物级别的评定，分为国家级、省级、地市县级。每一级别的文物保护建筑都享有相应级别的保护法规支持和资金投入。

国家级文物保护单位是指在全国范围内具有重要历史、艺术或科学价值的文物建筑，得到国家最高级别的保护和管理。省级、市、县级则根据各自区域内文物的重要性进行类似的认定。

2）保护与修复

文物保护建筑的保护与修复工作应严格遵循"保护为主、抢救第一、合理利用、加强管理"的原则。具体而言，保护与修复的工作应避免改变建筑的历史状况和艺术形式，修复材料和技术应尽量接近原有的材料性质和工艺技术，以确保原有文化信息的完整性。同时，应对文物进行定期的维护保养，修复工作应由专业团队执行，并接受文物管理部门的监管与审批。

3）监管与监测

对文物保护建筑的监管是一个系统的工作，包括法律法规的实施、常态化的监测体系，以及风险评估和突发事件的应急处理。这些工作主要由各级文物管理部门负责执行，保障文物保护建筑的管理工作的规范进行。

监管体系通常包括日常检查、定期维护、风险评估和隐患排查等。一方面，通过建立完善的信息记录和监测体系，利用现代化的技术手段，如环境监测仪器、结构健康监测系统等，对建筑的物理状态、环境条件进行长期跟踪；另一方面，制定详尽的风险管理计划和应急预案，对可能存在的风险进行评估和应对，确保文物的长期安全和稳定。

3. 历史建筑

1）**概念界定**

历史建筑通常指具有一定历史时期特征、在历史发展过程中具有一定地位和作用、反映了特定历史文化信息的建筑。其历史价值往往体现在建筑自身承载的历史事件、社会变迁、建筑艺术风格等方面。艺术价值则体现在建筑风格、装饰艺术、设计和工艺等方面。科学价值包括建筑、工程、材料科学以及环境适应性方面的价值，这些价值能为今天的建筑科学和城市规划提供参考和借鉴。

2）**保护措施**

针对历史建筑的保护措施需要综合考虑其结构、材料以及后期利用的可持续性，主要措施包括以下四个。

结构加固： 对历史建筑进行严格的结构安全评估，采用传统工艺或兼容现代技术加固建筑，增强其稳定性和耐用性。

功能改造： 在不损害建筑历史和文化价值的前提下，适度调整其功能以适应现代使用需求。

表面修复： 对建筑外观进行恢复性修复，使用相匹配的材料和工艺修缮受损的装饰和表面。

依法处理： 历史建筑的所有保护措施都应遵循相应的法律法规进行。

3）**保护策略**

合理的城市规划和管理对于历史建筑保护至关重要，规划中的保护策略应当包括以下四种。

历史环境融合： 历史建筑的保护应考虑其与周边环境的和谐统一。

法规配合： 建立和完善针对历史建筑保护的法律法规体系，为保护活动提供指导和支持。

定期检测与评估： 实施对历史建筑的定期检测和评估体系，及时发现和处理潜在问题。

公众参与： 鼓励和增强公众对历史建筑保护的意识，通过教育和参与活动让公众成为保护工作的参与者和受益者。

综合这些保护措施和策略，可以确保历史建筑在现代城市发展中得到妥善的保存，同时使之能够继续为公众及未来的城市发展服务。

6.4.2 中观层面：历史文化城区的保护

1. 历史地段

1）历史地段的识别

历史地段通常指拥有独特历史背景、文化传统、建筑风貌或历史事件的城市区域。这些地段常包含一组相互关联的建筑群体，反映了一个地区的发展历程、文化交融和社会变迁。识别历史地段的过程涉及多学科的专业评估，包括考古、历史学、建筑学和社会学等，以及对该地段在历史上的重要性和其对当地或国家历史所作贡献的评价。

历史地段的特殊意义在于它们是人类活动的直接见证，具有不可替代的教育、科学研究和旅游价值。因此，将它们保留下来对于后人了解过去、维持城市记忆以及塑造城市身份均具有重大意义。

2）保护规划

历史地段的保护规划首先要对其历史文化价值进行全面评估，确定保护的边界和级别，然后结合法规，如《中华人民共和国文物保护法》，和地方政策，制定出一套针对性的保护措施和规划指南。这些指南通常涉及建筑风貌控制、历史环境整治、交通管理、功能更新等方面，并需要得到相关行政部门的批准并进行公示。

保护规划的执行包括日常监管、定期检查和维护工作，确保历史地段的保护状况符合既定目标和标准。

3）利用与转型

对历史地段的合理开发与利用要平衡保护与保持现代活力的关系。利用策略应当在考虑保持历史面貌的同时，赋予这些区域新的功能和生命力。例如，一些建筑被改造为博物馆或艺术展览中心，既保留了原有的建筑特色，又为公众提供了文化服务。

包括民间资本在内的多方参与可以促进历史地段的繁荣，如通过开设特色商铺、文化餐饮和主题旅游来吸引游客。同时，需关注当地居民的生活质量，并确保发展规划对他们的生活和文化传统的影响降到最低。

2. 历史街区

1）历史街区的定义与价值

历史街区是指保留有一定时期特征、展现出历史发展痕迹的城市区域，这些区域通常包含了老建筑、历史道路、传统市场和其他与之相关的文化要素。历史街区的价值既体现在其建筑艺术和城市规划上，也体现在其承载的社会历史内涵、无形文化遗产以及居民的日常生活实践上。

历史街区通常是城市文化身份和历史记忆的重要载体，对教育、研究和旅游活动具有无可替代的作用。它们为现代城市提供了直接的历史对照，使得城市的发展获得文化的深度和多样性。

2）保护与改造

历史街区的保护和改造需充分考虑其历史价值，避免在城市更新过程中破坏街区的原始风貌和文化底蕴。保护策略一般包括：①维护传统建筑的原有风貌，限制不符合原风格的新建筑和外部装饰；②推广适应性再利用，即允许在不破坏原有结构的条件下，对老建筑进行功能性更新和改造，赋予新的商业或社会功能；③保持历史街道和空间布局的完整性，管理交通和商业活动，以维持历史街区的宁静和秩序。

适应性再利用不仅可以延续建筑的生命，同时也能使历史街区在经济上自我维持，增加其对当代城市的贡献。

3）社区参与

社区的参与对于历史街区的保护至关重要。居民和业主作为直接利益相关者，对历史街区有深厚的情感联系和生活记忆，其参与可以确保保护工作更具活力和可持续性。促进社区参与的策略包括：①提高居民对历史街区价值的认识，鼓励他们在保护活动中发声和参与决策；②通过工作坊、志愿活动和文化节活动，让社区居民直接参与街区的维护和文化活动；③实施激励措施和调解机制，让居民在经济利益和文化遗产保护之间找到平衡点。

社区参与不仅有助于保障历史街区的保护更符合实际需求，还能加强居民的社区认同感和归属感，激发社会各界对历史文化的兴趣和尊重，从而促进社区的和谐和街区的活力。这种参与对于文化遗产的宣传教育、社会整合和社区活动具有重要的社会意义。

3. 历史城区

1）概念解析

历史城区指的是拥有较为完整的历史城市格局、丰富的文化遗迹和历史风貌的城市区域。它包含了一定时间跨度内形成的街道路网、居民住宅、公共设施，以及宗教建筑等。历史城区作为城市文化遗产的重要组成部分，代表了城市的历史脉络和文化身份，是连接过去和未来的桥梁，对传承文化、维持社区认同以及延续城市记忆具有不可替代的作用。

2）保护政策和手段

历史城区的保护政策融合了国家和地方层面的法律法规，包括《中华人民共和国文物保护法》以及地区特定的文化遗产保护条例。这些政策和法律工具提供了对历史城区进行管理、维护和活化的法律依据和规范指导。

在管理模式上，各级政府通常设立专门的文化遗产部门，负责对历史城区实施日常管理和长期规划，并引导相关的保护与修复项目。此外，各级部门还采用科学的调查研究、规划设计、监督执行和社会公众参与等手段，形成立体化的保护管理体系。

3）案例及应用

分析中国或国际上历史城区保护和活化的成功案例，对于形成最佳保护实践和指导未来工作具有重要意义。例如，北京南锣鼓巷的保护利用，不仅重点保护了胡同的建筑风格和传统生活方式，同时引入文化旅游和商业活动，赋予了历史城区新的活力和功能；又如上海新天地的改造利用，成功将老厂房区转变为集休闲、商业和文化于一体的时尚生活区，同时保留了石库门建筑的历史风貌。

通过这些案例分析，可以看出，在历史城区的保护和修复中，需要平衡历史价值与现代需求、保守与创新，同时注重经济社会效益与文化传承的和谐共生。有效的历史城区保护不仅可以提升一个城市的文化内涵和竞争力，还可以为居民和游客创造富有魅力和价值的空间。

4. 历史文化名城、名镇、名村

截至2023年10月，我国共划定了142座国家历史文化名城、312个中国历史文化名镇、487个中国历史文化名村，并对其文化遗产进行了重点保护。

1）认定标准

历史文化名城、名镇、名村的认定标准是根据这些地区的历史渊源、保存的文化遗产、传统风貌、历史事件、著名人物以及对区域历史发展的影响等因素综合决定的。认定程序通常由地方政府提出申请，需要经过文物部门、专家学者的评审，最终由相关文化遗产保护行政部门审批并公布。这些标准和程序旨在确保被认定的地区在历史、文化上的真实性、唯一性和不可替代性。

2）规划与保护

针对历史文化名城、名镇、名村的规划与保护工作，不仅要依据相关的法律法规，还要兼顾每个地方的具体情况。保护措施可能包括建立保护区范围、实行严格的建筑控制和风貌保护、限制不符合历史风格的现代建设等。除了物质文化遗产的保护，无形文化遗产的传承也是规划中的重要内容，包括地方语言、民俗、节庆活动等。

这些地区需要一个综合性的规划，既能够有效地保护文化遗产，又能适应经济社会发展的需要，实现可持续的地方发展。

3）发展挑战

在现代化进程中，历史文化名城、名镇、名村面临着巨大的挑战，包括经济发展压力、生态环境保护、传统生活方式的消失以及居民身份的转变等。为应对这些挑战，地方政府和管理部门需要制定长期策略，在保护和活化文化遗产的同时，鼓励和引导可持续的地区经济发展。

解决方案可能包括制定适应性利用计划、加强社区参与、推广文化遗产教育、优化基础设施和公共服务，以及建立文化产业。这些措施旨在实现名城、名镇、名村的文化遗产保护与地区经济、社会发展的和谐统一。

5. 传统村落

1）传统村落的价值

传统村落不仅是一组历史长存的建筑群，而且是承载了世代居民日常生活、习俗和社会组织的活生生的社区。它们通常反映了一定地域内特有的地理环境、地方建筑特色与民间工艺。传统村落中的乡土建筑和农耕文化展现出传统的生产方式和生活方式，为研究地方历史、民族民俗提供了宝贵资料。

2）保护方针

中国中央政府和各级地方政府为传统村落的保护提供了一系列政策和方针支持。国家层面制定专项计划和立法，如《历史文化名城名镇名村保护条例》，对传统村落进行识别、评估和分类，并为其保护工作提供资金和法律支持。地方政府则根据各自的区域特色和需求，制定具体的实施细则和保护措施，涵盖了土地利用、建筑保护、环境整治和社区参与等方面。

政策执行重视的是因地制宜、循序渐进的原则，确保保护工作与地方发展计划相协调。

3）实施实例

在中国各地，成功的传统村落保护与发展实例层出不穷。例如，安徽西递、宏村通过恢复传统建筑、推广手工艺品制作，同时引入适度的旅游开发，使村落的古建筑得到妥善保护的同时又有了新的经济动力。江西篁岭村则通过发展农业旅游和文化体验产业，让游客体验传统的乡村生活，同时带动了当地的社会经济发展。

这些案例表明，传统村落的保护与发展需要协调历史保护、社会利益和经济发展三者间的关系。通过综合策略和精心规划，传统村落可以在保留其传统特色的同时，融入现代生活，成为活化的历史文化遗产。

6.4.3 宏观层面：历史文化区域的保护

1. 文化带

1）文化带概念及其意义

文化带是指串联一系列文化资源和遗产点的特定区域，这些文化资源和遗产点要么因地理位置的邻近性而被自然联系，要么通过人为规划得以有机连接。文化带可以跨越城乡、区域乃至国家，形成一个连续的、具有共同文化特征的综合性区域，从而能够加强地区内各文化遗产点之间的联系，促进文化交流，提升文化遗产的整体价值，并推动旅游和经济的可持续发展。

2）规划与建设

规划与建设一个成功的文化带需要深入分析其中包含的各个文化遗产点，以及这些点如何共同展现地区文化特色和历史特有的故事。文化带的规划需要考虑各遗产点的保护需求、可访问性、周边环境以及游客服务设施。此外，规划还应该包含对当地社区的利益、文化生活的促进，以及可持续的经济规划。

建设过程更需要注重环境保护，比如建立清晰的指示系统，提供丰富的解说内容，并设立合理的游览路线。通过综合运用科学的管理方法和智能化服务，文化带能成为连接历史与现代、传统与创新的活跃文化空间。

3）经验与挑战

世界各地的文化带建设都有成功的经验可以借鉴，如法国的卢瓦尔河谷文化带强调历史遗迹与自然风光的和谐，而美国的"自由之路"则通过串联历史地标讲述独立战争的故事。这些成功案例通常具备有远见的规划、良好的资源整合能力、高度的社区参与和持续的投资支持。

文化带建设面临的挑战包括如何有效保护与活化文化遗产，如何处理建设与保护的平衡，以及如何应对旅游发展带来的环境压力等。此外，确保文化带活动的经济可持续性，增强当地社区的参与度和收益，也是建设过程中需要解决的重要问题。

总而言之，文化带的建设不仅是一项文化遗产保护的工作，更是一项社会综合发展工程，需要多方面的智慧和努力。

2. 文化区

1）定义与分类

文化区是指在一定的地理空间范围内，集中体现特定文化特征、历史风貌、艺术价值和社会功能的区域。文化区通常由历史文化街区、文化遗产地点、艺术展演场所、文化企业等构成，并在一定程度上影响和促进周边区域的经济文化发展。与文化带不同，文化区通常在地理空间上更为集中，侧重点在于某个特定区域文化属性的深度挖掘与整合展示。

分类方面，文化区可以根据主导的文化内容（如历史文化区、艺术文化区、创意文化区等）划分，也可以基于运营管理模式等多重角度进行划分。

2）保护与管理

文化区的保护与管理需要围绕其独特的文化资源，制定专门的规划和策略。规划理念要求尊重历史遗迹的原真性和完整性，同时考虑现代社会的功能性需求；保护措施包括对重要文化建筑和空间进行合理维护与修复，保护区内非文化遗产元素的控制，以及文化遗产的传承。

3）创新与合作模式

文化区的发展充满创意与创新，许多地区通过结合当代艺术、科技、教育以及娱乐活动，赋予传统文化新的展现形式和传播方式。以北京的798艺术区为例，将废弃工厂改造成为现代艺术展览区，成为了集创意设计、艺术展览、商业休闲于一体的文化新地标。

此外，跨部门合作模式是文化区发展中的重要机制。政府机构、非政府组织、私营企业以及社区组织之间的合作，对集资、规划、管理和运营都起到了关键作用。通过有效的合作与管理，可推动文化区内外的良性互动，文化区真正成为城市文化充满活力的展示与交流平台。

6.5 数字技术赋能遗产保护

在大数据与人工智能普及的前提下，数字技术的引进赋能成为当前文化遗产保护的热潮与前沿。但是我国遗产数字化发展仍处在起步阶段，数字化成本高难度大、沉浸体验与展陈表现力不强、市场交易机制不健全等问题仍是文化遗产与数字技术实现纵深融合的主要瓶颈。总体上说，数字技术赋能文化遗产保护存在着机遇与挑战，本节主要从目前数字技术主要应用场景，即建筑遗产测绘、数字档案建立和平台管理使用三个方面展开介绍。

6.5.1 建筑遗产的测绘技术

1. 近景摄影测量技术

近景摄影测量（Close-range Photogrammetry）是利用对物距在几厘米到300米之间的目标物摄取的立体像对进行摄影测量的科学技术。

2. 倾斜数字航空摄影技术

倾斜摄影测量（Oblique Photogrammetry）是通过在同一飞行平台上搭载多台传感器，同时从一个垂直方向、四个倾斜角度共五个不同角度采集影像，获取建筑物顶面及侧视的高分辨率纹理，结合定位、融合、影像建模等技术生成三维模型，从而测定目标物形状、大小、表面纹理特征的科学技术。

3. 地面三维激光扫描技术

地面三维激光扫描技术（Terrestrial Three-Dimensional Laser Scanning Technology）是基于地面固定站的一种通过发射激光获取被测物体表面三维坐标、反射光强度等多种信息的非接触式主动测量技术。

4. 数字化测绘技术的选取

文化遗产的现状测绘是档案建设的重要工作之一，宜利用数字化技术手段提升测绘工作的效率与成果精度。以文物历史建筑为例，地面三维激光扫描技术、近景摄影测量适用于采集历史建筑高精度三维尺寸信息，成果为高精度的历史建筑三维模型与二维矢量测绘图。倾斜摄影测量与影像建模技术适用于采集历史建筑的外立面、屋面的三维尺寸、彩色纹理信息，成果为三维表面模型。

当历史建筑规模较小时，宜使用地面三维激光扫描技术、近景摄影测量技术等进行室内外与地空现状信息的完整采集。当历史建筑规模较大时，宜利用倾斜摄影测量技术完成建筑整体外立面的测量。历史建筑的核心价值要素（如与具体历史事件及人物相关的建筑空间、作为城市风貌标志的外立面及代表性装饰造型等）宜结合地面三维激光扫描技术进行重点测绘。当历史建筑由相互关联的多个建筑单体以及庭院、广场等附属环境要素共同组成时，宜使用倾斜摄影测量技术对建筑群的整体布局进行完整测绘，宜使用地面三维激光扫描技术、近景摄影测量技术对群体中的代表性建筑单体进行详细测绘。

6.5.2　遗产信息的数字建档

1. 数字档案内容

数字档案内容宜包括基础信息表、现状照片、地理坐标信息、建筑测绘资料、管理资料、历史文献资料、访谈资料及其他资料，各地宜根据自身保护管理需求制定本地的历史建筑数字档案内容条目。

2. 地理信息系统

地理信息系统（Geographic Information System，GIS）是在计算机软硬件支持下，把各种地理信息按照空间分布，以一定格式输入、存贮、检索、更新、显示、制图和综合分析的技术系统。地理信息技术主要运用于记录文化遗产的地理信息，在记录时一般采用实时动态测量技术获取历史建筑的具体地理坐标，并利用地理信息系统技术对接城市地形图与规划信息系统，实施历史建筑地理信息的统一管理。主管部门宜提供统一的城市地形图作为记录地理坐标地理信息系统文件，常用数据格式有SHP、DBF、SBN、SBX、SHX等。

3. 实时动态测量

实时动态测量（Real-Time Kinematic，RTK）是指全球卫星导航定位技术与数据通信技术相结合的载波相位实时动态差分定位技术，能够实时地提供测站点在指定坐标系中的三维定位结果，可以实现对建筑遗产的实施监测。

4. 建筑信息模型技术

建筑信息模型技术（Building Information Modeling，BIM）适用于建立历史建筑三维结构模型，集成各类建筑信息，实现历史建筑的精细化管理。

6.5.3　数字档案的管理使用

1. 数字平台功能

数字档案管理平台包含档案入库、存储、修改、查询、统计分析、数据输出、展示、权限管理等基本功能模块；满足文化遗产数字档案几何数据（包括矢量数据、栅格数据）和属性数据（包括文本表格数据、多媒体数据）的批量入库，文化遗产数字档案的修改与动态更新，文化遗产数字档案的条件检索与内容展示，文化遗产基础信息的分类统计，分析图表与空间分布图生成以及平台查询结果的导出、调用、分享、展示等需求。

2. 平台接口设计

数字档案管理平台应预留数据接口，对接其他管理功能模块及其他历史文化遗产管理平台，以实现文化遗产管理工作的信息化、平台化。平台接口设计宜高内聚、低耦合、可重复使用、可扩展，保证接口的通用性、灵活性，降低操作复杂度。

3. 数字信息共建

建立面向文化遗产所有权人、代管人、使用权人等保护责任人的数字档案共建共享机制，提供数字档案信息查询、调用服务，为文化遗产的维护保养、租赁活化等活动提供基础资料和保护指引。

4. 数字信息共享

发挥数字档案三维化、数字化的技术优势，以社会公众喜闻乐见的方式开展文化遗产保护工作的科普宣传，提升公众对文化遗产保护的认知度与参与度，鼓励公众积极参与文化遗产线索的发掘举荐与对历史建筑保护工作的日常监督。

搭建文化遗产专题网站、公众号、小程序、App等，拓展文化遗产保护工作的互联网数字化宣传及交流渠道。面向公众的数字宣传内容包括基于文化遗产数字档案资料制作的建筑信息查询、图文简介虚拟漫游、语音导览、三维模型展示等，亦可与专业网站合作向公众提供文化遗产地图导航、点评互动等服务。

6.5.4 文化遗产保护技术创新与实践应用

以作者团队的研究项目《中东铁路国家级历史文化名镇文化遗产保护技术创新与实践应用》为例。团队综合运用计算机技术、空间信息技术、数据库技术，辅助并优化城乡规划行业中的文化遗产保护专项规划编制技术，技术平台包括无人机遥测技术平台、SuperMap GIS 和 ArcGIS 的空间信息分析平台、Local Space Server 的数字化空间信息展示平台等。

1. 调研手段升级

规划调研方法相较于传统调研方式的创新点包括：使用无人机高空信息采集技术替代原有现场调研拍照、测绘等方法。主要成果包含正射影像图、倾斜摄影影像图、360 度全景等。

2. 三维模型构建与信息提取

该步骤主要是将采集到的影像数据，在 Context Capture 软件平台中进行空三（空中三角测量）运算后，生产出三维模型，利用该三维模型转制成空间分析所需要的 OSGB 格式的倾斜摄影数据、数字表面模型（DSM）以及数字正射影像（DOM），通过测绘内业平台的三维测图模块，将数字表面模型与数字正射影像进行叠置合成，制作出横道河子镇地形要素数据以及建筑现状分布的数字线图（DLG）。

数字化三维模型装载了大量的地理信息、地物信息、空间信息和属性信息。数字化三维模型在实景模拟目标对象的地物信息以及属性信息的基础上，为设计师提供了可用于辨识、测绘、设计的高精度 3D 数据。

扩展阅读

[1] 王凯. 新时期城乡历史文化保护传承体系构建探索 [J]. 城市规划，2022，46（S2）：6-13.

[2] 李百浩，李楠. 中国历史文化名城保护：演变脉络、规划问题及应对策略 [J]. 城市与区域规划研究，2022，14（2）：1-19.

关键术语

文化遗产、自然遗产、自然文化双遗产、建筑遗产、城市遗产、建成遗产、文化景观遗产、区域文化遗产、线性文化遗产、文化线路、遗产廊道

思考题

1. 请简述"文化遗产"的概念、分类及其特性。
2. 请简述文化遗产保护的真实性要素。
3. 请简述遗址类文化遗产展示的主要手段及其各自的内容和特点。
4. 什么是文化遗产保护学的文化景观价值，试举例说明。
5. 从文化遗产概念的角度，谈谈你对某些当代建筑申遗的看法。

参考文献

[1] 王凯.新时期城乡历史文化保护传承体系构建探索[J].城市规划，2022，46（S2）：6-13.
[2] 李百浩，李楠.中国历史文化名城保护：演变脉络、规划问题及应对策略[J].城市与区域规划研究，2022，14（2）：1-19.
[3] 王云霞.文化遗产的概念与分类探析[J].理论月刊，2010（11）：5-9.
[4] 杜晓帆，王一飞.世界遗产的知识体系与学科建设初探[J].复旦学报（社会科学版），2023，65（6）：43-49.
[5] 单霁翔.全球视野下中国文化遗产保护新发展[J].当代中国与世界，2022（1）：53-68.
[6] 陈耀华，秦芳，陈远笛.世界文化与自然双遗产综述[J].自然与文化遗产研究，2020，5（2）：64-73.
[7] 周俭.城市遗产及其保护体系研究——关于上海历史文化名城保护规划若干问题的思辨[J].上海城市规划，2016（3）：73-80.
[8] 单霁翔.文化景观遗产的提出与国际共识（二）[J].建筑创作，2009（7）：184-191.
[9] 单霁翔.大型线性文化遗产保护初论：突破与压力[J].南方文物，2006（3）：2-5.
[10] 孟宪民.遗产保护的价值（上）[J].中国文物科学研究，2007（1）：4-10.

第 7 章

城市与区域交通

■ **教学要求**

本章要求学生掌握交通工程学的基本概念、交通调查流程与方法、了解交通模型和交通信息化数据与应用;理解城市交通发展战略,掌握不同规模城市的客运交通系统功能定位的内容和原则;理解城市交通设施分级分类、交通设施空间分配的原则与标准,掌握城市交通系统分级分类的方法;理解交通系统与土地利用互动原理,掌握两者衔接的内容、原则和方法;理解交通系统协同衔接的重要性,掌握交通衔接的概念、内容、原则和方法;了解交通系统的发展方向。

交通运输是国民经济中基础性、先导性、战略性产业和重要的服务性行业,是可持续发展的重要支撑。新时代交通运输工作是中国现代化的开路先锋,在引领国土空间开发保护和区域协调发展中起到重要作用。交通系统是现代人居环境和国家经济社会发展的关键支撑系统,交通系统知识是建构国土空间规划知识图谱的必要知识单元。城市交通服务和保障城镇开发边界内人和物的可移动性,区域交通服务和保障区域重大战略、区域协调发展和乡村振兴,城市交通与区域交通共同构成了交通系统的知识单元。

7.1 交通调查与数据分析

7.1.1 交通工程的基本概念介绍

交通工程学是研究道路交通中人、车、路、环境之间的关系,探讨道路交通的规律,建立交通规划、设计、控制和管理的理论方法,以及有关设施、装备、法律和法规等，使道路交通更加安全、高效、快捷、舒适的一门技术科学。

1. 车速

车速是指行车速度，即车辆在单位时间内驶过的距离。行车速度主要有：地点车速、行驶车速、区间速度和设计车速。

1）地点车速

地点车速是车辆驶过某地点的瞬时速度。是交通控制设计和交通流理论研究的重要参数，可用雷达测速仪检测，是确定道路限制速度和设置交通标志的主要依据。同时可用于地点车速分布规律、速度发展趋势以及交通事故的分析。

2）行驶车速（技术速度）

车辆驶过某段路程的长度与行驶时间之比，即为行驶车速。行驶时间是指车辆通过路段所用的时间，不包括所有停车延误时间。在公共交通业务中，行驶车速又叫技术速度，常用于衡量道路服务水平和估算路段通行能力。

3）区间车速（行程车速、综合车速、运送速度）

车辆驶过某段路程的长度与所用的总时间（包括中途停车损失时间，但不包括客、货运车辆在起、终点的掉头时间）之比，即为区间车速。它与行驶车速一起，是评价道路行车通畅程度与估计行车延误的重要资料，在公共交通业务中又叫运送速度。

4）设计车速

设计车速是指在道路交通、天气良好的情况下，车辆仅受道路设计特点控制时所能保持的最大安全车速。它是设计道路线形尺寸的依据。

2. 道路通行能力

道路交通设施的通行能力是指在一定的道路、交通和管制条件下，每小时内通过车道道路中某一点或均匀断面的最大交通量。在进行通行能力分析的同时，需要进行运行质量分析，将道路规划、设计及交通管理等与运行质量联系起来，这样可以合理地使用道路工程资金和提高道路工程和汽车运输的综合经济效益。

1）理想通行能力

指的是在理想的道路、交通、管控和环境条件下，不论其服务水平如何，道路某一条车道或者断面一小时内通过最大的交通量。

2）设计通行能力

指的是在预测的道路、交通、管控和环境条件下，在选定的服务水平下，道路某一路段或者断面一小时内通过的最大交通量。

3）可能通行能力

指的是在预测的道路、交通、管控和环境条件下，不论其服务水平如何，道路某一条车道或者断面一小时内通过最大的交通量。

3. 设计小时交通量

设计小时交通量是确定公路等级、评价公路运行状态和服务水平的重要参数。设计小时交通量越小，公路的建设规模就越小。一般将全年所有的小时交通量从大到小按序排列，设计小时交通量一般为第 30 位最高小时。道路设计小时交通量用于确定车道数、交叉口选型及设计，交通信号及其他交通设施的设计等。

4. 道路服务水平

道路服务水平是对交通流运行状况质量标准描述，通常用速度、行程时间、驾驶自由度、交通中断、舒适等指标来描述。道路服务水平是交通流中车辆运行的以及驾驶员和乘客所感受的质量量度，亦即道路在某种交通条件下所提供运行服务的质量水平。

中国的公路交通服务水平分为六个等级[1]。

一级服务水平，交通流处于完全自由流状态。交通量小，速度高，行车密度小，驾驶员能自由地按照自己的意愿选择所需速度，行驶车辆不受或基本不受交通流中其他车辆的影响。

二级服务水平，交通流处于相对自由流的状态，驾驶员基本上可按照自己的意愿选择行驶速度，但是开始要注意交通流内有其他使用者，驾驶人员身心舒适水平很高。

三级服务水平，交通流状态处于稳定流的上半段，车辆间的相互影响变大，选择速度受到其他车辆的影响。

四级服务水平，交通流处于稳定流范围下限，但是车辆运行明显受到交通流内其他车辆的相互影响，速度和驾驶的自由度受到明显限制。

五级服务水平，为交通流拥堵流的上半段，是达到最大通行能力时的运行状态。

六级服务水平，是拥堵流的下半段，是通常意义上的强制流或阻塞流。

---

1. 张金水，张廷楷. 道路勘测与设计 [M]. 上海：同济大学出版社 .2015.

7.1.2 交通调查与交通分析模型

1. 交通调查

交通调查是分析城市交通现状与问题的必要途径，可以此为建立交通模型并预测交通需求、分析交通的供需平衡以及交通供需关系的发展趋势等提供基础数据。交通出行调查是制定科学合理的交通规划的基本前提和极其重要的环节，通常包括居民出行调查、城市道路交通调查、出入境道路交通调查、公共交通调查、出租车调查、货运调查、停车调查、交通生成源调查和流动人口出行调查等。

在技术流程上，交通调查一般分为调查规划、调查设计、调查实施、数据处理、数据分析五个阶段。在调查规划阶段根据交通分析模型的开发与修正要求、交通政策、交通规划方案制定与评价需求等确定一个新调查项目后，应收集整理所有调查相关背景信息，基于数据需求和可获取的数据资源设计调查整体架构，协调组织调查人力和调查资源，之后进入调查设计阶段。

调查设计阶段的主要工作内容包括：①整理调查相关背景信息；②考虑调查时间、费用等约束条件，选择适当的调查方法；③编排调查人员、资金、资料等需求计划；④确定调查抽样原则和调查对象；⑤确定调查内容并形成调查表格。

调查实施阶段的主要工作内容包括：①调查相关人员培训；②实施预调查或试调查来检验调查设计能否满足数据需求并进行必要的修正；③现场实施；④数据收集与审核。

数据处理阶段的主要工作内容包括：①数据编码与录入，对调查项进行数字赋值并录入计算机；②数据清洗，以保证所有数据是有用的；③编程与编译，将调查数据整理组织为易于分析的格式。

数据分析阶段应包括数据校验、统计分析并形成调查成果。调查成果应包括调查数据库、调查统计分析报告以及中间过程的主要技术文件。

2. 交通分析模型

交通分析模型是用以模拟交通系统各元素及其相互作用的数学模型。具体而言，交通分析模型以经济学、社会学、行为学、交通工程学等多种学科理论为基础，运用数理方法和计算机技术，揭示在一定时期、范围内交通供给、需求以及服务状态的内在关系，为政府进行交通系统投资、规划、建设、运行等各阶段决策和管理提供重要的定量支撑。

一个交通系统通常从以下三个方面定义：①相关的空间和供给特性；②相关的

交通需求各组成部分；③相关的时间维度。对应一个交通系统，交通分析模型可按建模性质和对象分为供给模型、需求模型和网络平衡模型。

供给模型用以模拟交通设施的性能、用户服务水平以及交通的主要外部效果（交通污染、能源消耗、交通事故等）。服务水平属性参数如出行时间和费用，作为交通供给模型的输入变量。供给模型通常采用交通流理论的结论来模拟单个交通设施的性能和拥堵效果。

需求模型用以将交通需求的各方面描述为活动系统及交通系统供应性能的函数。通常，交通需求模型被用于预测一定时期内的出行量（需求水平）、出行量在不同交通小区间的分布、出行量在不同交通方式及不同路径上的分布。在有些情形下，交通需求模型还包括预测一定时期内不同时间段上的交通需求。需求模型还可分为客运需求模型和货运需求模型。需求模型的理论依据通常为随机用户理论。

网络平衡模型用以模拟交通需求和路径流量在供给系统不同状态下的加载（即配流）。一方面，网络平衡模型可以计算路段流量，即在一定时期内道路上的车辆数（或用户数）。另一方面，路段流量会通过拥堵影响交通供给的性能，进而影响交通需求模型的输入参数。

交通分析模型的用途丰富多样，已有众多交通规划和交通工程的商业软件得到开发应用。通常，交通模型可按用于预测的时间跨度和建模的精细程度进行分类。

按预测的时间跨度分类，交通分析模型可分为远期预测模型、交通系统设计模型、交通管理模型；按建模的精细程度，交通分析模型可分为宏观模型、中观模型和微观模型。

交通分析模型的建立和完善，依赖于大量、全面、准确的数据与信息积累。交通分析模型开发的基础数据主要为交通数据调查。另外，交通网络数据、社会经济数据和土地利用数据也是建立交通分析模型的必要数据。

交通网络数据是描述研究区域的交通系统的数据，包括道路网络系统和公交系统数据，主要来自交通系统的现状以及规划、设计方案。社会经济数据为描述人口、家庭、就业等的数据，来自城市社会经济的现状与发展规划。土地利用数据主要指各交通分析小区分类土地利用数据，主要来自城市总体规划、分区规划、项目开发等不同层次的土地利用规划方案。

3. 交通信息化数据与应用

随着信息化技术在各个领域的发展，各种电子设备和智能交通系统得到广泛应用。这些设备应用的同时也附带生成了大量新型数据，即交通信息化数据。这些海量数据包含有人们的出行活动信息和各种城市交通运行特征信息等。有效利用这些数据，不仅有助于深刻理解城市功能和交通特征与规律，还为未来交通分析与交通建模的技术创新提供了数据基础。

常见的交通信息化数据类型及其相关的数据内容和数据管理部门见下表。

表 7-1　交通信息化数据类型

数据类型	数据内容	数据管理
手机信令数据	移动通信信令数据	工信局、运营商
交通监控系统数据	卡口流量数据 卡口车牌数据	交警支队
高速公路收费系统数据	高速公路出入口流量数据 各口进出车辆 OD 数据	高速公路管理局
公共交通信息系统数据	公交 IC 卡刷卡数据 公共汽车进出站 GPS 数据	交通局、公交公司
地铁运营系统数据	公交 IC 卡刷卡数据 车辆 ATS 运行数据	地铁运营公司
出租汽车调度系统数据	出租汽车 GPS 数据	交通局、出租汽车公司
货车 GPS 监控数据	货车 GPS 实时监控数据	交通局
铁路货运运单数据	发送货运运单数据	铁路局
公路、铁路、航空售票系统数据	售票 OD 数据	交通局、铁路局、民航管理局
停车场管理系统数据	停车场收费管理数据	交通局、交警支队、停车管理企业

资料来源：作者自绘

交通信息化数据具有数据量巨大、更新连续、种类繁杂等特征。信息化数据属于各种设备和系统运行操作所附带产生的痕迹数据，其结构和内容处于原生状态，往往需要一系列的数据挖掘和数据处理才能为交通分析所用。

在交通信息化数据应用方面，一系列较为成熟的技术和方向已逐渐形成，包括：①利用交通监控系统数据（视频数据、检测数据）等分析道路机动车流量的技术；②利用公共汽车和出租车 GPS 数据分析行程车速的技术；③利用公共汽车 GPS 数据和公交 IC 卡刷卡数据分析公交客流特征的技术；④利用手机信令数据分析居民出行特征和流动人口出行特征的技术等。

交通调查数据与交通信息化数据有各自优势和局限性。交通调查数据获取过程经过精细设计，在解析城市交通出行特征和规律方面更为直接和有效，但数据更新周期长是其缺点。例如，城市交通调查更新周期一般为 5 年。交通信息化数据可连续获取，但其代表性往往存在系统性缺陷。以手机通信数据为例，由于部分人群没有智能手机，而另一部分人群拥有多部手机，即使手机用户在数量上接近城市总人口，在对城市人口总体的代表性上仍会存在偏差。

另外，交通调查数据不可避免地存在很多人为因素的误差。在居民出行调查中，被调查者在填写出行记录表时往往会遗漏部分出行，导致调查出行率低于实际出行率。交通信息化数据作为痕迹数据具有客观性。因此，利用手机信令数据得到手机用户的日常活动链，可对居民出行表的漏填问题进行评价和相应校正。

居民出行调查作为城市交通调查的核心项目，通常聚焦于城市常住居民在城市区域的日常出行（以短距离出行为主）。随着城镇群和城镇连绵地区的出现，交通分析和建模的范围需要向更大区域扩展。对于区域内较长距离出行和城镇间出行的规律，居民出行调查所提供的信息十分有限，而手机信令数据、高速公路收费数据、（公路、铁路、航空）售票系统数据能够为其提供丰富的数据基础。

在城市内部，交通分析模型也向精细化发展，描述轨道交通车站和重要交通枢纽的接驳交通是精细化发展一个重要方向。传统交通调查往往受调查详细程度、调查规模等现实条件制约，在这方面能够提供的信息量有限。通过处理手机信令数据、公共汽车信息系统数据和地铁运营系统数据，可揭示出行过程中的细节，为模型精细化发展和微观交通分析提供依据。

在城市交通分析模型中，相对于交通量的分析深度和模拟精度，对出行时间和速度的模拟往往存在较大误差，原因之一在于缺乏相关数据。常规的车速调查仅提供一定条件下典型路段的数据，而不同的道路参数和交通流状况对车速的影响难以详细考虑。在此背景下，交通监控系统数据和出租汽车 GPS 数据使更丰富而细致的流量延误函数的标定成为可能。

在此背景下，在传统交通分析与建模的框架下，可基于信息化数据对各个子系统进行深入分析和建模。公共汽车子模块可基于公共汽车信息系统数据进行细化，出租汽车 GPS 数据、货车 GPS 数据也为商用车辆子模块提供丰富的数据基础。基于手机信令数据的调查，可勾画城市流动人口分布及出行特征全貌，在很大程度上提高流动人口出行子模块的分析准确性和精度。

总之，城市交通分析模型和交通数据获取之间密切联系，相辅相成。交通信息化数据的出现极大地丰富了交通分析的数据基础，为交通分析提供了多维视角。基于传统理论框架，信息化数据与交通调查数据的校核完善、互补引申推动了交通分析与建模的精细化发展。同时，信息化数据为交通分析模型技术创新提供了广泛的数据基础。

7.2 城市交通发展战略

7.2.1 我国城市交通发展的阶段

根据我国城市交通系统的发展按照机动化特点、城市空间和交通运行特征可以划分为四个阶段（图7-1）。

非机动化下的城市空间内聚式发展、交通系统缓慢扩展阶段。非机动化下，交通的机动性低，制约了城市居民的出行范围，城市交通出行距离短，空间范围小。城市消化城市化中进入城市的人口主要以密度提高而非空间范围的扩张实现。

机动化初期，城市空间与交通系统阶段快速蔓延式扩张阶段。在机动化初期，城市中的公共客运交通系统的机动化水平提高，城市居民出行的机动化水平有一定提升，城市空间有能力向外扩展。城市空间的人口密度开始下降，人口和产业开始向外扩展和疏散。

机动化高速发展时期，交通系统和城市空间高速建设和结构调整阶段。高速的城市化和高速私人机动化下，城市空间大规模快速向外扩张。为保障城市空间扩张和交通组织的可持续发展，大城市开始空间结构调整，构建以多中心、都市区组织为主的空间结构。城市交通网络的组织和结构随着城市空间结构调整而进行调整。

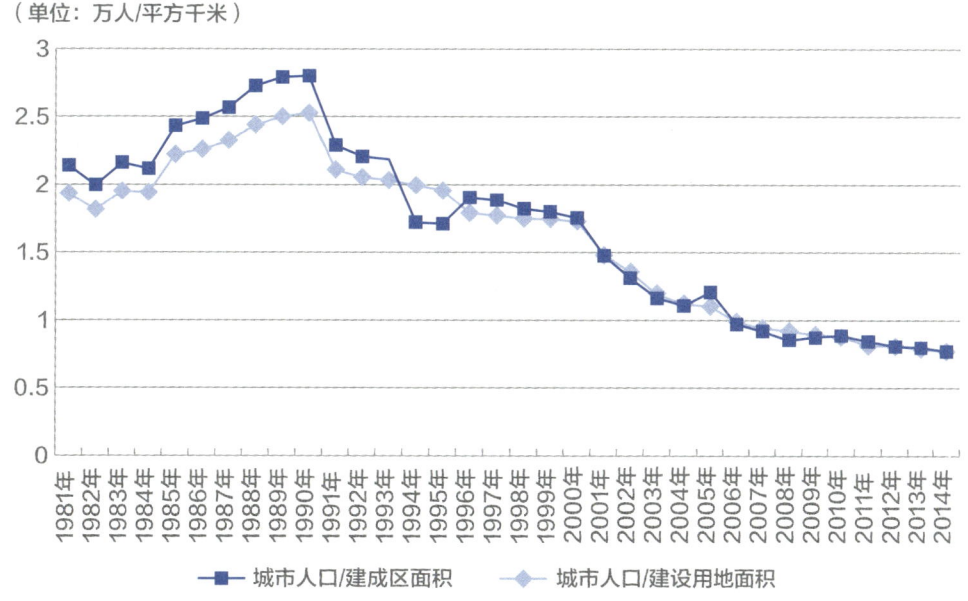

图7-1 中国城市人口密度变化过程
资料来源：作者自绘

机动化平稳发展时期，城市空间和交通系统进入以存量主导的发展阶段。交通网络的结构基本成型，但城市空间结构还在不断优化，城市交通系统通过政策、既有交通系统的更新和组织优化适应城市交通需求的变化。

7.2.2　城市交通发展目标

城市空间和交通系统发展在以增量扩张为主导和以存量优化为主导的发展阶段的目标不同。指导城市综合交通体系规划的两版标准（《城市道路交通规划设计规范》（GB 50220—1995）和《城市综合交通体系规划标准》）中有清晰的阐释。

《城市道路交通规划设计规范》（GB 50220—1995）确定的城市综合交通发展目标是：满足土地使用对交通运输的需求，发挥城市道路交通对土地开发强度的促进和制约作用。"满足需求"的目标在快速的城市建设中，一方面是表达了交通作为空间规划的配合，另一方面通过"超前规划、超前建设"引导空间的发展。对于快速城镇化背景下的中国城市而言，在前几轮的城市总体规划中，人口规模一般都是最先被突破的规划指标，城市持续扩张导致规划人员和城市的管理者对未来的城市发展始终有良好的预期，"超前"建设的交通基础设施在发展中很快会被新的需求"填满"，形成以增量交通设施解决发展中存在的问题的规划方法。在此目标下，"超前建设"的规划思想，较好地指导了我国城市快速发展时期的综合交通建设。

随着城市规模不断扩大，城镇化进入中后期，城市的存量用地规模大，人口增长放缓，甚至部分城市出现收缩，城市用地进入了存量为主导的发展阶段，规划交通设施的建成率越来越高，新增建设的空间越来越小，城市交通机动化也逐步进入平稳的发展阶段。城市空间和交通设施对交通需求的约束越来越大，许多大城市通过采取小汽车限购和工作日限号出行措施，以减缓小汽车发展对城市交通的冲击。对于曾经为满足土地开发产生的所有交通需求，利用建设新设施解决交通问题的方法越来越难以为继。城市不得不需要按照正常运行的要求对交通需求进行甄别，通过优先策略与措施差异化进行应对。

因此，城市综合交通体系规划标准立足城市发展阶段和城市交通特征的变化，将城市综合交通体系的发展目标调整为：城市综合交通体系必须优先发展集约、绿色的交通方式，引导城市空间合理布局和人与物的安全、有序流动，充分发挥市场在交通资源配置中的作用，保障城市交通的效率与公平，支撑城市经济社会活动正常运行。其核心是支撑城市的经济社会活动的正常运行。

7.2.3　城市交通发展主要策略介绍

城市交通发展战略是指导城市和城市交通系统长远可持续发展的规划准则和行动。我国与世界上各国城市交通系统发展策略都集中在如何提升城市竞争力和保障城市的可持续发展上。

1.《北京宣言：中国城市交通发展战略》

1995 年中国城市交通发展战略研究的《北京宣言》提出的五项原则、四项准则和八项行动比较好地阐释了实现城市交通可持续发展的战略。

五项原则应当用于指导与中国当前社会经济发展相适应的城市交通的规划、建设和运行。

原则 1：交通的目的是实现人和物的移动，而不是车辆的移动。

原则 2：交通的收费和价格应当反映全部社会成本。

原则 3：交通体制改革应在社会主义市场经济原则下进一步深化，以提高效率。

原则 4：政府的职能应该是指导交通发展。

原则 5：应当鼓励私营部门参与提供交通运输服务。

交通发展政策和规划应当符合以下四项标准。

标准 1：经济的可行性。

标准 2：财政的可承受性。

标准 3：社会的可接受性。

标准 4：环境的可持续性。

与上述五项原则和四项标准相适应，建议实施以下八项行动。

行动 1：改革城市交通运输行政管理体制。

行动 2：提高城市交通管理的地位。

行动 3：制定减少机动车空气和噪声污染的对策。

行动 4：制定控制交通需求的政策。

行动 5：制定发展大容量公共交通的战略。

行动 6：改革公共交通管理和经营。

行动 7：制定交通产业的财政战略。

行动 8：加强城市交通规划和人才培养。

2.《交通强国建设纲要》

2019年国家发布《交通强国建设纲要》，提出了从2021年到本世纪中叶，分两个阶段建成人民满意、保障有力、世界前列的交通强国。

1）第一阶段：到2035年，基本建成交通强国

现代化综合交通体系基本形成，人民满意度明显提高，支撑国家现代化建设能力显著增强；拥有发达的快速网、完善的干线网、广泛的基础网，城乡区域交通协调发展达到新高度；基本形成"全国123出行交通圈"（都市区1小时通勤、城市群2小时通达、全国主要城市3小时覆盖）和"全球123快货物流圈"（国内1天送达、周边国家2天送达、全球主要城市3天送达），旅客联程运输便捷顺畅，货物多式联运高效经济；智能、平安、绿色、共享交通发展水平明显提高，城市交通拥堵基本缓解，无障碍出行服务体系基本完善；交通科技创新体系基本建成，交通关键装备先进安全，人才队伍精良，市场环境优良；基本实现交通治理体系和治理能力现代化；交通国际竞争力和影响力显著提升。

2）第二阶段：到本世纪中叶，全面建成人民满意、保障有力、世界前列的交通强国

基础设施规模质量、技术装备、科技创新能力、智能化与绿色化水平位居世界前列，交通安全水平、治理能力、文明程度、国际竞争力及影响力达到国际先进水平，全面服务和保障社会主义现代化强国建设，人民享有美好交通服务。

为实现交通强国目标，提出了九大重点任务。

任务1：基础设施布局完善、立体互联。

任务2：交通装备先进适用、完备可控。

任务3：运输服务便捷舒适、经济高效。

任务4：科技创新富有活力、智慧引领。

任务5：安全保障完善可靠、反应快速。

任务6：绿色发展节约集约、低碳环保。

任务7：开放合作面向全球、互利共赢。

任务8：人才队伍精良专业、创新奉献。

任务9：完善治理体系，提升治理能力。

3.《国家综合立体交通网规划纲要》

《国家综合立体交通网规划纲要》是我国第一个综合立体交通网的中长期规划

纲要，与《交通强国建设纲要》共同构成指导交通强国建设的纲领性文件，主要包括规划基础、总体要求、优化国家综合立体交通布局、推进综合交通统筹融合发展、推进综合交通高质量发展、保障措施等六个方面内容。

《国家综合立体交通网规划纲要》明确了三方面主要任务。

1）优化国家综合立体交通布局

到2035年，国家综合立体交通网实体线网总规模合计70万公里左右（不含国际陆路通道境外段、空中及海上航路、邮路里程）。其中铁路20万公里左右，公路46万公里左右，高等级航道2.5万公里左右。沿海主要港口27个，内河主要港口36个，民用运输机场400个左右，邮政快递枢纽80个左右。按照极、组群、组团之间交通联系强度，打造由"六轴、七廊、八通道"组成的国家综合立体交通网主骨架。建设综合交通枢纽集群、枢纽城市及枢纽港站"三位一体"的国家综合交通枢纽系统，完善面向全球的运输网络。

2）推进综合交通统筹融合发展

推进各种运输方式统筹融合发展，推进交通基础设施网与运输服务网、信息网、能源网融合发展，推进区域交通运输协调发展，还要推进交通运输与旅游业、现代制造业、快递物流业、现代物流业等相关产业的融合发展。

3）推进综合交通高质量发展

推进安全发展、智慧发展、绿色发展和人文建设，提升交通运输的治理能力。

4.《城市综合交通体系规划标准》

《城市综合交通体系规划标准》（GB/T 51328—2018）提出了综合协调、绿色交通优先和需求管理等发展策略和规划要求。

规定1：城市综合交通体系规划应根据不同城市和城市不同地区的交通特征，差异化确定交通体系内不同交通方式的功能定位、优先规则、组织方式和资源配置。

规定2：城市客运交通体系应优先保障步行、城市公共交通和自行车等绿色交通方式的运行空间与环境，引导小汽车等个体机动化交通方式有序发展、合理使用。

规定3：城市综合交通体系应通过合理的交通政策、交通价格、空间分配和系统组织，协调各种交通方式的运行和各种交通工具的停放。

规定4：城市宜根据产业发展，结合客货运交通组织要求协调货运通道和物流场站布局，加强不同方式货运系统之间的协作，提高运输效率。货运交通组织应与客运交通适度分离，主要货运线路不应穿越城市中心区和居住区等客流密集地区。

5. 交通需求管理

交通需求管理（Travel Demand Management，TDM），也称交通机动性管理。指的是通过一系列的交通政策、措施、服务等来影响交通出行者的出行意愿、目的、方式、时间和路径选择等行为，达到调控交通出行需求在时间、空间和方式上分布的目的，从而实现提升既有交通系统的利用效率、缓解交通拥堵、减少能源消耗与环境污染等目标。

不同于需求满足型管理，交通需求管理要求在考虑解决交通供求关系的过程中，不但要考虑扩大供给，同时要考虑引导需求，是解决城市交通问题的主动方法。交通需求管理的主要对策体系包含五大方向：①建设交通负荷小的城市；②促进交通出行者转向公共交通方式；③在时间上均匀交通流；④在空间上均匀交通流；⑤制定科学的私人小汽车购买、保有与使用政策，促进多人合乘小汽车。

6. 智能交通系统

智能交通系统是指在比较完善的交通设施基础上，通过应用信息、通信、计算机、自动控制和系统集成等技术，建立起来的大范围、全方位的安全、高效、节能、环保的综合运输系统。旨在利用高新技术手段将人、车、路进行系统综合考虑，使交通规划更科学、交通设施更有效、交通管理更智能、交通行为更规范。智能交通系统是智慧城市的重要组成部分，与智慧城市的其他部分一起，为人类提供更加智能、更加安全高效舒适的出行环境。

2019年中共中央、国务院印发的《交通强国建设纲要》提出：大力发展智慧交通。推动大数据、互联网、人工智能、区块链、超级计算等新技术与交通行业深度融合。推进数据资源赋能交通发展，加速交通基础设施网、运输服务网、能源网与信息网络融合发展，构建泛在先进的交通信息基础设施。构建综合交通大数据中心体系，深化交通公共服务和电子政务发展。推进北斗卫星导航系统应用。

7. 绿色交通

绿色交通是指客货运输中，按人均或单位货物计算，占用城市交通资源和消耗的能源较少，且污染物和温室气体排放水平较低的交通活动或交通方式。如采用步行、自行车、集约型公共交通等方式的出行，这些都可被称为绿色交通。

1）"双碳"目标

"双碳"目标是指到2030年，中国要实现碳达峰，到2060年实现碳中和的目标。交通是主要碳排放大户，也是重要的减排领域。中国政府通过推动新能源汽车的发展、优化交通网络布局、提升公共交通比重等，促进交通领域"双碳"目标实现，详细要点包括：推广新能源汽车、加强公共交通系统、优化城市规划、实施绿色出行政策、提高能源效率、开展低碳交通研究、制定和实施碳中和行动计划、加强国际合作共同推进全球交通领域的低碳发展。

2）污染物排放指标

交通运输行业是污染物及温室气体排放的主要来源之一。交通运输活动排放的主要污染物有氮氧化物、二氧化硫、碳氢化合物、可吸入颗粒物等；交通是碳排放（温室气体排放）的重要来源之一。自2001年我国实施第一阶段机动车排放标准开始，到五阶段排放标准的实施，机动车污染物排放降低了90%以上。2019年7月1日到2020年7月1日，国家先后实施重型柴油车和轻型汽车第六阶段机动车污染物排放标准，机动车排放标准基本上实现了与发达国家接轨。

3）公共交通优先

优先发展城市公共交通是提高交通资源利用效率，缓解交通拥堵的重要手段。2004年建设部下发《关于优先发展城市公共交通的意见》，提出确立公共交通在城市交通中的优先地位。2005年，《国务院办公厅转发建设部等部门关于优先发展城市公共交通意见的通知》确立了公共交通优先发展的国家战略，提出城市公共交通发展的新方向，即逐步形成国有主导、多方参与、规模经营、有序竞争的公共交通市场格局。2012年《国务院关于优先发展城市公共交通的指导意见》提出"通过提高运输能力、提升服务水平、增强公共交通竞争力和吸引力，构建以公共交通为主的城市机动化出行系统，同时改善步行、自行车出行条件"的要求，并提出了"强化规划调控、加快基础设施建设、保障公共交通路权、鼓励智能交通发展"等七方面的政策。2013年交通运输部关于贯彻落实《国务院关于城市优先发展公共交通的指导意见》的实施意见，又提出了推进公交都市创建活动的要求。

8. 人文交通

一切城市问题的解决，美好城市环境的营造，最终都一定伴随城市文化的建立与发展。城市交通问题也不例外，它的最终解决除了科学规划、智能管理外，人的交通行为和交通文化共同最终决定了城市交通水平。也就是说，人的规范的交通行为是设施发挥作用的前提条件。另一方面，交通系统的服务对象是人，一切要从人的需要出发，最大限度地满足人多样化的出行需求，这也是交通运输系统规划建设的根本原则。

从这点出发，要建设人文交通首先是形成良好的交通文化。第一，随着社会进步和生活水平的提高，环保节能意识应更加深刻，共同保护好地球生活环境应该成为我们的共同追求。第二，在交通设施建设方面，应突出体现"以人为本"，在交通发展过程中把为市民提供安全、便捷、公平、和谐的交通服务作为根本出发点，与经济社会发展相适应，与历史文化风貌相协调，与环境生态相一致，建立与上述目标相一致的规划、建设、运营、管理体制机制，加强交通文明建设，提高现代交通意识，为城市正常运转和市民出行提供良好的交通环境。第三，作为城市人工环境组成部分的交通系统，是城市物理系统的重要组成部分，因此要传承传统文化，营造城市特色，尊重城市历史文脉，避免对城市环境的干扰破坏。

1）适老化改造

适老化改造是指充分考虑老年人的感受，配置、改造适合其特征的无障碍出行设施。日常生活中，大到交通接驳不畅、长台阶大斜坡，小到公交车的高底板、列车与站台间的缝隙等问题，都影响着老年人出行。在人口老龄化背景下，推动适老化无障碍出行具有重大现实意义。2024年交通运输部等部门发布《关于进一步加强适老化无障碍出行服务工作的通知》，要求相关部门进一步改善服务，便利老年人出行。

2）交通公平

交通公平是指在交通资源及其所带来的利益分配上，社会对其成员之间所得与应得的关系和分配机制的公平性。它涉及到交通区位、交通方式与出行群体的差异，以及如何在不同群体之间实现交通公平。交通公平作为可持续交通的重要内容之一，近年来受到越来越多的关注。

7.3 城市交通系统布局

7.3.1 交通系统的功能定位

交通方式的功能定位是指确定其在与城市社会经济和空间相适应的交通系统中所担当的角色。

城市的规模、经济水平、空间形态、城市区位，以及地理环境对城市交通出行特征影响显著，交通系统规划需要根据不同城市和城市不同地区的交通特征，差异化确定综合交通体系内不同交通方式的功能定位、优先规则、组织方式和资源配置。

不同规模城市的客运交通系统规划应符合以下规定，其中带形城市可按其上一档规划人口规模城市确定。

规定1：规划人口规模500万及以上的城市，应确立大运量城市轨道交通在城市公共交通系统中的主体地位，以中运量及多层次普通运量公交为基础，以个体机动化客运交通方式作为中长距离客运交通的补充。规划人口规模达到1 000万及以上时，应构建快线、干线等多层次大运量城市轨道交通网络。

规定2：规划人口规模300万～500万的城市，应确立大运量城市轨道交通在城市公共交通系统中的骨干地位，以中运量及多层次普通运量公交为主体，引导个体机动化交通方式的合理使用。

规定3：规划人口规模100万～300万的城市，宜以大、中运量公共交通为城市公共交通的骨干，多层次普通运量公交为主体，引导个体机动化客运交通方式的合理使用。

规定4：规划人口规模50万～100万的城市，客运交通体系宜以中运量公交为骨干，普通运量公交为基础，构建有竞争力的公共交通服务网络。

规定5：规划人口规模50万以下的城市，客运交通体系应以步行和自行车交通为主体，普通运量公交为基础，鼓励城市公共交通承担中长距离出行。

规定6：城市内不同土地使用强度地区的客运交通系统应根据交通特征差异化规划。

规定7：交通拥堵常发地区，应优先保障城市公共交通、步行、自行车交通路权。

7.3.2 城市交通设施的分级与分类

交通基础设施的分级与分类是城市综合交通规划的重点内容，通过城市用地布局优化确定了城市交通出行的距离后，城市综合交通规划通过城市交通设施的分级对城市交通出行时间进行把控。在存量交通设施的优化中，交通体系规划更多地通过交通设施使用人群差异对设施进行分类，以提高城市交通设施服务的针对性和服务品质。

1. 交通设施分级

交通基础设施的分级一般都根据空间地域划分为跨地域的干线交通系统与地域内的本地活动交通组织系统。相对于规划的地域，干线交通系统提供高速交通服务，实现空间压缩，缩短出行时间，提升出行的效率，而服务地域内出行活动的交通系统则通过相对低的交通服务速度，主要提供相对均衡覆盖的高可达性的服务。

如城市道路系统分级体系将城市道路划分为干线道路、支线道路两类；衔接两者的集散道路三个大类，城市快速路、主干路、次干路和支路四个中类；更细化的八小类。用设计速度高的干线道路服务机动化的交通，用支线道路服务多样化的街区层面活动组织。干线道路承担城市中长距离的交通，即通过性强的交通，也就是地方性活动单元外部的交通。集散道路与支线道路承担中长距离交通的集散和中短距离交通的组织，也就是地方性活动单元内部的交通（表7-2）。

表7-2 城市道路功能等级划分与规划要求

大类	中类	小类	功能说明	设计速度（千米/小时）	高峰小时服务交通量推荐（双向pcu）
干线道路	快速路	Ⅰ级快速路	为城市长距离机动车出行提供快速、高效的交通服务	80~100	3 000~12 000
		Ⅱ级快速路	为城市长距离机动车出行提供快速交通服务	60~80	2 400~9 600
	主干路	Ⅰ级主干路	为城市主要分区（组团）间的中、长距离联系交通服务	60	2 400~5 600
		Ⅱ级主干路	为城市分区（组团）间中、长距离联系以及分区（组团）内部主要交通联系服务	50~60	1 200~3 600
		Ⅲ级主干路	为城市分区（组团）间联系以及分区（组团）内部中等距交通联系提供辅助服务，为沿线用地服务较多	40~50	1 000~3 000
集散道路	次干路	次干路	为干线道路与支线道路的转换以及城市内中、短距离的地方性活动组织服务	30~50	300~2 000
支线道路	支路	Ⅰ级支路	为短距离地方性活动组织服务	20~30	——
		Ⅱ级支路	为短距离地方性活动组织服务的居住街坊内道路、步行、非机动车专用路等		

资料来源：孔令斌. 城市综合交通体系规划标准 GB/T 51328—2018 实施指南 [M]. 北京：中国建筑工业出版社，2020.

城市公共交通体系则根据服务出行的距离将轨道交通划分为轨道交通快线、轨道交通普线，以及地面公共交通的快线、普线和支线系统，对应与不同出行距离的出行时间要求。相应地，在更大的地域范围内，交通系统分级体系也是如此，如我国公路体系将公路划分为高速公路、一级公路、二级公路等，铁路系统、航空系统、水运系统的划分均是如此（表7-3）。

表7-3 公路等级划分表

等级		年平均日交通量（折合成小客车）
高速公路	四车道	25 000~55 000 辆
	六车道	45 000~80 000 辆
	八车道	60 000~100 000 辆
一级公路	四车道	15 000~30 000 辆
	六车道	25 000~55 000 辆
二级公路	双车道	5 000~15 000 辆
三级公路	双车道	2 000~6 000 辆
四级公路	双车道	2 000 辆以下
	单车道	400 辆以下

资料来源：孔令斌.城市综合交通体系规划标准 GB/T 51328—2018 实施指南[M].北京：中国建筑工业出版社，2020.

2. 交通设施的分类

交通设施的分级体系主要针对的是不同出行距离的出行时间控制，是交通服务的一个方面，要实现交通设施针对特定使用人群的精准服务，提升交通服务的品质，还需要在分级体系的基础上，根据设施的服务人群对设施进行分类指引，实现差异化的服务（表7-4）。

表7-4 街道类型

街道类型	街道特点
商业街道	街道沿线以零售、餐饮等商业为主，具有一定服务能级或业态特色的街道
生活服务街道	街道沿线以服务本地居民的生活服务型商业、中小规模零售、餐饮等商业以及公共服务设施为主的街道
景观休闲街道	滨水、景观及历史风貌特色突出、沿线设置集中成规模休闲活动设施的街道
交通性街道	以非开放式界面为主，交通性功能较强的街道
综合性街道	街道功能与界面类型混杂程度较高，或兼有两种以上类型特征的街道

资料来源：孔令斌.城市综合交通体系规划标准 GB/T 51328—2018 实施指南［M］.北京：中国建筑工业出版社，2020.

同样，在轨道交通周边交通衔接和与用地融合上，根据不同轨道交通站点周边用地特征和进出站的人群特征，对轨道交通站点进行分类，来建设更精准服务、对服务人群更有吸引力的站点周边交通环境。

综合考虑中国城市轨道交通枢纽的建设情况，根据枢纽接驳交通方式的类型、数量、所处城市区位及区域功能定位对土地开发的不同要求，可将城市轨道交通枢纽大体分为城市对外综合交通枢纽、城市综合交通枢纽、片区综合交通枢纽、一般交通枢纽和城市普通站5种类型（表7-5）。

表7-5 轨道交通枢纽站点分类

交通枢纽分类	功能	包含的主要交通方式（按照优先顺序）	规划设计范围
城市对外综合交通枢纽	主要承担城市对外交通（铁路、机场、公路客运、港口码头）功能	主要包括城际交通、城市轨道交通、城市公共交通	2～3公里半径或10～20公里范围
城市综合交通枢纽	位于城市核心区，服务城市整体范围，城市内部交通为主	城市轨道交通、常规公共交通系统交会衔接，几乎具备全部城市交通方式	1 000～2 000米
城市普通站	主要是指以服务于社区功能为主的站点，位于居住区或社区商业中心	单个轨道交通站点，自行车步行衔接为主	250～500米半径范围
片区综合交通枢纽	位于片区中心，服务于城市某个片区或组团范围的交通枢纽，兼顾整个城市需求	轨道交通为主；通过性公共汽车、自行车、步行、出租车、少量小汽车	—
一般交通枢纽	主要服务于城市某个功能区块的交通枢纽	两条轨道交通相交；轨道交通、公共汽车为主，自行车、步行、少量出租车	500～1 000米半径范围

资料来源：王晶，陆化普．轨道交通枢纽与城市用地一体化开发［M］．北京：中国建筑工业出版社，2021．

在货运交通组织上，按依托的物流资源和市场需求特征为主要原则，以物流园区的服务功能为导向，物流园区可分为货运服务型、生产服务型、商贸服务型、口岸服务型和综合服务型。

1）**货运服务型**

货运服务型物流园区应符合这些要求：①依托空运、水运或陆运节点（枢纽）规划建设；②为大批量货物分拨、转运提供配套设施；③主要服务于区域性物流转运及运输方式的转换。

2）**生产服务型**

生产服务型物流园区应符合这些要求：①依托经济开发区、高新技术园区、工业园区等制造业集聚园区而规划建设；②为生产型企业提供一体化物流服务；③主要服务于生产企业物料供应、产品生产、销售和回收等。

3）商贸服务型

商贸服务型物流园区应符合这些要求：①依托各类批发市场、专业市场等商品集散地而规划建设；②为商贸流通企业提供一体化物流服务及配套商务服务；③主要服务于商贸流通业商品集散。

4）口岸服务型

口岸服务型物流园区应符合这些要求：①依托对外开放的海港、空港、陆港及海关特殊监管区域及场所而规划建设；②为国际贸易企业提供国际物流综合服务；③主要服务于进出口货物的报关、报检、仓储、国际采购、分销和配送、国际中转、国际转口贸易、商品展示等。

5）综合服务型

具备上述两种及两种以上服务功能的物流园区。

3. 不同城市的交通设施层级确定

随着空间规模的扩大，城市居民出行的距离也相应的越长，要实现交通出行时间的目标，相应地所需的交通设施等级也越高，即城市交通对机动性的要求越高，因此，一般而言，规模越大的城市高等级交通设施建设的需求也大，骨干交通设施的技术等级也越高。

按照城市规划人口规模来分级，对于城市道路系统，规划人口规模越大的城市相应的空间规模一般也越大，在道路系统建设中所需要配置的干线道路等级也越高（表7-6）。

表7-6 城市干线道路等级选择要求

规划人口规模（万人）	最高等级干线道路
≥ 200	Ⅰ级快速路或Ⅱ级快速路
100～200	Ⅱ级快速路或Ⅰ级主干路
50～100	Ⅰ级主干路
20～50	Ⅱ级主干路
≤ 20	Ⅲ级主干路

资料来源：孔令斌. 城市综合交通体系规划标准 GB/T 51328—2018 实施指南［M］. 北京：中国建筑工业出版社，2020.

其中，带形城市是空间形态较为特殊的一类城市。其城市建成区长宽比大于3:1，由于狭长的空间形态，其长距离交通相对团状城市较多，并且交通量汇集在长轴方向的干线道路上，通常带形城市长轴方向干线道路的交通量是同等规模团状城市的

2~3倍。因此，针对带形城市特殊的交通需求，为了确保长轴方向长距离交通的顺畅，首先在布局上应确保长轴方向干线道路的贯通，并且不宜少于两条，以提高长轴方向交通的可靠性，其次在功能等级上，不宜低于Ⅱ级主干路，以提供较高的承载力。

4. 城市对外交通系统布局

当前阶段，交通运输发展核心是解决综合交通运输体系的质量和效率问题，《国家综合立体交通网规划纲要》围绕"三个转变"（更加注重质量效益转变、更加注重一体化融合、更加注重创新驱动转变），提出了优化国家综合立体交通布局、推进综合交通统筹融合发展、推进综合交通高质量发展三大任务。反映在对外交通布局中，即重点考虑人口和产业格局、城镇空间布局、交通运输需求等因素，兼顾均衡和效率原则，完善综合交通网络布局。

1）完善基础网络覆盖

高效覆盖、均衡发展是国家和省市交通网络规划的主线之一，加强基础交通网络覆盖是交通系统布局的重要目标。《国家综合立体交通网规划纲要》以连接县级及以上行政区、边境口岸、国防设施、主要景区等为目标，提出到2035年，国家综合立体交通网实体线网总规模合计70万公里左右（不含国际陆路通道境外段、空中及海上航路、邮路里程）。其中铁路20万公里左右，公路46万公里左右，高等级航道2.5万公里左右。沿海主要港口27个，内河主要港口36个，民用运输机场400个左右，邮政快递枢纽80个左右。

2）提高通道布局效率

在均衡布局的基础上，交通网络布局还需考虑人口密度、城镇空间、经济布局不均衡，针对人口和产业密集、交通联系强度大的城镇走廊，应强化骨干交通网络配置效率。《国家综合立体交通网规划纲要》依据国家区域发展战略和国土空间开发保护格局，结合未来交通运输发展和空间分布特点，将重点区域按照交通运输需求量级划分为三类。京津冀、长三角、粤港澳大湾区和成渝地区双城经济圈四个地区作为极，长江中游、山东半岛、海峡西岸、中原地区、哈长、辽中南、北部湾和关中平原八个地区作为组群，呼包鄂榆、黔中、滇中、山西中部、天山北坡、兰西、宁夏沿黄、拉萨和喀什九个地区作为组团。按照极、组群、组团之间交通联系强度，打造由主轴、走廊、通道组成的国家综合立体交通网主骨架。

3）促进区域协调发展

推进区域交通运输协调发展是交通网络布局的重要任务，是提高交通网络布局效率的重点区域。从城镇化发展方向看，需重点关注国家战略区域、城市群、都市圈、城乡等空间发展需求。《国家综合立体交通网规划纲要》从五个维度提出了交通一体化发展的方向：一是推进重点区域交通运输统筹发展；二是推进东部、中部、西部和东北地区交通运输协调发展；三是推进城市群内部交通运输一体化发展；四是推进都市圈交通运输一体化发展；五是推进城乡交通运输一体化发展。

4）与相关产业融合发展

交通运输是产业发展的重要基础和支撑，两者之间存在相互依存、相互促进的良性互动关系。《国家综合立体交通网规划纲要》从交通运输与旅游业、现代制造业、快递物流业、现代物流业的融合发展等方面提出了交通与产业融合发展的思路。

7.3.3 城市交通基础设施的规模与布局

交通设施作为不同交通工具运行的载体，在城市交通体系中规划建设规模的确定主要依据不同交通方式承担的交通需求，即城市交通系统中不同交通方式出行的总体构成是决定综合交通设施用地空间分配的主要依据。

1. 交通设施的规模

不同层级的城市交通基础设施，其规模确定的方法不同。干线交通设施规模确定的主要依据是需求的规模，根据需求规模与服务水平确定基础设施的规模。而服务于地方性活动支线交通设施其规模确定的主要依据是覆盖率，主要通过覆盖地域和人口规模确定设施的规模。

作为城市客运交通设施中骨干系统的轨道交通，其衔接客运站的条件根据客运站的客运规模确定是否需要轨道交通衔接。城市轨道交通快线的客流密度应不小于10万人·公里/（千米·天）；普线的负荷强度应大于等于3万人次/（km·d）。而轨道交通的服务水平按照车厢舒适度水平确定。两者结合作为确定轨道交通规模的主要依据。

对于城市道路，《城市综合交通体系规划标准》确定了干线道路承担的城市机动交通需求周转量的比例（表7-7）。

表7-7 干线道路的规模及承担的机动化交通周转量比例

规划人口规模（万人）	< 50	50~100	100~300	≥ 300
周转量（车·千米）比例（%）	45~55	50~70	60~75	70~80
干线道路里程比例（%）	10~20	10~20	15~0	15~25

资料来源：孔令斌.城市综合交通体系规划标准GB/T 51328—2018实施指南[M].北京：中国建筑工业出版社，2020.

对支线交通系统则不再考虑交通需求的大小，主要按照可达性要求的覆盖率确定其设施的规模。

对于城市的客运交通系统中普惠性设施的地面公共交通系统，其规模的确定按照车站服务半径300米和500米计算，应分别达到城市规划建设用地面积的50%和90%，为城市居民提供高可达的、基本的公共客运服务。

城市道路承担城市地方性活动的集散和支线道路，按照"小街区、密路网"的原则布局。不同的功能的街区按照街区尺度确定道路网络的密度（表7-8）。

表7-8 不同功能区的街区尺度推荐值

类别	街区尺度（米）		路网密度（千米/平方千米）
	长	宽	
居住区	≤ 300	≤ 300	≥ 8
商业区与就业集中的中心区	100~200	100~200	10-12
工业区、物流园区	≤ 600	≤ 600	≥ 4

资料来源：孔令斌.城市综合交通体系规划标准GB/T 51328—2018实施指南[M].北京：中国建筑工业出版社，2020.

而对交通可达性要求更高的步行与自行车交通网络，则要求在土地使用强度较高的地区，各类步行设施网络密度不低于14千米/平方千米，其他地区各类步行设施网络密度不低于8千米/平方千米。

对于公路网，通常采用连通度法、类比法、效率曲线法、增长曲线法、公路行驶量分析法等方法，综合考虑区位条件、经济发展水平、综合运输条件、人口分布和主要节点分布等因素，采用定量和定性方法，论证路网规模。

2. 交通设施布局

城市交通系统布局要结合城市的空间布局、交通系统组织和城市的地理环境统筹安排，空间布局要综合考虑城市的空间结构、用地功能、社会经济发展、开发密度等，交通系统组织主要考虑交通需求的特征、与相关交通系统的衔接，城市地理环境主要考虑地形、地貌、河流走向、气候环境等，在综合的基础上布局城市交通基础设施。总体上，城市交通设施的布局需要深入研究以下六个因素。

1）城市交通设施的干线与支线的布局

根据城市交通系统需求的规模和特征，交通设施组织分为干线与支线，干线交通设施主要考虑机动效率，承担长距离、大交通需求的交通组织。因此，干线交通设施一般与城市的空间结构一致，是城市空间、中心体系结构的交通表达，反映城市主要功能地区之间的交通组织要求，是组织城市片区联系、跨越城市内部交通阻隔的交通设施。而支线交通系统主要是地方性活动的高可达覆盖，主要与交通设施所在地区的活动特征、用地特征和开发密度相关，其系统布局主要考虑活动和空间的覆盖，交通需求不是主要的考虑指标。

2）规划与预控

城市交通建设要考虑近远结合，以及规划期与远景发展结合。城市交通设施在安排规划期内交通设施的布局时，还需要面向长远，考虑城市长远发展对交通基础设施的需求，对超越规划期的重大交通设施作统筹的考虑和安排，并做好用地空间、衔接的相关预控。

远景的发展超越城市规划期，发展的不确定性大，规划需要统筹社会经济发展和空间发展的可能性，将对城市未来的空间、交通组织影响较大的重大交通设施，如城市重要的交通枢纽，铁路，公路系统，城市内跨河、跨越城市重要交通瓶颈的桥梁与通道，轨道交通系统远景的发展等，进行弹性考虑，并做好规划用地控制和衔接控制。

3）组织方式

不同特征城市交通系统的组织方式是交通系统布局的一个重要决定因素，如大城市交通需求规模大，出行距离长，交通机动性的要求高，城市交通设施的层级多，交通系统的组织中不同层级交通设施的转换和衔接是重要的考虑因素，而中小城市交通出行距离短，交通系统的便捷直达是主要考量。因此，对于大城市，交通系统中以枢纽为核心的组织，衔接不同方向、功能、层级的交通系统，发挥不同层级交通系统的运输优势，以使交通出行时间控制在可接受范围内，就是大城市交通系统布局的重点。

而对于不同的交通方式、不同特征的交通在交通系统组织中是混合还是分离也是交通系统布局上需要着重考虑的因素，如城市对外交通与城市内部交通、城市货运交通与客运交通、步行自行车与机动交通在交通系统的组织中采用分离还是混合组织的问题，需要从相互干扰、安全和交通系统有效管理的角度进行统筹。

4）地理和气候环境

城市的地理环境是决定城市交通系统布局特色重要因素，也是决定城市交通组织特征的重要因素之一。不同的地理环境对交通系统的布局有不同的要求，如城市内部的山体、河流决定了城市分片组织，跨河、穿越山体通道的布局是城市干线交通设施布局的重要控制要素。交通设施通过各类保护区时，要按照保护区的保护要求，布局交通设施的通道和通道的敷设方式。同时，城市的地理环境也是城市空间形态的主要塑造因素，多山、河地区的城市中，带形城市和组团城市的比例很高，平原地区的城市多为团状。不同空间形态，交通需求的规模、距离差异巨大，相应地，交通系统的布局也不同。带形城市往往相比于同规模的团状城市出行距离更长，需求更加集中，因此，带形城市交通系统机动化需求也更高，高等级交通设施比例高。组团城市则组团内出行距离比较短、组团间出行距离长，呈现小城市（组团）和大城市（组团间）两极分化的出行格局，交通设施的布局上也两极分化，呈现组团间骨干系统的大城市特征和组团内的中小城市特征。

除地理环境外，气候环境对交通设施的布局也有很大影响。我国幅员辽阔，跨越多个气候带，在北部的寒带地区相比于南部的温带和热带气候地区，冬季寒冷，机动交通需求高，在道路系统的走向上更需要考虑日照等因素的影响。

5）经济与环境

城市交通设施布局的经济和环境的可持续是重要的考量因素。相对于郊区，城市地区的开发密度大，土地价值高，交通系统与周边用地的关联度不同，因此对交通设施环境影响的处理要考虑经济因素的影响。如交通设施的防护要求，对于城市内部的对外和城市交通设施，其防护应该以发挥土地价值，保障城市开发为主导，如噪声、震动的防护，更多是采取相关的工程措施，而非郊区的隔离空间。

6）景观要求

城市交通系统主要承载城市的交通功能，同时交通系统也是城市空间和城市风貌、环境的一部分，城市综合交通体系规划要协调好城市交通设施，在承担交通功能与体现城市风貌、特色等方面，延续和传承城市发展历史的功能。按照城市特色和环境要求塑造城市交通系统是交通系统规划需要考虑的内容，要避免"贪大求洋"、大拆大建，或用宽马路与大广场代替尺度宜人的道路空间，脱离需求支撑，弱化和削减城市交通系统承载的交通功能，或规划建设不经济或不符合城市经济水平的交通设施。

7.3.4 交通基础设施空间分配

城市交通基础设施空间内的空间分配一方面要考虑交通系统优先和公平使用，另一方面要考虑交通系统的舒适性和便捷性。

1. 交通设施空间分配中的优先

交通空间的分配首先要体现城市交通组织的优先原则。城市交通系统是集约程度很高的交通需求组织，为保障城市交通的高效运行和设施空间的高效利用，大容量交通优先是城市交通组织的原则，如公共交通优先，以及国外的 HOV 车道等，都是对高载客的交通工具给予优先。

高载客交通优先在空间分配上主要体现在两个方面，一是在交通空间上设立独立的通行空间，二是通行空间的设计上设计服务水平比较高。如目前城市中大量采用的公共交通专用道，即在城市交通容易产生拥堵的道路上，划定采用限时或全日的"公交优先车道"。

2. 交通空间分配的公平原则

城市社会的公平也体现在交通出行的空间分配上，对于城市交通中弱势和需要保护的群体出行要求，在交通空间的分配需要重点考量。

城市交通中的步行和自行车交通既是绿色、低碳的交通方式，也需要与机动交通进行隔离，给予其安全的通行空间，因此城市交通系统中步行、自行车交通空间应优先布置。

儿童、老人等出行群体，需要在交通出行中给予特别的保护和优先，这既是交通文明的象征，也是交通安全中的重要考虑因素。如儿童上学的"学径"，以及近年来，我国在各地推行的交通基础设施的"儿童友好"和适老化改造。

7.3.5 交通系统与土地利用衔接

交通是城市活动的体现，而城市活动布局源于城市空间与用地布局，交通系统则提供活动的组织方案。因此，交通问题的应对和系统布局，首先应该从城市空间、用地与交通系统的协同开始。国土空间总体规划与综合交通体系规划协同编制，为两者之间的互动和协同奠定了基础。

1. 交通与城市用地的融合

城市交通系统与城市用地的融合，一方面通过城市干线交通系统，特别是干线公共交通系统与城市空间结构契合，另一方面通过城市支线交通系统完全嵌入城市的用地之中，实现城市交通系统与用地深度融合。

1）道路与城市用地布局的要求

城市道路网应该与城市用地布局结构形成良好的配合协调关系，顺应不同性质、不同等级道路与城市用地布局结构的关系。

干线道路是以满足交通运输的要求为主要功能的道路，承担城市主要的交通流量及与对外交通的联系，特点为车速大，车辆多，车行道宽道路线型要符合快速行驶的要求，道路两旁要求避免布置吸引大量人流的公共建筑。

支线道路是以满足城市生活性交通要求为主要功能的道路，主要为城市居民购物、社交、游憩等活动服务，应有完善的步行和自行车交通系统，道路两旁多布置为生活服务的人流较多的公共建筑及居住建筑，要求有较好的公共交通服务条件。

2）次支路等地方性活动系统的规划

次支路等地方性活动系统规划尤其是城市支路直接为用地服务，与用地衔接更为紧密，应突出以生活性功能为主，结合"15分钟生活圈"建设，并通过街区开放等措施提升步行、自行车交通网络的密度，提升慢行交通比重，改善慢行出行品质。

（1）开放街区

"开放街区"的提法是针对我国长期实行的"小区模式"的"封闭"提出的。与小区模式对应的"封闭街区"相比，开放街区有三个显著特点：第一个特点是街区规模比较小；第二个特点是街道功能相对综合，开放街区的沿街面往往也是城市生活的展开面，各种方便居民的服务设施沿街开设；第三个特点是交通组织效率高。中共中央、国务院2016年发布了《关于进一步加强城市规划建设管理工作的若干意见》，提出"新建住宅要推广街区制，原则上不再建设封闭住宅小区。已建成的住宅小区和单位大院要逐步打开，实现内部道路公共化，树立'窄马路、密路网'的城市道路布局理念，建设快速路、主次干路和支路级配合理的道路网系统"。

（2）15分钟生活圈

以居民步行十五分钟可满足其物质与生活文化需求为原则划分的居住区范围，一般指的是由城市干路或用地边界线所围合、居住人口规模为50 000～100 000人（约17 000～32 000套住宅）、配套设施完善的地区。2016年上海发布全国首个《上海市15分钟社区生活圈规划导则》，鼓励形成高密度的社区支路网络和宜人尺度的路口间距；鼓励与街道功能相适应的支路宽度；鼓励减小交叉口路缘石半径，降低车辆转弯速度，保护行人安全；鼓励采取交通宁静化设计措施，如采取小型环岛或凸起的交叉口，适度曲化的道路线型等，减少机动车交通对居民产生的消极影响；鼓励设置通往或朝向有趣公共景观节点的慢行道，依托步行网络设计无障碍通道，保障弱势群体便捷安全的出行环境；鼓励开放既有公共设施的内部通道、地块之间连通道等多种形式的步行道，提高步行可达性。

2. 公共交通与土地利用融合

城市空间与交通系统协调的关键是城市的空间组织重心向公共交通系统靠拢，把公共交通作为城市空间组织的主要设施，成为优先发展城市公共交通的抓手。同时，践行TOD的城市开发模式，通过空间开发与公共交通的结合，为公共交通集聚客流，为公共交通服务提升、成本降低创造条件。

空间组织的"集中"与公共交通对客流的"集中"一致，城市主要公共交通走廊与城市发展轴一致，城市的中心体系与公共交通系统的枢纽布局一致。

城市交通出行的时间控制是车内时间和车外时间的总和，通过干线系统缩小车内时间，支线系统嵌入城市用地，公共交通站点嵌入城市用地，缩短出行起讫点到交通设施的"最后一公里"，提升交通体系对所有出行者的便利性。

1）公共交通导向型发展模式（TOD）

围绕轨道交通站点（或有专用路权的公共交通）在步行的距离范围内建设包括居住、商业公共服务设施的紧凑型、功能混合的高密度街区，可以使该地区通过方便、宜人和不受机动车干扰的步行网络连接起来。这样可以促进人们更多地采用步行、骑车和公共交通进行日常上班和生活活动出行。

2）公交都市

公交都市是国际城市发展到高级阶段，在交通资源和环境资源紧缺约束的背景下，为应对小汽车高速增长和交通拥堵所采取的一项城市战略。公交都市不仅仅是都市公交，更是一种城市发展战略，强调"都市"建设，目的是实现公共交通与城市形态、城市空间格局和结构功能融为一体，构建更加可靠、更加绿色的韧性城市。公交都市的理念意在促进城市公共交通与城市发展协同，强调城市公共交通系统与城市空间、环境、城市功能、社会、经济的契合、共存和共促。

3. 交通系统布局与城市空间规划意图的一致性

城市的空间结构反映了城市活动的组织意图，交通网络作为承载交通活动的载体，其与空间结构反映的空间组织发展和走向意图应一致，即通过交通走廊、枢纽要与城市发展的轴带、中心体系契合，实现一体化。

城市空间规模扩大，要实现城市空间的可持续增长和组织，我国城市从2000年至今，通过空间发展战略，对大城市的空间结构进行了深入的研究，形成了多中心、组团、新城为重点的大城市空间发展路径。多中心、组团和新城发展的目的是形成多就业中心的大城市空间，摆脱单中心发展的路径依赖，使城市的组团、新城相对独立发展，以实现缩短交通出行距离、降低交通需求、缓解大城市病的目的。

7.4 交通系统的协同与衔接

7.4.1 概念与基本要求

1）交通系统的衔接

交通系统的衔接目的是实现不同层级、方式、功能、方向的交通转换。城市各交通子系统包括城市公共交通，小汽车、摩托车等个体机动化客运交通方式，步行、自行车等非机动化客运交通方式，以及机动化与非机动化货运交通方式。各子系统之间应相互协调、实现一体化衔接。首先，应避免重"客运"轻"货运"，重"机动化"轻"非机动化"的倾向，突出货运交通和非机动化交通的功能组织及综合协调。其次，精准把握各类交通方式的技术经济特征及适用性，如时空组织特性、全周期成本、个性化服务特征等，为科学协调奠定基础。再次，密切关注载运工具及通信技术的发展趋势及形成的新交通方式和新组织模式，及时纳入城市交通体系协调的范畴。

2）城市客运枢纽

城市客运枢纽可分为城市综合客运枢纽和城市公共交通枢纽，是在城市客运交通系统中，为不同交通方式或同一交通方式不同方向、功能的线路提供的客流集散和转换的场所。

7.4.2 协调衔接内容

城市交通体系协调衔接的内容是城市综合交通体系功能组织，根据不同城市和城市不同地区的交通特征，差异化确定综合交通体系内不同交通方式的功能定位、优先规则、组织方式和资源配置。其主要需要重点把握好以下三个关系。

一是交通方式的倾向性与可选择性的关系。从交通系统最优和发展约束的角度，应结合不同的城市特征，有倾向地鼓励集约化交通方式发展，合理调控非集约出行方式的使用；从个体服务最优的角度，交通系统要合理兼顾个性化出行要求，提供多样化的出行选择。二是交通一体化组织和差异化组织的关系。一体化组织强调基于需求和服务，提升交通系统的整体性和各种方式的衔接配合，避免割裂地对待各种交通方式，通过综合协调，使各种交通方式围绕需求和服务形成有机结合体，充分发挥整体效益；差异化组织强调"因地制宜"地确定不同规模城市和不同用地特征，以及不同人群的交通需求特征对应的主导交通方式和组织要求，应贴合需求，体现特色。三是资源配置中政府与市场的关系。其围绕各类资源的有效配置，充分发挥市场在资源配置中的决定性作用，变"管理"为"治理"，构建多方参与、价值导向充分共识、利益共享及风险共担的综合交通治理模式（图7-2）。

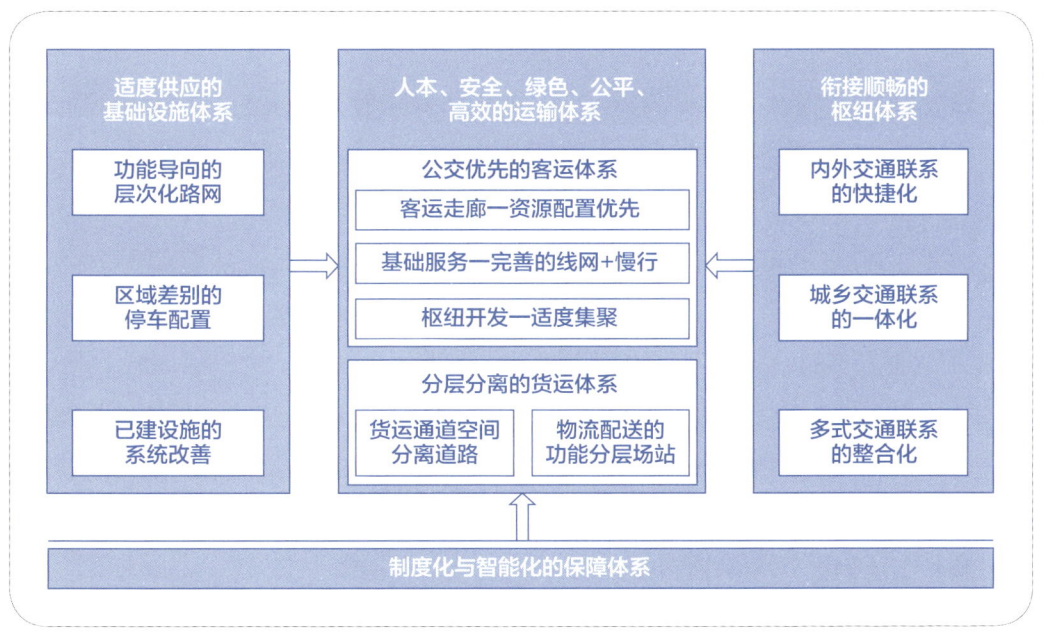

图7-2 城市综合交通体系协调框架示例
资料来源：孔令斌.城市综合交通体系规划标准GB/T 51328—2018实施指南[M].北京：中国建筑工业出版社，2020.

7.4.3 优先原则

城市客运交通体系应优先保障步行、城市公共交通和自行车等绿色交通方式的运行空间与环境，策略上应"推拉结合"。一方面，城市建设和更新应围绕公共交通走廊和节点布局主要的公共活动空间与功能，大力提升步行和自行车出行环境品质，使绿色交通方式成为最方便、安全、可靠的出行选择，从根本上转变"以车为本"的空间交通组织模式。另一方面，面对交通需求不断增长和道路交通供给日益受限的趋势，应以提升城市街道活力、保障人与货物的移动能力为目标，合理配置城市道路空间，引导小客车、摩托车等个体机动化交通方式有序发展，合理使用。

7.4.4 协调与一体化衔接手段

城市综合交通体系应通过交通政策、服务价格、空间分配和系统组织，协调各种交通方式的运行和各种交通工具的停放。停车设施的供给应结合城市交通网络承载能力和运行状态、区位和用地功能等因素差异化确定。

城市交通体系协调是一项系统工程，系统协调应体现在以下三个方面。第一，协调的政策与法规。应做好交通发展政策的顶层设计，保障各类政策在价值、目标和手段等方面的一致性，保障目标实现，并积极探索各类交通方式运行和各种交通工具的精准停放、动态调节机制。第二，协调空间的综合设计，以交通设计为主要抓手，提升交通空间的品质。交通工具停放空间的配给，一方面应考虑交通网络的承载能力，另一方面也要结合动态运行情况，采取差别化的停车建设管理政策，精细化调控停车资源与需求。第三，协调对象的综合参与。应加强制度建设，充分调动政府各相关部门、市场参与主体及利益相关方的积极性。

具体的一体化衔接手段主要包括两方面内容，一方面，是规划建设层面的协调衔接，包括综合交通通道规划建设、综合交通枢纽一体化规划建设、城市内外交通有效衔接等；另一方面，是运营组织模式的协调衔接，包括多式联运、出行即服务、城乡交通运输一体化等。

1. 规划建设协调与衔接

1）综合交通通道规划建设统筹

结合国土空间规划，推动铁路、公路等线性基础设施的线位统筹和断面空间整合，统筹考虑多种运输方式规划建设协同和新型运输方式探索应用，加强综合交通通道与通信、能源、水利等基础设施统筹，促进交通通道由单一向综合、由平面向立体发展，减少对空间的分割，提高国土空间利用效率。

2）综合交通枢纽一体化规划建设

客运枢纽方面，应推动新建综合客运枢纽结合各种运输方式集中布局，实现空间共享、立体或同台换乘，打造全天候、一体化换乘环境。货运枢纽方面，应加快综合货运枢纽多式联运换装设施与集疏运体系建设，统筹转运、口岸、保税、邮政快递等功能，提升多式联运效率与物流综合服务水平。

3）城市内外交通有效衔接

应推动不同功能、等级的铁路系统融合建设，加强城市对外公路与城市道路高效对接；加强城际干线运输与城市"最后一公里"配送有机衔接，加强铁路、公路、客运枢纽及机场与城市公交系统融合，推动规划建设统筹和管理协同。

2. 运营组织协调与衔接

1）出行即服务（MaaS）

"出行即服务"是一种服务模式，指打通火车、地铁、公交、出租车和共享单车等所有公共交通方式的壁垒，用一个App搞定所需公共交通工具的使用、查询、下单和支付的出行系统。《交通强国建设纲要》提出：加速新业态新模式发展，大力发展共享交通，打造基于移动智能终端技术的服务系统，实现出行即服务。自纳入交通强国建设以来，我国各级交通运输主管部门在"十四五"规划中对推进出行即服务（MaaS）建设进行了任务部署，北京、上海等城市积极开展平台建设与应用探索，形成了很好的发展氛围。

2）多式联运

多式联运指利用公路、铁路、水路（海路）、管道以及航空中的两种及以上方式完成货物门到门运输的运输组织方式。其宗旨是方便托运人和货主，由多式联运经营人与托运人签订一个运输合同，统一组织全程运输，实行"一次托运，一单到底，一次收费，统一理赔，全程负责"。多式联运对货主的服务强调"一票（合同）到家"，运输过程中方式间的转换由承运人协商解决。

3）城乡交通运输一体化

聚焦农村客运公交化改造、农村客货邮融合发展、农村运输信息化服务等主题，持续推进城乡交通运输基础设施、客运服务、货运与物流服务一体化建设，在城乡之间建立一个协调、高效、便捷的交通运输体系。交通运输部自2016年起共组织开展了三批城乡交通运输一体化示范县创建工作，截至2023年底，全国共计231个县市被纳入示范县创建名单。

7.5　交通系统的主要发展方向

7.5.1　交通系统更新

我国交通系统发展进入存量为主导的阶段，新的交通设施建设规模越来越小，交通系统发展与城市空间发展一样，也进入以存量更新为主的发展阶段。城市交通系统的更新，主要针对快速增量发展阶段粗放的建设问题和需求变化与交通系统组织上的错位，通过交通系统的专项评估，找到交通系统发展的短板，以问题为导向，通过交通组织、交通政策、交通系统的微改造和优化，适应交通需求的发展，为交通出行提供高品质的服务。

如分类分区优化停车设施供给，提高停车资源利用效率和精细化服务水平，加强资源共享和错时开放，稳步推进老旧小区、医院、学校、商业聚集区等区域公共停车设施建设，优化城市干路网的衔接、打通断头路，加密步行与自行车网络。优化建设安全、连续、舒适的城市慢行交通系统，提高非机动车道和步道的连续性、通畅性，在商业办公区域、公共交通站点改善行人过街设施条件等。

7.5.2　交通系统智能化

1）提升交通系统智慧发展水平

加快提升交通运输科技创新能力，推进交通基础设施数字化、网联化，把交通领域作为新技术应用和创新的主要场所，推动新技术在交通运输行业的应用。

2）加快既有设施智能化，推进治理水平提升

利用新技术赋能交通基础设施发展，加强既有交通基础设施提质升级，提高设施利用效率和服务水平。

7.5.3　公平与以人为本

要在交通系统建设中体现公平和以人为本，应加强交通运输人文建设，满足城市中不同收入、年龄、出行特征等群体的多样化、个性化出行要求；加强无障碍设施建设，完善无障碍装备设备，提升对特定人群出行的便利度和服务水平；适应老龄化社会交通需求，健全交通运输服务体系对老年人的服务；创新服务模式，提升运输服务的人性化、精细化水平。此外，还应加强交通文明宣传教育，弘扬优秀交通文化，提高交通参与者的守法意识。

扩展阅读

[1] 孔令斌. 城市发展与交通规划：新时期大城市综合交通规划理论与实践[M]. 北京：人民交通出版社，2009.

[2] 文国玮. 城市交通与道路系统规划[M]. 北京：清华大学出版社，2001.

[3] 中华人民共和国国务院新闻办公室.《中国交通的可持续发展》白皮书[R/OL].（2022-12-22）[2024-06-08]. https://www.gov.cn/zhengce/2020-12/22/content_5572212.htm.

关键术语

交通工程学、交通调查、交通分析模型、交通系统的衔接、城市客运枢纽

思考题

1. 请简述交通工程的含义。
2. 交通调查的目的是什么，交通调查分为几类？
3. 居民出行调查的定义是什么？
4. 交通需求管理的目的是什么？
5. 城市中道路管理原则都有哪些？分别是什么？
6. 如何理解交通与土地利用的关系？
7. 如何通过调整城市结构来解决城市交通问题？
8. 在城市中进行交通组织优化有哪些方法？
9. 交通系统管理的定义是什么？
10. 交通组织优化的原则有哪些，分别阐述其内容。

参考文献

[1] 王慧明.北京宣言中国城市交通发展战略[J].城市规划,1996(4):32-34.
[2] 王晶,陆化普.轨道交通枢纽与城市用地一体化开发[M].北京:中国建筑工业出版社:2021.
[3] 孔令斌.城市发展与交通规划:新时期大城市综合交通规划理论与实践[M].北京:人民交通出版社,2009.
[4] 文国玮.城市交通与道路系统规划[M].北京:清华大学出版社,2001.
[5] 中国公路学会《交通工程手册》编委会.交通工程手册[M].北京:人民交通出版社,1998.
[6] 王炜,陈峻,过秀成,等.交通工程学[M].3版.南京:东南大学出版社,2019.

第 8 章

防灾减灾

■ **教学要求**

我国是一个历史悠久的国家，创造了光辉灿烂的文化，但自古以来我国也是一个灾害频发的国家，给中华民族带来了深重的灾难。我国人口众多、地域辽阔，气候、地理和地质条件复杂，是全球受自然灾害威胁最为严重的国家之一，灾害类型多、分布区域广、易发频发、风险水平高。因此，应正确地认识自然灾害特征与发生发展规律，科学制定防灾减灾救灾规划，从源头上减少自然灾害风险，增强防御自然灾害能力是很有必要的。

本章要求学生了解自然灾害的类型与特征，掌握区域综合防灾规划、防灾减灾设施与工程的原则与方法，熟悉在国土空间规划中减轻自然灾害风险的方式。通过本章的学习，学生可以加深对自然灾害的理解，强化国土空间规划中综合防治自然灾害的原则与方法。

8.1 自然灾害类型与特征

8.1.1 自然灾害的基本概念

1. 自然灾害

自然灾害是指由自然因素造成人类生命、财产、社会功能和生态环境等损害的事件或现象，包括干旱、洪涝、台风、冰雹、暴雪等气象灾害，火山、地震，崩塌、滑坡、泥石流等地质灾害，风暴潮、海啸等海洋灾害，森林草原火灾和重大生物灾害。

自然灾害是地球历史上不可分割的一部分,风暴、洪水、火山爆发、地震、海啸、山体滑坡、泥石流等都是促使地球不断演变的自然现象。从全球范围来看,自然灾害每一天都在发生,但是灾害规模、空间分布和重复发生的时间却是千差万别的。

自然灾害系统是由孕灾环境、致灾因子和承灾体共同组成,灾情是各子系统相互作用的结果。自然灾害中既有地震、滑坡、崩塌、泥石流、洪水、台风等突发性灾害,也有地面沉降、土地沙漠化、干旱、海岸线变化等渐变性灾害。

2. 自然灾害分类体系

根据主导影响因素和其主要表现形式确定灾害类型,一般分为气象水文灾害、地质地震灾害、海洋灾害、生物灾害、生态环境灾害等类型(表 8-1)。影响灾情大小的因素主要有孕灾环境、致灾因子和承灾体。

表 8-1 自然灾害分类

序号	类型	含义
1	气象水文灾害	由于气象和水文要素的数量或强度、时空分布及要素组合的异常,对人类生命财产、生产生活和生态环境等造成损害的自然灾害
1.1	干旱灾害	因降水少、河川径流及其他水资源短缺,对城乡居民生活、工农业生产以及生态环境等造成损害的自然灾害
1.2	洪涝灾害	因降雨、融雪、冰凌、溃坝(堤)、风暴潮等引发江河洪水、山洪、泛滥以及渍涝等,对人类生命财产、社会功能等造成损害的自然灾害
1.3	台风灾害	热带或副热带洋面上生成的气旋性涡旋大范围活动,伴随大风、暴雨、风暴潮、巨浪等,对人类生命财产造成损害的自然灾害
1.4	暴雨灾害	因每小时降雨量 16 毫米以上,或连续 12 小时降雨量 30 毫米以上,或连续 24 小时降雨量 50 毫米以上的降水,对人类生命财产等造成损害的自然灾害
1.5	大风灾害	平均或瞬时风速达到一定速度或风力的风,对人类生命财产造成损害的自然灾害
1.6	冰雹灾害	强对流性天气控制下,从雷雨云中降落的冰雹,对人类生命财产和农业生物造成损害的自然灾害
1.7	雷电灾害	因雷雨云中的电能释放、直接击中或间接影响到人体或物体,对人类生命财产造成损害的自然灾害
1.8	低温灾害	强冷空气入侵或持续低温,使农作物、动物、人类和设施因环境温度过低而受到损伤,并对生产生活等造成损害的自然灾害
1.9	冰雪灾害	因降雪形成大范围积雪、暴风雪、雪崩或路面、水面、设施凝冻结冰,严重影响人畜生存与健康,或对交通、电力、通信系统等造成损害的自然灾害
1.10	高温灾害	由较高温度对动植物和人体健康,并对生产、生态环境造成损害的自然灾害
1.11	沙尘暴灾害	强风将地面尘沙吹起使空气混浊,水平能见度小于 1 公里,对生命财产造成损害的自然灾害
1.12	大雾灾害	近地层空气中悬浮的大量微小水滴或冰晶微粒的集合体,使水平能见度降低到 1 公里以下,对人类生命财产特别是交通安全造成损害的自然灾害

续表

序号	类型	含义
1.13	其他气象水文灾害	除上述灾害以外的气象水文灾害
2	地质地震灾害	由地球岩石圈的能量强烈释放剧烈运动或物质强烈迁移，或是由长期累积的地质变化，对人类生命财产和生态环境造成损害的自然灾害
2.1	地震灾害	地壳快速释放能量过程中造成强烈地面振动及伴生的地面裂缝和变形，对人类生命安全，建（构）筑物和基础设施等财产，社会功能和生态环境等造成损害的自然灾害
2.2	火山灾害	地球内部物质快速猛烈地以岩浆形式喷出地表，造成生命和财产直接遭受损失，或火山碎屑流、火山熔岩流、火山喷发物（包括火山碎屑和火山灰）及其引发的泥石流，滑坡、地震、海啸等对人类生命财产，生态环境等造成损害的自然灾害
2.3	崩塌灾害	陡崖前缘的不稳定部分主要在重力作用下突然下坠滚落，对人类生命财产造成损害的自然灾害
2.4	滑坡灾害	斜坡部分岩（土）体主要在重力作用下发生整体下滑，对人类生命财产造成损害的自然灾害
2.5	泥石流灾害	由暴雨或水库、池塘溃坝或冰雪突然融化形成强大的水流，与山坡上散乱的大小块石、泥土、树枝等一起相互充分作用后，在沟谷内或斜坡上高速运动的特殊流体，对人类生命财产造成损害的自然灾害
2.6	地面塌陷灾害	因采空塌陷或岩溶塌陷，对人类生命财产造成损害的自然灾害
2.7	地面沉降灾害	在欠固结或半固结土层分布区，由于过量抽取地下水（或油、气）引起水位（或油、气）下降（或油、气田下陷）、土层固结压密而造成的大面积地面下沉，对人类生命财产造成损害的自然灾害
2.8	地裂缝灾害	岩体或土体中直达地表的线状开裂，对人类生命财产造成损害的自然灾害
2.9	其他地质灾害	除上述灾害以外的地质灾害
3	海洋灾害	海洋自然环境发生异常或激烈变化，在海上或海岸发生的对人类生命财产造成损害的自然灾害
3.1	风暴潮灾害	热带气旋，温带气旋，冷锋等强烈的天气系统过境所伴随的强风作用和气压骤变引起的局部海面非周期性异常升降现象造成沿岸涨水，对沿岸人类生命财产造成损害的自然灾害
3.2	海浪灾害	波高大于4米的海浪对海上航行的船舶、海洋石油生产设施、海上渔业捕捞和沿岸及近海水产养殖业、港口码头、防波堤等海岸和海洋工程等造成损害的自然灾害
3.3	海冰灾害	因海冰对航道阻塞、船只损坏及海上设施和海岸工程损坏等造成损害的自然灾害
3.4	海啸灾害	由海底地震、火山爆发和水下滑坡、塌陷所激发的海面波动，波长可达几百公里，传播到滨海区域时造成岸边海水陡涨，骤然形成"水墙"，吞没良田和城镇村庄，对人类生命财产造成损害的自然灾害
3.5	赤潮灾害	海水某些浮游生物或细菌在一定环境条件下，短时间内爆发性增殖或高度聚集，引起水体变色，影响和危害其他海洋生物正常生存的海洋生态异常现象，对人类生命财产、生态环境等造成损害的灾害。见生物灾害中的赤潮灾害
3.6	其他海洋灾害	除上述灾害之外的其他海洋灾害
4	生物灾害	在自然条件下的各种生物活动或由于雷电、自燃等原因导致的发生于森林或草原，有害生物对农作物、林木、养殖动物及设施造成损害的自然灾害
4.1	植物病虫害	致病微生物或害虫在一定环境下暴发，对种植业或林业等造成损害的自然灾害

续表

序号	类型	含义
4.2	疫病灾害	动物或人类由微生物或寄生虫引起突然发生重大疫病,且迅速传播,导致发病率或死亡率高,给养殖业生产安全造成严重危害,或者对人类身体健康与生命安全造成损害的自然灾害
4.3	鼠害	害鼠在一定环境下暴发或流行,对种植业、畜牧业、林业和财产设施等造成损害的自然灾害
4.4	草害	杂草对种植业、养殖业或林业和人体健康等造成严重损害的自然灾害
4.5	赤潮灾害	海水中某些浮游生物或细菌在一定环境条件下,短时间内爆发性增殖或高度聚集,引起水体变色,影响和危害其他海洋生物正常生存的海洋生态异常现象,对人类生命财产、生态环境等造成损害的灾害
4.6	森林/草原火灾	由于雷电、自燃或在一定有利于起火的自然背景条件下由人为原因导致的,发生于森林或草原,对人类生命财产、生态环境等造成损害的火灾
4.7	其他生物灾害	除上述灾害之外的其他生物灾害
5	生态环境灾害	由于生态系统结构破坏或生态失衡,对人地关系和谐发展和人类生存环境带来不良后果的一大类自然灾害
5.1	水土流失灾害	在水力等外力作用下,土壤表层及其母质被剥蚀、冲刷搬运而流失,对水土资源和土地生产力造成损害的自然灾害
5.2	风蚀沙化灾害	由于大风吹蚀导致天然沙漠扩张、植被破坏和沙土裸露等,导致土壤生产力下降和生态环境恶化的自然灾害
5.3	盐渍化灾害	易溶性盐分在土壤表层积累的现象或过程对土壤和植被造成损害的灾害
5.4	石漠化灾害	在热带、亚热带湿润,半湿润气候条件和岩溶极其发育的自然背景下,因地表植被遭受破坏,导致土壤严重流失,基岩大面积裸露或砾石堆积,使土地生产力严重下降的灾害
5.5	其他生态环境灾害	除上述灾害之外的其他生态环境灾害

资料来源:中华人民共和国国家质量监督检验检疫总局,中国国家标准化管理委员会. 自然灾害:GB/T 28921—2012 [S]. 北京:中国标准出版社, 2012.

3. 自然灾害链

灾害链是指自然灾害发生后,诱发出其他灾害的现象。灾害链中最早发生的灾害称为原生灾害,由原生灾害所诱发出来的灾害则称为次生灾害。灾害链的情形主要包括以下五种。

因果型灾害链:是指灾害链中相继发生的自然灾害之间有成因上的联系,如大震之后引起瘟疫、旱灾之后引起森林火灾等情形。

同源型灾害链:是指形成链的各灾害的相继发生是由共同的某一因素引起或触发的情形。

重现型灾害链:是同一种灾害二次或多次重现的情形,台风的二次冲击、大地震后的强余震都是灾害重现的例子。

互斥型灾害链：是指某一种灾害发生后另一灾害就不再出现或者减弱的情形。

偶排型灾害链：是指一些灾害偶然在相隔不长的时间在靠近的地区发生的现象，如大旱与大震、大水与地震、风暴潮与地震等就属于这类灾害链。

8.1.2 中国对自然灾害的认识

1. 中国古代对灾害的认识

我国是世界上对灾害记录和研究最早的国家。早在殷商甲骨文中不但有水、火、蝗虫等象形字，而且对大雨、干旱、冰雹、雷电等也有了文字的记载。之后，灾害作为历朝历代史志中的重要内容，留下了丰富资料。

1）在灾害预测方面

《吕氏春秋》有云："夫稼，为之者人也，生之者地也，养之者天也。"。这句话论证了人、地、天的相互关系。《孟子》有云："不违农时，谷不可胜食也……百亩之田，勿夺其时，数口之家可以无饥矣。"这句话阐述了尊重自然、顺乎自然进行生产的思想。此后，随着天文历法、地理等科学发展，人们将对灾害的认识与日月星辰变化和水土山石运动结合起来，发展出了对灾害演化规律的认识[1]。

2）在灾害成因方面

古代人们对灾害成因的认识主要受"神天"和"人天"两种自然观所控制。"神天"观念为多种灾异现象的发生与运行都设了相应的神位，如龙王事水，雷公、电母、风神、火神等等各有其事。"人天"观念则客观地观察、记录甚至探究各种灾异的成因。比如古人在大地浮于水的认识上，提出了深水相搏而激起地震之说；东汉时期的张衡发明了候风地动仪，传为世界最早的地震仪。古人普通对灾害成灾的自然过程的描述相当详尽，但成灾机理不明。

3）在灾害防治方面

早在远古时期，我国劳动人民就开始了对洪水、干旱等自然灾害的防治。传说中的大禹治水采用的是分洪疏导，将黄河下游"分播为九"，使之畅流入海。都江堰水利工程更是科学治水的历史杰作。我国灾害防治历史的发展主要集中在治水工程、建筑工程等领域。

---

1. 马宗晋，张业成，高庆华，等．灾害学导论［M］．长沙：湖南人民出版社，1998．

4)在灾害管理方面

在封建社会早期,政府就设置了专门负责水利建设的机构,称为"司空",其职责是"修堤梁,通沟浍,行水潦,安水藏,以时决塞。"我国古代常把灾害管理冠之以"律学",实为古代灾害管理之真谛:上律朝纲,中律吏政,下律民风[1]。

2. 中国防灾减灾文化

中华民族灾害治理的思想和实践源远流长、极为丰富,贯穿于中华民族生存、发展和不断壮大的历史进程之中。无论是经部、子部、集部典籍,还是历代正史、政书、地方史志等文献,其中都不乏灾害治理的相关记载,给我们留下了宝贵的文化遗产。可以说,中华民族数千年的发展史,既是先民尊重自然、顺应自然、与大自然和谐共生的历史,也是战天斗地、与各种自然灾害特别是重大自然灾害斗争的历史。

我国是世界上最早开展灾害治理的国家之一。最晚在商周时期,我国已初步形成包括兴修水利、散粟赈民等在内的救灾机制。秦汉时期,我国奠定了灾害治理的基本制度,仓储管理、水利疏通和赋税蠲免等治理手段逐渐以法律法规的形式确定下来。魏晋南北朝时期,民间救灾发展迅猛,家族宗族、慈善团体等社会力量均发挥了积极作用。隋唐时期,救灾法律法规较之以往更加明确、细致,从制度层面强化了灾害治理的举措和成效。两宋时期,政府注重统筹国家与社会力量的协调运转,推动了两者在灾害治理中的互动与融合。元朝在借鉴前人救灾经验方面成效显著、发展迅速。明朝的灾害治理进一步程序化、规范化,相关的监督机制也有所强化和完善。及至清朝,灾害治理体系的建设和运转更加成熟、完善,在官民合赈、推广高产农作物等方面都有显著进步和长足发展。我国古代灾害治理的思想文化和实践经验是中华优秀传统文化的重要组成部分,显示出中华民族顽强不屈、坚韧不拔的英雄气概和无穷智慧。

3. 中国的减灾行动

从古至今,我国始终把保护公众的生命财产安全放在第一位,把减灾纳入经济和社会发展规划,作为实现可持续发展的重要保障,主要措施有:①加强自然灾害风险隐患和信息管理能力建设,全面查明重点区域主要自然灾害风险隐患,基本摸清减灾能力底数;②加强自然灾害监测预警预报能力建设,建设卫星遥感灾害监

---

1. 马宗晋,张业成,高庆华,等.灾害学导论[M].长沙:湖南人民出版社,1998.

测系统，构建自然灾害立体监测体系，注重加强频发易发灾害和极端天气气候事件的监测预警预报能力建设；③加强自然灾害综合防范防御能力建设，提高大中型工业基地、交通干线、通信枢纽和生命线工程的防灾抗灾能力，全面提高灾害综合防御能力；④加强国家自然灾害应急抢险救援能力建设，建立健全统一指挥、综合协调、分类管理、分级负责、属地管理为主的灾害应急管理体制，提升救灾物资运输保障能力；⑤加强流域防洪减灾体系建设，构建较为完善的流域防洪减灾体系，保障流域防洪安全；⑥加强巨灾综合应对能力建设，加强对巨灾发生机理、活动规律及次生灾害相互关系研究；⑦加强城乡社区减灾能力建设，完善城乡社区减灾基础设施，全面开展城乡民居减灾安居工程建设；⑧加强减灾科技支撑能力建设，加快遥感、地理信息系统、全球定位系统和网络通信技术的应用，提高综合减灾的标准化水平；⑨加强减灾科普宣传教育能力建设，开展减灾普及教育和专业教育，加强减灾科普教育基地建设，提高公民防灾减灾意识和技能。

8.1.3 自然灾害类型与成因

1. 地震灾害

地震灾害是指由地震引起的强烈地面振动及伴生的地面裂缝和变形，使各类建（构）筑物倒塌和损坏，设备和设施损坏，交通、通信中断和其他生命线工程设施等被破坏，以及由此引起的火灾、爆炸、瘟疫、有毒物质泄漏、放射性污染、场地破坏等造成人畜伤亡和财产损失的灾害。

2. 水旱灾害

旱灾指因气候严重或不正常的干旱而形成的气象灾害。一般由土壤水分不足导致，农作物水分平衡遭到破坏而减产或歉收，从而带来粮食问题，甚至引发饥荒。同时，旱灾亦可使人类及动物因缺乏足够的饮用水而死亡。

旱灾从自然因素来说，其发生主要与偶然性或周期性的降水减少有关。此外，与之有关的人为因素主要有：①人口大量增加，导致有限的水资源越来越短缺；②森林植被被人类破坏，水源涵养功能下降，加上抽取地下水等活动，导致地下水和土壤水减少；③人类活动造成大量水体污染，使可用水资源减少；④用水浪费严重，导致水资源短缺。

洪涝灾害是指因大雨、暴雨或持续降雨导致低洼地区淹没、渍水的现象，分为洪水和雨涝。洪水是指因暴雨急流或河湖泛滥所造成的灾害；雨涝是指因渍水、淹没造成的灾害[1]。

洪涝灾害形成的原因主要有以下两个。

1）自然原因

①水系特征：如水系支流多（扇形水系、树枝状水系），河道弯曲，缺少天然的入海河道，地势低洼；②水文特征：如夏季多暴雨，河水陡涨；③如气候特征：降水持续时间长，降水集中，夏季风的强弱变化，台风的影响，厄尔尼诺现象。

2）人为原因

①滥砍滥伐，造成水土流失加剧，河床抬升；②围湖造田，湖泊调节能力减弱；③不合理的水利工程建设等人为活动。

3. 地质灾害

地质灾害是指由自然因素或者人为活动引发的危害人民生命和财产安全的山体崩塌、滑坡、泥石流、地面塌陷、地裂缝、地面沉降等与地质作用有关的灾害。其中由降雨、融雪、地震等因素诱发的称为自然地质灾害，由工程开挖、堆载、爆破等引发的称为人为地质灾害。

地质灾害的发生主要源于两方面的因素：一是不可抗力的自然因素，如汛期强降雨引起的突发性地质灾害（滑坡、崩塌、泥石流等）；二是人为建设活动，如采矿、兴建水利工程、架桥、修路、开挖隧道等引发的滑坡、地面塌陷等地质灾害。

4. 气象与气候灾害

一般把气候灾害与天气灾害统称为气象灾害。天气灾害是指局地性、短时间的强烈天气过程带来的灾害，如台风、暴雨、冰雹、龙卷风等，常伴随有强风和暴雨，对农作物生长有很大的负面影响。气候灾害则指大范围、长时间的、持续性的气候异常所造成的灾害，如长时间气温偏高、偏低，或降水量偏多、偏少等就称为气候异常，往往会带来干旱、涝灾、低温、冷害等灾害。当较严重的气象灾害发生时，就会对农业、工业、牧业、水利、交通产生巨大影响，造成巨大经济损失。

造成气象灾害发生的因素是多方面的，主要分为自然因素与人类活动因素两大类。就自然因素而言，最主要的是大气环流和天气过程的异常。主要影响我国天气和气候及其异常的因素包括：亚洲季风、青藏高原、厄尔尼诺和南方涛动事件及环

---

1. 马宗晋，张业成，高庆华，等. 灾害学导论［M］. 长沙：湖南人民出版社，1998.

流系统的异常。人为因素主要包括温室气体排放、土地利用变化、水资源管理不当等等。

5. 海洋灾害

海洋灾害主要指在海上或海岸发生的灾害，包括风暴潮、海浪、海冰、飓风、地震海啸及赤潮、海水入侵等突发性自然灾害。

引发海洋灾害的原因主要有：大气的强烈扰动，如热带气旋、温带气旋等；海洋水体本身的扰动或状态骤变；海底地震、火山爆发及其伴生之海底滑坡、地裂缝等。海洋自然灾害不仅威胁海上及海岸，有些还危及沿岸人民生命财产的安全。如强风暴潮所导致的海侵（即海水上陆），影响范围少则几公里，多则20～30公里，甚至达70公里。上述海洋灾害还会在受灾地区引起许多次生灾害和衍生灾害，如风暴潮引起海岸侵蚀、土地盐碱化，海洋污染引起生物毒素灾害等。

6. 森林草原火灾

森林草原火灾是指失去人为控制，在森林内和草原上自由蔓延和扩展，对森林草原、生态系统和人类带来一定危害和损失的林草火燃烧现象。森林草原火灾是一种突发性强、破坏性大、处置救助较为困难的自然灾害。森林草原火灾不仅严重破坏森林草原资源和生态环境，而且会对人民生命财产和公共安全产生极大危害，对国民经济可持续发展和生态安全造成巨大威胁。具体危害表现在：烧毁森林草原植被资源，危害野生动物，引起水土流失、下游河流水质下降、空气污染，威胁人民生命财产安全等方面。

森林草原燃烧需要可燃物、火源和氧气三者相互作用才能形成，这三者就是森林草原燃烧三要素。影响森林草原火灾的主要气象因子有降水、温度、相对湿度、风速、风向等因素。这些气象因子与森林草原火灾的发生密切相关。

7. 生物灾害

生物灾害是指由于人类生产生活不当、破坏生物链或在自然条件下某种生物过多过快繁殖（生长）而对人类生命财产造成危害的自然事件。其分类大致为：农作物病虫害、森林病虫害、蝗灾与鼠害、生物入侵。

生态一旦受到破坏失去平衡，灾难随之而来，如大量捕杀鸟、蛙、蛇，使老鼠等害虫横行，用化学药剂杀死田间天敌，使害虫更加猖狂由此导致的一场大的蝗灾，病虫害或者农作物瘟病，可使几百万公顷庄稼减产绝收，导致几十万人饥饿死亡。

8. 突发性公共卫生事件

突发公共卫生事件是指突然发生，造成或者可能造成社会公众健康严重损害的重大传染病疫情、群体性不明原因疾病、重大食物和职业中毒以及其他严重影响公众健康的事件。

突发性公共卫生事件从发生原因上通常可分为生物病原体所致疾病、食物中毒事件、有毒有害因素污染造成的群体中毒、出现中毒死亡等情况。

8.1.4 自然灾害区划

1. 自然灾害区域分异规律

1）灾害区域分异特征

自然灾害在空间上的分布是不均的，主要体现在灾害的群发和不同区域灾害的组合不同两方面，表现出区域分异特征。灾害区域分异特征有如下四点。

从孕灾环境角度来看，中纬度地带、海陆过渡地带、气候系统过渡地带是全球孕灾环境最不稳定的地带，也是自然灾害群聚的地带。

从致灾因子角度来看，同样呈现出明显的地带与非地带分异规律，即表现为灾害多度和强度的地域分异，其分布与孕灾环境的分布规律基本一致。

从承灾体角度来看，地区差异体现在人口稠密、经济发达地区和人口稀疏、经济不发达地区。

从灾害损失角度来看，资源开发的不平衡、海陆分布不均等导致陆地灾害比海洋严重[1]。

2）中国自然灾害区域分异规律

我国主要自然灾害的区域分异，与大气环流因素、地球表层环境和构造活动的区域分异以及人类社会经济发展状况有密切的关系。我国"大兴安岭—太行山—雪峰山"一线为一条重要的地貌界线，同时也是人类社会经济状况区域分布的重要界线。该线以东的第三地貌台阶为我国台风分布和洪涝、旱灾最主要的多灾重灾区，其中以华北平原干旱强度最大。该线以西，阴山以南的第二地貌台阶，洪涝、干旱仍较发育，其中洪涝以四川盆地较多，而干旱则以滇中较严重，而滑坡、泥石流较发育，特别是在第一、二地貌台阶的过渡带，青藏高原东部和东南部、西秦岭、龙门山、川西、滇西为最强烈活动地区。地震灾害主要集中在构造活跃的地震带上，

---

1. 尚志海. 自然灾害学［M］. 北京：冶金工业出版社，2023：20-21.

位于我国中部的贺兰山—六盘山—滇中近南北向强烈活动地震带将我国分为东西两部，西部青藏高原边缘和高山边缘地震活跃。

洪涝灾害影响着全国 60% 以上的大陆地区，台风、风暴潮主要影响广大东南部发达地区，旱灾、风沙威胁广大三北地区。华北、西南、西北、台湾等地区地震多发、影响趋重，因复杂的地质构造和广布的山区等地质地理条件，崩塌、滑坡、泥石流等地质灾害频繁发生在占国土面积 60% 以上的山地、丘陵和高原。海域风暴潮和赤潮多发，森林和草原火灾易发。

2. 中国自然灾害区划

1）自然灾害区划含义

自然灾害区划是根据各种自然灾害在时间上的演替和空间上的分布规律，按照一定的原则和指标，对其空间分布进行区域划分的过程。其主要目的包括：认识区域自然灾害发生发展的时空分布规律，认识区域自然灾害发生的类型、强度、灾情和风险，为区域防灾减灾工作提供科学依据，为协调人类与环境的关系，促进区域经济和环境协调发展提供理论依据。

自然灾害区划的理论基础是灾害系统理论、地域分异理论和地学信息图谱理论，其中灾害系统理论是灾害区划原则制定、指标体系构建的基本依据，地域分异理论是灾害区划界线划定和等级确定的基础，地学信息图谱理论是灾害区划过程和结果呈现的主要方法。

2）自然灾害区划分类

自然灾害系统是一个庞大的系统，为了反映灾害系统结构组成和功能组成的地区差异，根据国内外已经开展的自然灾害区划研究，自然灾害区划主要包括以下八个类别。

灾种区划：反映自然灾害种类及其集聚性空间分布差异的区划。

灾情区划：反映自然灾害灾情的区域差异，灾情包括人员伤亡情况、经济损失情况、生态环境破坏程度、社会影响程度等。

孕灾环境区划：反映各种自然灾害孕灾环境地区差异性的区划，包括单一灾害孕灾环境区划和灾害综合孕灾环境区划。

灾害危险性区划：反映自然灾害致灾因子危险程度空间分布差异的区划，包括单一灾害危险性区划和综合灾害危险性区划。

灾害脆弱性区划：反映承灾体面对自然灾害的脆弱性空间分布差异的区划，包括单一灾害脆弱性区划和综合灾害脆弱性区划。

灾害风险区划：反映自然灾害对人类可持续发展的不利影响程度，包括单一灾害风险区划和综合灾害风险区划。

防灾减灾能力区划：反映承灾体减轻自然灾害能力差异的区划，包括单项防灾减灾能力区划和综合防灾减灾能力区划。

自然灾害保险区划：为自然灾害保险服务的灾害区划，根据保险需要，可分为人身保险区划、财产保险区划、农作物保险区划及各灾种保险区划。

3）中国自然灾害初步区划

依据我国主要自然灾害形成的环境背景的空间分异、各类自然灾害的分布规律和组合特点，及其危害程度的相似性与差异性，自然灾害分布区可划分为三类地区。

一类地区主要分布在西部，少数在西南和北部，这些地区经济欠发达、自然灾害直接经济相对损失中等或较强、抗灾能力较弱。该类地区是我国最干旱的地区，为典型大陆性气候，河流多属内陆水系，人口密度较低。该类地区会发生的主要灾害是干旱、雪灾、地震，其次为沙尘暴、滑坡、泥石流、山洪，主要影响农牧业生产。

二类地区大部分分布在中部，少数在东北、华北、西南等地，经济发展水平中等、自然灾害直接经济相对损失中等、抗灾能力中等。该地区北部受极地反气旋影响较大，南部为亚热带多雨区，为大江大河中游地区，人口密度中等或较大。该类地区会发生的主要灾害是干旱、洪涝、地震、冻害、风雹、农业病虫害，其次为滑坡、泥石流、森林自然灾害，主要影响农业、工业、交通运输。

三类地区分布在东部沿海地区，经济较发达、自然灾害直接经济相对损失中等或较弱、抗灾能力较强。该地区受副热带高压与热带气旋影响最大，为大江大河下游地区，人口密度大。该类地区会发生的主要灾害是洪涝、干旱、台风、风暴潮，其次为风雹、泥石流、地面沉降，主要影响工业、城市、农业。

8.2 区域综合防灾规划

国土空间综合防灾规划对主要灾害危险源空间分布及其影响范围作出现状评估和规划预判，针对主要灾害确定防灾规划目标和防灾标准，对各类防灾空间和防灾设施进行空间布局，通过对主要灾害的避让、隔离、缓冲、防护以及应急疏散救援等空间规划措施，提升全域综合防灾能力。

8.2.1 国土空间综合防灾规划类型

国土空间综合防灾规划包含各级国土空间（总体）规划中的综合防灾规划和各级国土空间综合防灾专项规划、详细规划中的综合防灾规划以及其他专项规划中的综合防灾规划。

1. 国土空间总体规划

省级国土空间综合防灾规划是对国家综合防灾减灾规划的落实，指导市级国土空间综合防灾规划的编制。市、县级国土空间综合防灾规划是本级政府对上级国土空间综合防灾规划要求的细化落实，是对本行政区域开发保护做出的具体防灾规划安排。乡镇级国土空间综合防灾规划编制应落实上级规划的各类防灾空间和防灾设施，制定其国土空间防护和规划管控规定，提出国土空间灾害防治措施。

1）省级国土空间综合防灾规划的任务与内容

省级国土空间综合防灾规划应落实国家综合防灾减灾规划，判识省域主要灾害风险，确定省域主要灾害类型，划设国土空间灾害风险区，协调省际和统筹省域国土空间灾害风险区；确定全省综合防灾规划目标和主要灾害防灾标准；构建省域国土空间防灾安全格局；衔接跨省际防灾空间和防灾设施，布局省级及以上防灾空间和重要防灾设施；提出省域国土空间重大灾害的防治原则和规划管控规定；对市、县级国土空间综合防灾规划提出传导要求和规划引导。

2）市、县级国土空间综合防灾规划的任务与内容

市、县级国土空间综合防灾规划应细化落实上级国土空间综合防灾规划的传导要求，判识市、县域主要灾害风险，确定市、县域国土空间主要灾害类型；划设市、县域国土空间主要灾害风险区和主要灾害风险控制线；确定市、县域综合防灾规划目标和防灾标准；构建市、县域防灾安全空间格局；衔接跨市、县际防灾空间和防灾设施，规划布局市、县域和中心城区主要防灾空间、重要防灾设施和国土空间灾害防治项目；制定防灾设施和国土空间灾害防治项目的管控规定；对详细规划中的综合防灾规划和乡镇级国土空间综合防灾规划提出传导要求和规划引导。

2. 国土空间详细规划

详细规划中的综合防灾规划应落实上位规划确定的各类防灾空间和防灾设施，明确规划建设区域内各类防灾空间的具体界线和防灾设施的用地范围，制定相关空间的用途管制规定，确保建设场地、地下空间、道路、工程管线等避让灾害危险源，并根据规划需要进行规划场地的防灾减灾规划设计。详细规划中的综合防灾规划包括城镇开发边界内详细规划中的综合防灾规划、城镇开发边界外村庄规划中的综合防灾规划，以及风景名胜区详细规划中的综合防灾规划。

3. 国土空间防灾专项规划

国土空间防灾专项规划包括各级国土空间综合防灾专项规划、特定地区综合防灾专项规划和市、县中心城区综合防灾专项规划。各级国土空间综合防灾专项规划包含全国、省级、市级、县级、乡镇级国土空间综合防灾专项规划。特定地区综合防灾专项规划包含都市圈、城镇密集区等重要区域、滨江（海）区域、河湖流域、化工园区、森林草原火灾高风险区、地质灾害高风险区等特定地区的综合防灾专项规划。

8.2.2 灾害风险区

灾害风险区指根据单灾种灾害风险评估或多灾种综合灾害风险判识（或评估）成果而划设的不同灾害风险等级的国土空间，包括地质灾害风险区、地震灾害风险区、洪涝灾害风险区。

8.2.3 灾害风险控制线

1. 基本定义

灾害风险控制线指在国土空间综合防灾规划中，为防范国土空间的灾害风险和保障国土空间安全而划设的灾害风险管控范围线，比如洪涝灾害风险控制线。

2. 国土空间灾害风险控制线划设

采用划示和划定两种方式。划示的方式一般用于划设全域（省域、市域、县域）内国土空间灾害风险控制线的位置；划定的方式一般用于划设中心城区、镇区、村庄的国土空间灾害风险控制线的准确界限。国土空间综合防灾规划通过统筹协调将各类国土空间主要灾害风险控制线落实到国土空间用地上。根据灾害风险特点，国土空间综合防灾规划应针对各类国土空间主要灾害风险控制线围合区域提出相应的空间管控规定。

8.2.4 主要防灾空间

防灾空间主要是指容纳灾害或隔离灾害危险源，或具有一定防灾功能的空间或区域，包括地震活动断层避让区、蓄滞洪区、海岸建筑退缩线、森林草原防火阻隔带等。

针对国土空间主要灾害类型，应基于单灾种灾害风险区和灾害风险控制线成果，统筹协调划设国土空间灾害风险区，划设各类主要灾害风险控制线；根据综合防灾规划目标和综合防灾规划策略，提出全域生态空间、农业空间，尤其是城镇空间针对主要灾害的避让、隔离、缓冲、防护等规划要求；明确全域重大防灾空间和区域关键性防灾设施的结构性分布要求，构建国土空间防灾安全格局。

8.3　防灾减灾设施与工程

8.3.1 防灾减灾基础设施布局

防灾设施是指具有灾害监测预警、灾害防御、应急服务和应急保障功能的各类设施。

1）**灾害监测预警设施**

灾害监测预警设施主要包括地震监测台站、预警中心、地质灾害监测设施和预警中心、水文站和预警中心、气象台站和预警中心、海洋气象监测站和预警中心、海洋环境监测站和预警中心、森林草原火灾监测站和预警中心。

2）**灾害防御设施**

灾害防御设施主要包括水库、堤防、地下水库、避风锚地、地质灾害防治工程、特勤/战勤消防站、普通消防站。

3）**应急服务设施**

应急服务设施主要包括应急通道、避难场所、疏散安置基地、应急救援中心、应急指挥中心、消防救援中心、救灾物资储备中心、紧急医疗救援中心、公共卫生

（临床）中心、应急救援队伍训练基地、防灾减灾宣教培训基地。

4）应急保障基础设施

应急保障基础设施主要包括区域性引调水工程、区域性应急水源地、区域性应急能源储存基地、区域性输电工程、区域性油气长输管线、应急通信中心。

为实现防灾设施的高效建设，在保障防灾设施防灾功能的前提下，应以节约集约用地为原则，统筹各类防灾设施的综合布局；充分考虑防灾设施的防灾功能和常态功能的兼容共用；协调防灾设施与公共服务设施、市政基础设施共建共享；兼顾增强公共服务设施和公共空间的防灾功能和转换机制；在灾害多发地区，研究战略预留区和留白用地的防灾功能启用机制。

8.3.2 灾害防治技术与工程

有效的工程措施能够减轻自然灾害。如地震时房屋和建筑物的倒塌，是造成人员伤亡的主要原因，若能提高房屋和建筑物的抗震能力，就能极大地减少人员伤亡和财产损失。在减轻灾害的工程建设方面要做到：①在工程建设中要将抗御自然灾害能力放到首要位置；②要充分利用现代科学技术成果，提高科技减灾能力，降低成本；③要因地制宜提高抗灾能力。

加强自然灾害防治关系国计民生，要建立高效科学的自然灾害防治体系，提高全社会自然灾害防治能力，为保护人民群众生命财产安全和国家安全提供有力保障。实施灾害风险调查和重点隐患排查工程，掌握风险隐患底数；实施重点生态功能区生态修复工程，恢复森林、草原、河湖、湿地、荒漠、海洋生态系统功能；实施海岸带保护修复工程，建设生态海堤，提升抵御台风、风暴潮等海洋灾害能力；实施地震易发区房屋设施加固工程，提高抗震防灾能力；实施防汛抗旱水利提升工程，完善防洪抗旱工程体系；实施地质灾害综合治理和避险移民搬迁工程，落实好地质灾害避险搬迁任务；实施应急救援中心建设工程，建设若干区域性应急救援中心；实施自然灾害监测预警信息化工程，提高多灾种和灾害链综合监测、风险早期识别和预报预警能力；实施自然灾害防治技术装备现代化工程，加大关键技术攻关力度，提高我国救援队伍专业化技术装备水平。

8.3.3 平急结合防灾减灾设施

在机制构建上，"平急两用"基础设施在平时、应急两种情景下均能发挥作用，主要用于防范和应对重大灾害风险。根据城市实际情况和应急需求，制定"平急两用"公共基础设施建设专项规划，优化空间布局和供给结构，避免重复建设和碎片化管理；兼顾平时和应急两种情景下的双重任务，做到平时不闲置浪费，应急时转换高效，建立和完善"平战结合、功能转换、协同反应"机制，推动应急管理能力走向现代化。

在功能转换上，推动大型体育场馆、展览馆、文化中心等设施"平急两用"改造，"急时"可转换为隔离场所，满足应急隔离、临时安置、物资保障等需求。"平时"重点保发展，"急时"重点保安全；既在空间上守住底线、留有余地，又在时间上应对风险变化、做好预案。不仅考虑"平时"和"急时"功能的兼容性，更考虑"平时"和"急时"功能的可快速转换性；统筹各类防灾空间的复合利用，对各类防灾设施进行多灾种功能综合利用，保障和提升防灾空间和防灾设施的平时常态化社会公共服务使用功能。

在空间布局上，坚持城乡融合，推动城区基础设施与公共服务设施向周边乡村地区延伸，形成"平急两用"公共基础设施的点线面结合的网络化布局，提升城乡整体应对灾害和风险的能力。在面上，结合都市圈、城乡生活圈的人口社会、资源禀赋等特征，根据不同灾种与分级响应需求，划定平急功能复合区，推动区域统筹联动；在线上，充分考虑"急时"应急救援疏散和物资供应需求，预控应急保障通道；在点上，加强分级响应的"平急两用"公共基础设施节点规划安排，明确功能转换与复合利用要求。

在规划管控上，根据城市安全韧性等需求，完善平急功能复合的韧性城市规划和管理内容，更好发挥对未来空间转换做好预案的规划作用，提高灵活转换、快速恢复的城市空间治理能力。总体规划层面要注重空间统筹安排，从优化全域城乡安全格局角度，提出平急功能复合的目标、原则、工作重点和空间布局总体要求。详细规划层面要明确差异化的平急功能复合管控引导要求。开发边界内单元层面详细规划要落实细化"平急两用"空间资源的用地选址和规模、承载规模、功能转换等要求；实施层面详细规划要进一步确定用地边界和功能转换等空间管控及应急使用要求；村庄规划及其他类型详细规划要充分利用乡村闲置资源，植入"急时"功能。专项规划要统筹衔接各类空间资源的配置和布局要求。细化落实总体规划阶段相关内容，划定平急功能复合区，明确不同应用场景的设施布局和配套要求。将依法批准的专项规划主要内容经法定程序纳入详细规划，方可将其作为用途管制（含规划许可）的依据。

8.4 减轻自然灾害风险

8.4.1 未来自然灾害发展趋势

气候变暖背景下，我国呈现极端天气气候事件增加的趋势，暴雨洪涝、高温干旱、低温冷害、热带气旋、强对流、沙尘等出现了极端性强、区域性阶段性明显、异常情况多发频发等特点。气候变暖导致水资源安全风险明显上升，冰川呈退缩趋势，多年冻土范围减少。植被物候受气候变化影响显著，稳定性下降，植被带分布总体向高纬度、高海拔地区推移，有害生物和生物入侵增多。沿海海平面变化高于同期全球平均水平，海洋灾害趋频趋强，海岸侵蚀、海水入侵加剧，海洋和海岸带生态系统受到严重威胁。气候变化通过影响虫媒、病原体和人体系统，加剧传染病暴发流行的风险，从而影响基础设施和重大工程建设运营环境，威胁基础设施安全稳定性和可靠耐久性，影响重大工程安全运行。

城市抗御灾害能力变得越来越脆弱。随着高新技术的广泛应用，城市变成了一个相互联系的高科技的复杂系统，城市的正常生产和生活对通信网络、金融网络、生命线网络依赖程度日益增强，城市韧性亟待增强。对于大多数地区而言，工程灾害损失仍是地震灾害中最主要的部分，但在城市化程度较高、经济发达的地区或毗邻区域发生破坏性地震，工程灾害所占比例就会明显下降，而社会灾害损失更加严重。而随着人口向城市大量集中和社会经济迅速发展，这种以社会损失为主体的灾害必将打破长期以来形成的以建筑物破坏为代表的工程灾害占主导的震灾损失格局。重特大灾害引发的灾害链是"社会灾害"加剧的主要原因之一[1]。

8.4.2 自然灾害预测预警

1. 灾害监测系统

灾害监测系统能运用物联网、大数据、人工智能、遥感定量反演等先进技术，结合隐患点实况反演、灾害性天气风险识别、短时临近预报、次生衍生事件链分析、基于GIS的自然灾害综合风险分析等技术成果，综合考虑致灾因子危险性、承

---
1. 陈颙，史培军. 自然灾害[M]. 4版. 北京：北京师范大学出版社，2014：385-409.

载体韧性和监测能力等要素，融合感知网络采集的实况监测数据与各类观测数据，对单灾种、多灾种进行综合监测分析，提供各类灾害全过程监测、综合风险评估、预警预测和自然灾害发展趋势研判服务。自然灾害预测的基础是对灾害形成发育的过程进行监测。目前，我国已建立的灾害监测系统包括地震观测台网、气象灾害监测预警、地质灾害监测预警网、海洋卫星监测等系统。

2. 预测预警

灾害预测预警是一项极具挑战性的科学课题，目前暴雨预测的准确率约为50%，崩塌、滑坡、泥石流、火山喷发、海啸等比地震要高一些，难度最大的是地震预测预警。

总结分析已发生的灾害事件，形成灾害演化规律认识，分析成灾机理，对于预测灾害是一种重要的经验性方法，案例事件越多，经验预测越有效。在灾害预测理论方面，一般是通过建立灾害监测预警模型，仿真模拟灾害演化过程，达到灾害预测目的，此过程中模型的建立是最为关键的，所有模型都要对灾害发生过程进行简化，因此其科学性和真实性受限。在实践中，经常是将经验性方法和理论性方法结合起来开展灾害预测预警。

灾害预测预警面临科学性和社会性两个方面困难。科学性问题主要是采取有效的技术方法，提高灾害预测准确率。社会性问题主要是把灾害信息及时地传播给公众以及信息发布的责任问题。现阶段对于灾害预测，漏报、错报都是不可避免的。一旦出现漏报、错报，必然会造成严重经济损失，甚至会引起社会不稳定。要想解决好社会性问题，提高民众灾害风险意识、提高公众防灾减灾救灾的科学观是十分重要的[1]。

3. 监测预警机制

构建科学的灾害监测预警机制是防灾减灾的重要内容，其主要是通过运用信息通信、空间卫星、天气预报、大数据分析等技术，对灾害过程进行监测，分析自然灾害变化的监测数据和信息，并对灾害发生发展进行预测预警。各级政府和有关部门基于灾害监测预报信息，综合考虑各相关要素，为将灾害风险降到最低，对有必要采取措施的区域进行分级预警[2]。

---

1. 陈颙，史培军. 自然灾害[M]. 4版. 北京：北京师范大学出版社，2014：385-409.
2. 连会青，郑贵强. 自然灾害应急管理概论[M]. 北京：应急管理出版社，2022：32-37.

8.4.3 自然灾害风险评估与管理

1. 自然灾害风险评估

自然灾害风险是指以自然变异为主因,导致未来不利事件发生的可能性及其损失。风险评估是一种确认风险性质和范围的方法。风险评估模型是风险管理的关键,直接决定风险评估结果,影响风险管理决策,包括风险特征类模型、风险要素类模型、风险情景类模型等模型[1]。

自然灾害风险评估需要建立完善的研究方法,包括各种研究方法和技术手段。这些技术和手段为更加合理地识别风险、分析风险,从而评价风险的大小及等级提供帮助,其中数理方法是目前风险分析中最常使用的方法。风险评估数理方法可分为定性分析方法、半定量分析方法和定量分析方法三类。风险定性分析采用语言文字描述风险及后果;风险定量分析采用数值方法计算风险大小;风险半定量分析介于两者之间,表现为部分指标用文字描述,部分指标用数值表达,风险结果混用数值范围和等级划分。

2. 自然灾害风险管理

降低灾害风险、减少灾害损失、促进资源合理配置、推动可持续发展,是自然灾害风险管理的目的。《国际减灾十年》实施以来,灾害管理理念从单纯的灾害应对转变为降低灾害综合风险,突出强调"与灾害风险共存",即接受部分灾害风险。自然灾害风险管理的核心职责就是通过各类措施将灾害风险控制在社会普遍能够接受的水平。主要包括五个方面内容:一是风险沟通,在决策者和其他利益相关者之间交换或分享风险可能性、严重性、可接受度、处理措施、政策制度等信息;二是制定标准,在自然、环境、经济、社会等条件分析基础上,制定可接受灾害风险标准,高度重视公众参与程度,促进形成统一认识;三是风险评估,通过风险识别、风险分析和风险评价,分析风险大小,判定其可接受性;四是风险处理,根据评价结果,针对不同类型和大小风险采取规避、减轻、转移、保留等处理方式;五是风险管理绩效评价,在标准制定、风险评估和风险处理等阶段,统筹考虑绩效评价结果,促进实现风险适应性动态管理,将现有风险和剩余风险都维持在可接受风险水平以内。

---

1. 尚志海. 自然灾害学[M]. 北京:冶金工业出版社,2023:38-41.

8.4.4 灾害应急响应与救援

1. 应急响应机制

灾害发生后，抢时间是第一要务，灾害发生初期是最宝贵、最有效的防控时机，消除或延缓灾害发展，在应急管理过程中极为关键。在灾害初期应第一时间获取灾害风险信息，实时监视灾情发展，根据灾情变化排险除危险，最大程度上控制灾情扩大、减轻灾害损失。应急响应要做到指挥决策果断，防范措施到位有效，实现"第一人员"在"第一时间"到达"第一现场"，并采取"第一措施"控制灾情。根据灾害性质和危害程度实施分级响应，不同级别响应对应不同级别的应急指挥组织和救援处置力量配置[1]。

2. 灾害应急救援

严重的灾害发生后，社会进入紧急状态。此时，应采取非常措施第一时间稳定和恢复社会秩序以及救治伤员。对不同程度的灾害应采取不同的管理方式，即"小灾靠自救、中灾靠互救、大灾靠国家"。联合国提出：发展以社区为中心的减灾战略。以"专业"为主和以"社区"为主的管理是灾害管理的不同方式。以"专业"为主的垂直管理方式适用于灾情严重的灾害，利于发展适合不同灾种的高新技术；以"社区"为主的管理方式有利于调动整体力量，及时有效地减少灾害影响[2]。

3. 灾后重建

近年来，我国成功应对了汶川、玉树、芦山、鲁甸等重大特大地震以及舟曲特大山洪泥石流等自然灾害，灾区恢复重建工作取得了举世瞩目的成就。我国灾后恢复重建工作坚持"以人为本，民生优先；中央统筹，地方为主；科学重建，安全第一；保护生态，传承文化"的基本原则，力争使灾后恢复重建任务完成后，灾区生产生活条件和经济社会发展得以恢复，达到或超过灾前水平，实现人口、产业与资源环境协调发展。为有序推进灾后恢复重建工作，在确定启动程序后，还需要进一步开展综合评估损失、隐患排查、受损鉴定、资金筹措、配套政策制定、重建规划编制等工作内容。此外，还应在制定实施方案、完善工作机制、提高行政效能、发

---

1. 连会青，郑贵强. 自然灾害应急管理概论［M］. 北京：应急管理出版社，2022：32-37.
2. 陈颙，史培军. 自然灾害［M］. 北京：北京师范大学出版社，2014：385-409.

挥群众作用、加强援建支持的同时，通过鼓励社会参与、严格监督管理、做好舆论宣传等方式强化保障措施[1]。

扩展阅读

[1] 毛德华. 灾害学 [M]. 北京：科学出版社，2011.

[2] 吴绍洪，刘燕华，岳溪柳. 地震地质灾害链风险识别与评估 [M]. 北京：科学出版社，2020.

[3] 雷声，许小华，王小笑，等. 山洪灾害风险防控技术 [M]. 北京：中国水利水电出版社，2020.

[4] 潘懋，李铁锋. 灾害地质学 [M]. 北京：北京大学出版社，2002.

[5] 史培军. 中国自然灾害风险地图集 [M]. 北京：科学出版社，2011.

[6] 张丽萍，张妙仙. 环境灾害学 [M]. 北京：科学出版社，2008.

[7] 李树刚. 灾害学 [M]. 3版. 北京：应急管理出版社，2021.

[8] 温家洪，石勇，杜士强，等. 自然灾害风险分析与管理导论 [M]. 北京：科学出版社，2018.

[9] 郭跃，黄勋. 灾害风险研究概论 [M]. 北京：科学出版社，2023.

[10] 葛全胜，邹铭，郑景云. 中国自然灾害风险综合评估初步研究 [M]. 北京：科学出版社，2008.

关键术语

自然灾害、综合防灾规划、防灾减灾基础设施、平急结合、风险管理

思考题

1. 我国自然灾害主要类型、特征和分布区域，以及各种自然灾害的成因？
2. 我国自然灾害区域分异规律是什么？自然灾害区划如何考虑？
3. 各级国土空间总体规划中的综合防灾规划的主要内容是什么？
4. 灾害风险区和灾害风险控制线划设方法？

---

1. 连会青，郑贵强. 自然灾害应急管理概论 [M]. 北京：应急管理出版社，2022：32-37.

5. 主要防灾空间规划布局和管控要求有哪些？

6. 防灾减灾基础设施规划布局要求和主要内容是什么？

7. 平急结合防灾减灾设施在总体规划、详细规划、专项规划中的布局和管控要求？

8. 自然灾害风险评估方法有哪些？

9. 自然灾害风险管理和应急响应要求有哪些？

10. 在气候变化背景下，未来我国自然灾害的发展趋势和防控重点？

参考文献

[1] 马宗晋. 灾害学导论 [M]. 长沙：湖南人民出版社，1998.
[2] 尚志海. 自然灾害学 [M]. 北京：冶金工业出版社，2021.
[3] 陈颙，史培军. 自然灾害 [M]. 北京：北京师范大学出版社，2014.
[4] 连会青，郑贵强. 自然灾害应急管理概论 [M]. 北京：应急管理出版社，2022.

第 9 章 市政系统

■ **本章教学要求**

本章要求学生掌握城市市政工程相关的基本概念，包括城市防洪、城市供排水、城市能源、城市通信、城市环境卫生系统、城市消防等方面。本章内容可以拓展学生对于国土空间规划中市政规划的内涵和外延的认知。

9.1 城市防洪与河湖水系规划

人类自古以来逐水而居，城市建设亦多临近水域，如何兴利避害始终是一个地区构建和谐水城关系的核心问题。近年来，随着全球气候变化加剧，极端降水事件的频率和强度呈明显增加趋势，引发的洪涝灾害影响也趋于扩大，不仅导致交通瘫痪，还会干扰城市运行，甚至威胁公共安全。因此，防洪安全是城市安全运行的基本保障；合理利用天然河湖水系或适当加以改造，实现兴利除害，是城市运行的重要支撑。此外，随着社会发展，人们对优美生态环境的需求日益增长，因此，开展水生态保护修复、营造舒适宜人的滨水空间和景观，也是城市品质提升和形象设计的重要方面。本节首先介绍防洪工程规划的基本概念、编制原则和主要内容，其次对生态治河理念下河道治理工程规划进行简要论述。

9.1.1 防洪工程规划

防洪工程规划指为抵御和减轻河洪、海潮、山洪、泥石流等对城市的侵害，在水文分析的基础上，具体部署防洪安全布局以及防洪工程措施。它是江河、湖泊治理以及防洪工程设施建设的基本依据。

城市防洪要遵循"全面规划、统筹兼顾、预防为主、综合治理、局部利益服从全局利益"的原则。城市防洪工程规划要服从所在流域的流域防洪规划，同时，作为城市总体规划的组成部分，要以城市总体规划为依据，统筹考虑与其他相关规划的协调性。城市防洪工程规划期限应与城市总体规划一致，重大防洪设施要考虑更长远的城市发展要求，例如区域性蓄滞洪工程、堤防等某些重大防洪设施，其服务期限往往超过城市总体规划期限，因此，需按更长远的时期谋划，为城市未来发展以及防洪设施自身升级预留一定的空间。

城市防洪工程规划的主要内容包括：确定防洪标准，水文水利计算，进行城市用地防洪安全布局，确定防洪体系，确定防洪工程措施。

1. 防洪标准

防洪标准指防洪对象防御洪水能力相应的洪水标准。防洪标准通常通过防御的洪水或潮水的发生频率或重现期来表示；对于特别重要的防护对象，可采用可能最大洪水或历史最大洪水表示。各类防护对象的防洪标准需根据经济、社会、政治和环境等因素对防洪安全的要求制定，并统筹协调局部与整体、近期和长远以及上下游、左右岸、干支流的关系，通过综合分析论证确定。《防洪标准》（GB 50201—2014）针对城市、乡村、工矿企业、交通运输设施、旅游设施等分别规定了具体的防洪标准。

同一防洪保护区受不同类型洪水威胁时，应根据河流、湖泊或海洋等各种类型洪水灾害的轻重程度分别确定相应的防洪标准。如果防洪保护区内有两种以上的防护对象且不能分别进行防护，该防洪保护区的防洪标准应按要求较高者的需求确定。

城市防洪标准要根据城市的重要程度、常住人口规模、所在地域的洪灾类型以及历史性洪水灾害、技术经济条件等因素，综合分析制定。其防护等级和防洪标准见表9-1。当城市受山地或河流等自然地形分隔时，可分区采用不同的防洪标准。当城市受技术经济条件限制时，可分期逐步达到防洪标准。

表 9-1 城市防洪标准

防护等级	重要性	常住人口/万人	当量经济规模/万人	防洪标准[重现期（年）]
Ⅰ	特别重要	≥150	≥300	≥200
Ⅱ	重要	<150，≥50	<300，≥100	200~100
Ⅲ	比较重要	<50，≥20	<100，≥40	100~50
Ⅳ	一般	<20	<40	50~20

注：当量经济规模为城市防护区人均国内生产总值（GDP）指数与人口的乘积，人均国内生产总值（GDP）指数为城市防护区人均国内生产总值（GDP）与同期全国人均国内生产总值（GDP）的比值。
资料来源：中华人民共和国水利部. 防洪标准：GB 50201—2014 [S]. 北京：中国计划出版社，2014.

乡村防护区应根据人口规模或耕地面积确定防护等级和防洪标准。对于人口密集、乡镇企业较发达或农作物高产的地区，其防洪标准可适当提高；对于地广人稀或淹没损失较小的地区，其防洪标准可适当降低。

2. 水文水利计算

水文水利计算指根据防洪标准进行设计洪水、涝水和潮水位的分析计算，明确与防洪相关的江河控制断面和节点的设计洪峰流量、设计时段洪量、设计洪水过程和设计防洪水位，一般应根据当地或邻近地区的水文气象实测资料分析确定。需防御两种或多种类型洪水时，要分析各种类型洪水之间的遭遇规律，分别进行各类型洪水的水文水利计算。

3. 防洪安全布局

防洪安全布局是指在国土空间规划中根据不同地段洪涝灾害的风险差异，通过合理的城市建设用地选择和用地布局来提高城市防洪安全度。防洪安全布局的基本原则有如下五点。

城市建设用地选择应避开洪涝、泥石流灾害高风险区域。

城市用地布局应根据洪涝风险差异，高地高用、低地低用、合理布局。即防洪安全性较高的地区应布置城市中心区、居住区、重要的工业仓储区及重要设施，易涝低地可用作生态湿地、公园绿地、广场、运动场等。建设用地难以避开易涝低地时，应采取恰当的防洪排涝安全措施。城市发展建设中应保护自然水系，禁止随意缩小河道过水断面。

如果城市用地受限只能选择洪涝威胁较高的区域，或由于历史原因无法改变城市所处区域的高洪涝风险，应采取高标准的防御措施，但防御范围不宜过大。

城市用地布局必须满足行洪需要，留出行洪通道。

铁路、公路、机场、港口等区域性交通设施和通信、能源、供水、污水、垃圾处理等区域性公用设施，应尽量避开洪泛区、蓄滞洪区。

4. 防洪体系

通常情况下，城市防洪不能依靠单一的措施，而需要统筹考虑各种类型的洪水灾害，协调上下游、左右岸，综合采取多种措施组成防洪体系。完整的防洪体系包括工程措施与非工程措施。城市防洪体系应与流域防洪体系相协调，利用所在流域的防洪体系提高城市自身的防洪能力。当受两种或多种类型洪水威胁时，应在分类防御的基础上，形成相互协调、密切配合的综合性防洪体系。

1）防洪工程措施

防洪工程措施包括挡洪工程、泄洪工程、蓄滞洪工程。挡洪工程主要包括堤防、防洪闸等，目的是将洪水挡在防洪保护区之外。泄洪工程主要包括现有河道治理、新建排洪河道和截洪沟，目的是增强排洪能力、将洪水引导到下游安全区域。蓄滞洪工程主要包括蓄滞洪区、调洪水库等，功能是暂时存蓄洪水、削减下游洪峰流量。

2）防洪非工程措施

防洪非工程措施包括行洪通道管理、蓄滞洪区管理、暴雨与洪水预警预报、超标准洪水应急措施、洪水灾害保险、防洪工程设施安全保障、行洪通道保护等等，通过法令、政策、经济和工程以外的技术手段，实现减轻灾害损失。

3）防洪工程总体布局

防洪工程总体布局应根据城市自然条件、洪水类型和特征、用地布局、技术经济条件以及流域防洪体系等合理确定，并利用河流、道路的分隔作用和地形起伏进行分区防守。城市防洪工程总体布局要与所在流域防洪工程布局相结合，并与城市发展规划相协调，按照蓄泄兼筹、统筹协调、综合治理、因地制宜的原则合理布置。防洪工程布局要保护生态环境，保留湖泊、水塘、湿地等天然水域，充分发挥其防洪滞涝作用。防洪工程布局中还需根据工程抢险和人员撤退转移等要求设置必要的防洪通道。

一般而言，在城市上游建设具有防洪功能的水库，对于削减洪峰流量、降低洪水位可发挥重要作用。如果防护区内建设条件受限，可采取的措施不能满足行洪要求，可考虑在城市上游设置蓄滞洪区，将超过河道行洪能力的洪水暂时蓄存，或在城市上游建设分洪道，将超出原有河道行洪能力的洪水排向下游。不同类型地区要根据地形地貌（如山地、丘陵、平原、滨海等）和洪灾形式（如山洪、河道漫溢、海潮等），合理确定工程措施。

防洪工程设施应避免设置在不良地质区域，当不能避开时，必须进行地基处理。其用地规模应按规划期末控制，并为远景发展留有余地。水库、堤防、河道、防洪闸、泵站、排水渠系等，要按照建筑物的外轮廓线和保护范围计算永久占地面积；蓄滞洪区应按照洪水影响淹没范围计算临时占地面积。

5. 防洪工程措施

防洪工程规划应明确重要防洪工程设施的空间位置、规模特征及主要功能参数。

1）蓄滞洪工程的主要内容

（1）水库工程

基于洪水特性、洪灾成因和灾害影响，结合防护对象及下游的防洪要求、建库条件及综合利用要求，确定水库的功能定位，明确布局和规模，制定新建、扩建或加固方案。

（2）蓄滞洪区

根据洪水量确定蓄滞洪区范围；根据蓄滞洪水的具体任务，确定围堤、隔堤、进退洪水的控制设施等工程，并布设群众疏散、财产转移的通道和位置。

2）挡洪工程的主要内容

（1）堤防

需确定堤防的走向、堤型、堤距和堤顶标高。堤防布置应符合以下规定：①利用地形形成封闭式的防洪保护区，并为城市发展留有余地；②堤线应平顺，避免急弯和局部突出，要充分利用现有堤防，少占耕地；③中心城区堤型应结合现有堤防设施，根据设计洪水主流线、地形与地质、沿河公用设施布置情况以及城市景观效果合理确定。

（2）防洪闸

防洪闸包括挡洪闸、分洪闸、泄洪闸、排洪闸、挡潮闸等，其工程设计标准应与所在河道或堤防相一致。闸址选择应根据功能和运用要求，综合考虑地形、地质、水流、泥沙、潮汐、航运、交通、施工和管理等因素，经过技术、经济条件比较确定。

3）泄洪工程的主要内容

（1）河道

河道（段）治理标准应与所在地区防洪标准一致。河道治理应保持河道的自然形态，在稳定河势、维持或扩大河道泄流能力的基础上，兼顾航线选择、港口码头布局及相关公用设施建设要求。确需裁弯取直及疏浚（挖槽）时，应与上、下游河道平顺连接。

（2）排洪渠

在保障雨洪安全排除前提下，结合城市用地布局综合考虑，确定排洪渠渠线。排洪渠出口受洪水或潮水顶托时，应在排洪渠出口处设置挡洪（潮）闸，必要时应配置泵站，在关闸时使用泵站提排渠内洪水。

（3）截洪沟

截洪沟是受到山坡方向地面径流威胁时设置的将山洪截流并导引至下游河道的沟道，作用是阻止山洪进入集中建设区，减轻城市排水负担。截洪沟应设置在地势较高的地段，基本平行于等高线布置。

9.1.2　河道治理工程规划

河道治理工程指采取综合治理措施，改善河道边界条件及水流流态，发挥河道综合功能，以满足人类各项需要和改善生态环境。河道治理工程规划要秉承尊重自然、顺应自然、保护自然、人与自然和谐相处的理念，按照保障水安全、保护水资源、改善水环境、修复水生态、营造水景观、彰显水文化的总体思路，全面规划、统筹兼顾、突出重点。河道治理工程规划应服从防洪工程规划，与城市发展规划及其他相关规划相协调，通过构建良好的水生态系统，适应经济社会可持续发展的要求。

河道治理工程规划的内容主要包括河道分类与功能、河道治理标准与水文水利计算、河道布局与蓝线、河道断面形式、河道构筑物、河道生态修复。

1. 河道分类与功能

河道根据需要可采用不同方式进行分类：按照流经的地域可分为山区河道、平原河道；按照管理需要可分为省级、市级、县级、乡级河道；按照重要性可分为骨干河道、重要河道和一般河道；按照流经的区域可分为城镇河段、乡村河段和其他河段。

河道治理工程规划要明确规划河道（段）的功能，并确定其主要功能。河道功能包括行洪排涝、供水灌溉、输水排沙、交通航运、景观休闲、水量调蓄、水质保护、渔业水产、生态环境、水能发电等等。

2. 河道治理标准与水文水利计算

以行洪（分洪）为主的河道（段）治理标准应根据上位规划和防护对象确定，应与所在城市防护区防洪标准相一致。以排涝为主的整治河道（段）治理标准应与其所在治涝片区治涝标准一致。

河道治理工程规划应根据需要开展水文水利计算。例如，对具有行洪排涝功能的河道，应进行设计洪水计算，包括不同频率的洪峰流量、洪水总量、设计水位等；对具有输水功能的河道需计算设计输水流量、设计输水位等；对具有航运功能的河道需计算通航水位；对具有景观功能的河道需明确景观常水位等。

3. 河道布局与蓝线

河道平面应保持或恢复河道自然形态，未经充分论证不宜裁弯取直，不应挤占河道用地或改移河道位置，不应将明河改为暗沟。同时，要注重改善水系的连通性，保持干流和支流、坑塘、湿地等周边水系的连通。河道布局应确定河道主流中心线，平原河道还需确定两侧岸线，山区河道需明确洪水淹没范围。河道主流中心线宜在保持自然和现状的前提下确定。两侧岸线（或堤线）的确定需保证河势稳定和岸滩稳定，尽可能保留或恢复湿地、沙洲、河湾、急流、浅滩、深潭，不得任意截弯取直或缩窄河道。

河道蓝线指国土空间规划确定的河、渠等水体保护和控制的地域界线。河道蓝线范围包括河道水域、沙洲、滩地、岸线（堤防），以及河道两侧因河道拓宽、整治、绿化等目的而预留的河道控制保护范围。河道蓝线是国土空间规划的控制要素之一，是水务部门依法行政、指导河道建设和管理的重要依据，也是工程建设用地定界依据之一。

4. 河道断面形式

河道断面形式应按照因地制宜、满足功能要求的原则进行选择，并注重保持河道形态的多样性和与自然环境的协调性。

天然河道应尽可能采用原有的天然断面，避免河道断面规则化和形式均一化。对洪、枯季节流量变幅较大、常水位与两岸地面高差较大、河滩开阔的河段，应保

扫码读图

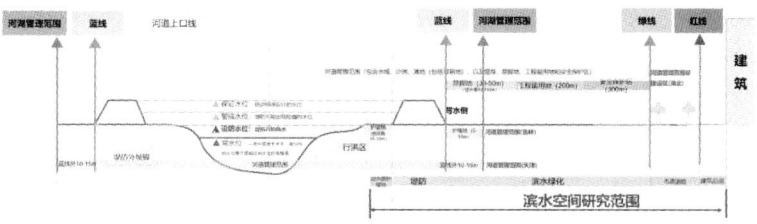
(a) 有堤防河流

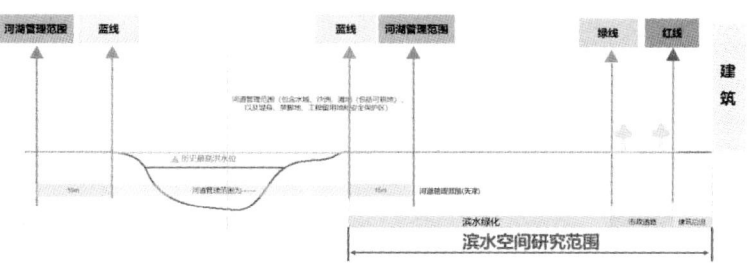
(b) 无堤防河流

图 9-1 蓝线与其他管控线及滨水空间的关系
图片来源：穆丹，刘鑫宁，张瀚元.城市滨水空间的界定及与重要管控线关系的研究[J].园林建设与城市规划.2022，4（7）：157-60.

持原有的边滩与江心洲，滩地和主槽过水断面面积应与流量变幅相适应。当采用人工河道或难以保持天然河道断面需进行调整时，应综合地形、地质、水流、土地利用等因素以及河道综合治理要求，按仿自然断面、复式断面、混合型断面、梯形断面和矩形断面的顺序选择适宜的人工河道断面形式。对城镇河段，还需注重保护历史文化和体现城市特色风貌，结合城镇建设和生态绿化，兼顾市民休闲、亲水、健身娱乐等需求，与城市沿岸景观相融合。

河道纵断面应满足雨水管（渠）道等接入要求，合理确定河底高程、纵坡。岸顶（或堤顶）高程应根据治理标准、设计水位，结合现状地面高程及其他需要，合理确定。

5. 河道构筑物

河道建设时应根据需要适当布置堰坝、河埠、台阶、取排水口、桥梁等设施。河道内不宜修建挡水建筑物，其他建筑物宜少设或不设，不应实施修路和建房等人为行为。河道的交通设施建设应满足防汛抢险等要求。

6. 河道生态修复

河流是由上游和下游、左岸和右岸构成的高度连通的完整的体系，河流生态系统具有栖息地功能、过滤和屏障功能、通道和源汇功能等，河道治理工程规划应根据水环境功能区划确定的河道水质保护目标和生态保护目标，提出河道生态保护和修复措施。包括采取适当的工程措施和管理措施严格控制入河污染物排放和促进水质净化；保护和维持河道在纵向、横向和垂向的连通性；重视滨水缓冲区建设，保护自然景观格局多样性和生物栖息地功能；合理确定水库下游河道的生态需水控制断面，明确生态需水量。河道工程施工应尽量不扰动河道生态环境，尽可能避开水生动物的敏感期。

9.2 城市供排水系统规划

9.2.1 供水工程规划

安全、洁净、健康、高效的供水系统是现代化人居环境的重要支撑系统，是城乡居民健康生活、社会平稳运行和经济可持续发展的关键保障要素之一。供水规划是指根据城镇规模、人口、水资源条件等因素，在水资源供需平衡的基础上，综合确定供水水源及水源供给方案，科学合理确定用水标准及需求，建设与经济社会发展和居民生活水平相适应的供水设施布局体系，保障供水安全。

供水规划的主要内容包括：现状及存在问题分析，包括现状水资源情况、现状用水量、现状供水量、现状供水设施、现状供水管网等；规划目标和原则；规划标准及用水量预测；水资源供需平衡分析；供水水源规划；供水系统布局规划；供水设施规划；供水管网规划。

1. 供水方式

供水方式主要有两种：一是由市政部门集中建设的供水设施向服务范围内用户供水，该供水方式形成的供水系统即公共供水系统；二是由用户自建供水设施自行解决用水问题，即自建供水系统。

2. 供水系统构成

公共供水系统大致可分为三个部分，即取水工程、净水工程和输配水工程。取水工程的作用是从天然水源获取符合一定水量、水质的原水，分为地表水取水工程和地下水取水工程。净水工程的作用是对原水进行净化处理，以满足用户对水质的要求。输水工程的作用是通过管（渠）将原水从取水点输送到水厂，以及通过管道将经过净化的水厂出水输送到配水管网，如果输水距离较长，中间还可能设置加压泵站。配水工程的作用是通过管道、泵站等配水设施将满足一定水压要求的水量分配到用户。

3. 用水量预测

用水量预测是指估算规划期末用水需求，以便进行水资源供需平衡分析，确定供水系统的供水能力。编制供水工程规划，贯彻落实国家的节水政策，根据城市历年用水量、用水结构变化情况，分析现状用水效率和节水潜力，结合规划期内社会经济发展、产业结构调整、用地开发强度等因素，由此因地制宜地确定规划用水量指标。

4. 水资源供需平衡分析

编制供水工程规划应了解城市所在地区不同保证率情况下的水资源总量、水质及其空间分布，了解各类供水工程的供水能力和可供水量，进行供需平衡分析。如果可供水量小于城市用水量，要进一步分析缺水原因，提出对策措施。

5. 水厂规划

规划期内供水能力应该大于或等于最高日用水量。水厂规划应先确定规划期内保留、新增、停用的自备水源，进而确定公共供水系统供水能力。现状水厂应尽量保留或扩建。规划水厂布局应综合考虑水源条件、建设条件、安全条件、配水条件等多种因素后确定。水厂建设用地面积与水源类型、净水工艺和规模有关。

6. 配水管网规划

配水管道通常分为干管、支管和接户管三类，并有环状管网和枝状管网两种基本形式。环状管网投资要高于枝状管网，但供水安全性大大提高，城镇中心地区的干、支管网一般布置成环状，城镇边缘地区和接户管一般布置成枝状。

7. 水力计算

配水管网水力计算的目的是确定各管段管径，校核事故及消防等工况下的管网压力。

1）设计流量

配水管网的设计流量应该按城市最高日最高时用水量计算，城市最高日用水量等于平均日用水量乘以日变化系数，最高时用水量等于平均每小时用水量乘以时变化系数。

2）设计流速

配水管网规划应综合考虑管网投资和运行费用，按照"经济流速"确定配水管网管径。

3）管径计算

配水管网中各管段管径计算方法随管网形式而变化。枝状管网是根据设计流量和合理的流速从末端向起端（水厂或泵站）逐段计算。环状管网计算比较复杂，要经过多次试算后综合确定。

4）管网校核

在按最高日最高时用水量计算出管网管径后，还应进行几种特定工况的校核，包括事故时和消防时。事故校核的目的是检验当某一管段（通常是干管）发生故障时，其余管网是否能正常运行。消防校核的目的是检验某一处或几处发生火灾时，着火点的流量和压力是否满足消防供水要求。

9.2.2 雨水排除工程规划

通畅、安全、便捷、韧性的雨水排除系统是现代化人居环境的重要支撑系统，是城乡经济社会平稳运行的关键保障要素之一。雨水排除规划指根据城市规模、气候条件、降雨特点、下垫面情况等，科学合理设定雨水排除与防涝规划的目标、原则及标准，因地制宜规划雨水排除及防涝工程体系，从源头控制、过程排蓄、末端治理，不同空间层面实现对暴雨径流的安全处置，保障排水防涝安全，并兼顾城镇近远期发展需要，与城镇用地布局、高程竖向、防洪及河湖水系、环境保护、地下空间等规划相统筹协调。

雨水排除规划的主要内容包括：雨水管道、泵站、下游排水河道等现状及存在问题分析；雨水排除体制及规划标准确定；雨水排除分区划定；排水管渠、泵站、雨水调蓄设施等的雨水排除系统规划等。

1. 排水体制

排水体制一般采用分流制或合流制。不同的排水体制，在工程投资、施工建设、运行管理、环境影响方面有较大的差别。城市排水体制要综合考虑城市排水现状、经济水平和环境要求，进行深入细致的分析论证。除干旱地区外，城市新建地区和旧城改造地区的排水系统应采用分流制，不具备改造条件的合流制地区可采用截流式合流制排水机制。

2. 雨水排除方式

雨水排除一般可分为自排和强排两种方式。自排，即雨水依靠重力从城市排水系统自流排入江河湖海，是城市雨水排除的主要方式。强排，即雨水通过排水管渠收集，在排水出口附近依靠泵站抽排到江河湖海，是解决城市低洼区雨水排除的主要方式。此外，填方和调蓄也是低洼区雨水排除比较常用的方式。填方，即通过人工填垫土方的方式提高天然地面高程，使雨水在一定的设计标准内能够自排。调蓄，即利用城市内部的湖、塘等水体，将暴雨期间暂时不能排除的雨水先排入这些水体，待下游水体水位下降后再排出。

3. 雨水排除分区划定

划定雨水排除分区是为了合理组织排水系统，使雨水能够便捷安全地排除，减少工程投资，降低积水风险。编制城市雨水工程规划，首先要综合分析城市地形、水系、气象、水文等自然条件，掌握城市地形变化、暴雨特征、河湖水系的汇水面积、防洪排涝能力和特征水位等，进而合理划定雨水排除分区，具体应遵循以下两条基本原则。

一是就近排放，充分利用地形和水系，以最短的距离靠重力流将雨水排入附近水系。

二是高水高排，低水低排，避免将地势较高、易于雨水排除的地段与低洼区划分在同一排水分区，导致低洼区排水负担增大。

4. 雨水排除系统规划

雨水排除设施主要由雨水口、雨水管渠、检查井、排水出口等排水设施组成。采用截流式合流制排水系统的城市，还要设置溢流井。采用强排方式的排水分区或高程较低的下凹式立交桥，还要设置雨水泵站。规划阶段，雨水排除系统主要进行雨水管渠和雨水泵站的布置。

雨水管渠一般沿市政道路布置。在确定管渠走向时，要充分利用地形和水系。在地势较高、地形坡度较大的排水分区，雨水应当以最短的距离分散排入附近水系。在地势低平的排水分区，天然水系往往比较密集，当排水出口建设比较简单，雨水管渠也应按就近、分散排放雨水的原则布置；当排水出口需要穿越城市干路、铁路、防洪堤等设施时，构造比较复杂，雨水宜适度集中排放。

当雨水无法通过重力流方式排除时，应设置雨水泵站。雨水泵站宜独立设置，规模应按进水总管设计流量和泵站调蓄能力综合确定。

新建区域防涝调蓄设施宜采用地面形式布置。建成区的防涝调蓄设施宜采用地面和地下相结合的形式布置。具有防涝功能的用地宜进行多用途综合利用，但不得影响防涝功能。

5. 水力计算

雨水管渠系统水力计算的目的是确定一定设计重现期的雨水管渠管径（断面）、坡度、埋深和雨水泵站设计流量。

1）设计重现期

雨水管渠设计重现期应根据地形特点、气候条件、汇水区面积、汇水分区的用地性质等因素综合确定，在同一排水系统中可采用不同设计重现期。

内涝防治设计重现期应根据城镇类型、积水影响程度和内河水位变化等因素，经技术经济比较后综合确定。

2）设计流量

雨水管渠的设计流量应根据雨水管渠设计重现期确定。当汇水面积小于2平方千米时可采用推理公式法计算，其中设计暴雨强度应按当地设计暴雨强度公式计算；当汇水面积超过2平方千米时，应考虑区域降雨和地面渗透性能的时空分布不均匀性和管网汇流过程等因素，采用数学模型法确定设计流量。

内涝防治设施的设计水量应根据内涝防治设计重现期及对应的最大允许退水时间确定。

3）综合径流系数

综合径流系数是指径流量与降雨量的比值，其值随汇水区地面情况而变。综合径流系数应根据汇水范围内不同地面种类的径流系数，按照其各自面积占汇总面积的比例来确定。

4）其他设计参数

为了防止上游管段壅水（因水流受阻而产生的水位升高的现象），雨水管渠原则上应采用管顶平接方式。

设计流速既要考虑防止淤积又要考虑防止冲刷，针对不同的管材，有最小流速和最大流速控制。

雨水管渠埋深是指管渠内底至地面的深度，而管渠外顶至地面的深度成为覆土厚度。雨水管渠最小埋深需要综合考虑地面荷载、上下游管道的衔接以及其他地下管线的建设等因素。采取强排的排水分区，为了减少工程投资，也应尽量降低雨水管渠埋深。

9.2.3 污水排除与再生水利用工程规划

绿色、低碳、安全、高效的污水排除及再生水利用系统是现代化人居环境的重要支撑系统，是城乡居民健康生活、社会平稳运行和经济高质量发展的关键保障要素之一。污水排除与再生利用规划是指基于现状气象水文、水环境条件，结合城市发展建设需求编制的污水收集、输送、调蓄、处理及再生利用的工程规划，主要解决污水排除、处理及再生利用的需求，确定相关设施规模及布局。

污水排除与再生水利用规划的主要内容包括：污水量预测，污水处理厂（再生水厂）规划、污水收集系统和再生水利用规划。

1. 污水量预测

估算污水量的目的是根据污水量大小、受纳水体环境容量确定污水处理率和处理深度。不同的排水系统，污水量估算方法有所不同。

1）分流制系统

分流制系统的污水由用水产生，称为旱季污水，应包括综合生活污水量和工业废水量。一个城市的旱季污水量往往与用水量有比较稳定的比例关系，这种比例关系称为污水排放系数。用规划期末平均日用水量乘以污水排放系数即得规划期末旱季污水量。

2）截流式合流制系统

截流式合流制系统的污水除了旱季污水外，还有一定量的雨水进入污水系统，污水量为旱季污水与截流雨水之和。

此外，地下水位较高的地区，污水量还应计入地下水渗入量。地下水渗入量宜根据实测资料确定，当资料缺乏时，可按不低于旱季污水量的 10% 计入。

2. 污水处理厂（再生水厂）规划

1）污水处理厂（再生水厂）布局

污水处理厂（再生水厂）的布局应根据城镇规模、用地规划布局，结合地形地势、风向、受纳水体位置与环境容量、再生利用需求、污泥处理处置出路及经济因素等综合确定。污水处理厂（再生水厂）可按集中、分散或集中与分散相结合的方式布置，新建污水处理厂（再生水厂）应含污水再生系统。独立建设的再生水利用设施布局应充分考虑再生水用户及生态用水的需要。再生水利用于景观环境、河道、湿地等生态补水时，污水处理厂（再生水厂）宜就近布置。

2）规模、处理深度、用地面积及防护距离

污水处理厂（再生水厂）的规模应按规划远期污水量和需接纳的初期雨水量确定。

污水的处理深度应根据进厂污水的水质、水量和处理后污水的出路（利用或排放）及受纳水体的水环境容量确定。污水处理厂的出水水质应执行现行国家城镇污水处理厂污染物排放标准的有关规定，并满足当地水环境功能区划对受纳水体环境质量的控制要求。

污水处理厂（再生水厂）规划用地指标应根据建设规模、污水水质、处理深度等因素确定，设有污泥处理、初期雨水处理设施的污水处理厂（再生水厂），应另行增加相应的用地面积。

污水处理厂（再生水厂）应设置卫生防护用地，卫生防护距离内宜种植高大乔木，不得安排住宅、学校、医院等敏感性用途的建设用地。

3. 污水收集系统

污水收集系统包括污水管道、检查井和污水泵站等。污水管道基本沿市政道路布置，污水管道走向要根据污水处理厂位置、服务分区和地形确定。

污水泵站在污水收集系统中主要起提升污水作用。当污水管道埋深超过当地地下管线允许埋深或经济性较差时，应考虑设置污水泵站。污水泵站规模应根据服务范围内远期最高日最高时污水量确定。污水泵站应与周边居住区、公共建筑保持必要的卫生防护距离。防护距离应根据卫生、环保、消防和安全等因素综合确定。污水泵站具体位置应通过污水管网水力计算确定。此外，排入城市污水管道的污水水质应符合现行国家标准《污水排入城镇下水道水质标准》（GB/T 31962—2015）的要求。

4. 再生水利用规划

污水应进行再生利用，再生水利用为污水回用、再生和利用的统称，包括污水净化再用、实现水循环的全过程。

1）再生水利用系统

再生水利用系统一般由污水收集、二级处理、深度处理、再生水输配等部分组成。

2）再生水利用对象

再生水利用类别主要有城市杂用水、工业用水、环境用水。其中，城市杂用水主要包括绿化灌溉、道路浇洒、车辆冲洗、建筑施工，工业用水主要包括冷却用水、工艺用水、产品用水，环境用水主要包括景观环境用水、湿地环境用水。

3）再生水回用水质要求

再生水利用应按用途满足相应的水质标准，具体水质控制指标应参考各有关领域的再生水回用标准。

9.2.4 海绵城市规划

自然、低碳、绿色、韧性的海绵城市是现代化人居环境的重要支撑系统，是城乡经济社会绿色转型和高质量发展的关键保障要素之一。海绵城市规划是指通过城市规划、建设的管控，从"源头减排、过程控制、系统治理"着手，综合采用"渗、滞、蓄、净、用、排"等技术措施，统筹协调水量与水质、生态与安全、分布与集中、绿色与灰色、景观与功能、岸上与岸下、地上与地下等关系，有效控制城市降雨径流，最大限度地减少城市开发建设行为对原有自然水文特征和水生态环境造成的破坏，使城市能够像"海绵"一样，在适应环境变化、抵御自然灾害等方面具有良好的"弹性"，实现自然积存、自然渗透、自然净化的城市发展方式。海绵城市规划有利于实现修复城市水生态、涵养城市水资源、改善城市水环境、保障城市水安全、复兴城市水文化的多重目标。

海绵城市建设应根据源头减排、过程控制和系统治理理念制定目标与指标。其中，源头减排应以年径流总量控制率和径流污染控制率为指标；过程控制应以提高管网的排放标准为目标，改造项目还应包括雨污混接及雨污分流改造等内容；系统治理以水生态、水环境和达到水环境功能区划为目标，应包括地表水环境质量、生态岸线恢复率、城市面源污染控制等内容。

海绵城市系统治理要素包括生态空间、水环境质量、内涝防治等等。

1. 生态空间

城市应尊重自然生态空间格局，根据城市规划的及生态保护红线和生态控制线要求，保护天然水域，保护并恢复自然地形地貌和山水格局；不得侵占天然行洪通道、洪泛区和湿地、林地、草地等生态敏感区，并应遵守规划的蓝线、绿线等管控要求。

2. 水环境质量

地表水体水质应满足水环境功能区划要求。海绵城市建设后，汇流区域水体水质不应劣于建设前；旱季下游断面水质不宜劣于上游来水水质。

城镇雨污分流排水体制区的新建区应确保采用分流制，同时应满足旱季无污水直排。城镇雨污合流制区域应优先通过源头减排系统的构建，减少进入合流制管道的径流量，降低合流制溢流总量和溢流频次。现有合流制排水系统的地区，应按城镇排水规划的要求，逐步实施雨污分流改造；暂时不具备雨污分流条件的地区，应采取截流、调蓄和处理相结合的措施，提高截流倍数，加强降雨初期的污染防治。

3. 内涝防治

内涝防治的目标是在城镇内涝防治重现期对应的暴雨条件下不发生内涝，并逐步消除建成区内涝积水点。内涝防治设计重现期，应根据城市防洪排涝规划、区域类型、积水影响程度等因素，通过技术经济比较后确定。

9.3 城市能源系统

人类文明的进程，离不开对于能源的利用。能源是人类社会发展的基础，为人居环境、社会经济发展提供基本保障，能源系统的规划发展需要更好地符合社会需求和人类福祉。城市能源系统规划指对城市电能、燃气、热能等能源品类的生产和消费状况进行调查分析，预测能源需求，并对能源开发、生产、转换、分配和使用等进行统筹安排，合理布局能源设施。

9.3.1 供电工程规划

从最早的电学现象到现代化电力体系，电能是伴随着人类文明不断发展的，是人文社会不可或缺的能量来源。城市供电工程规划是结合当地经济社会发展需求及区域能源、电源条件编制的本行政区供电保障及供电基础设施建设规划，主要分析城镇及农村电力负荷及电力平衡，提出供电电源、变电站、输配电线路等电力基础设施布局。

城市供电工程规划的主要内容包括：电力负荷预测、电源规划、电网规划。

1. 电力负荷预测

电力负荷预测是对人居环境的电力使用活动进行分析，预测经济社会发展的电力需求。

1）**总体规划阶段**

总体规划阶段一般采用人均用电指标法、负荷密度法、单耗法等，也可以利用电力弹性系数法、回归分析法、增长率法辅助计算。

人均用电指标法、负荷密度法等指标取值应根据所在城市的经济发展水平、现状用电水平、产业结构特点、能源消费结构、气候特点等，参照《城市电力规划规范》（GB/T 50293—2014）和各地地标规范等选定。

2）**详细规划阶段**

详细规划阶段通常按照国土用途规划分类进行用电负荷预测，一般选用单位建筑面积负荷指标法进行预测。单位建筑面积用电负荷指标取值根据所在地区的产业结构特点、经济发展水平、现状用电水平、气候特点等因素确定，参照《城市电力规划规范》（GB/T 50293—2014）和各地地标规范等选定。个别用电负荷强度较高的项目应视为点负荷单独计算。电动汽车电力负荷应依据相关标准规范单独考虑。

2. 电源规划

随着经济社会的不断发展，电源形式也不断丰富。城市供电电源分为发电厂和接受市域外电力系统电能的电源变电站。发电厂按照发电能源种类可以分为火力发电厂、水力发电厂、风力发电厂、太阳能发电厂、核电厂等类型。按输出能源可以分为纯凝发电厂、热电厂、三联供电厂等。

1）**城市供电电源种类选择**

城市供电电源依据国家、省或上级行政区能源规划、电力规划，结合所在地区的能源资源状况、环境条件、外部电力条件、电力和热力需求等统筹确定。以外部受电或以水电供电为主的城市，应规划建设适当容量的本地发电厂，保障城市用电安全及调峰需求。有稳定热、冷负荷的城市，电源规划宜与城市供热（冷）规划相结合，建设适当容量的热电（冷）联产电厂。

2）城市供电电源布局

火力发电厂布局应根据城市电力负荷分布、环境影响、电力输送、燃气（油）输送、热力送出等因素综合确定。发电厂布局应满足国土空间用途管制要求，尽量避免占用基本农田、生态红线等非建设用地，宜结合产业用地、市政设施用地等安排。

大、中型燃煤电厂选址宜选择城市最小风频上风向，燃油电厂一般布置在炼油厂附近。核电厂应布局在人口密度较低的区域，核电厂周边1公里半径内为隔离区。

3. 电网规划

1）确定电压等级

城市电网应按照电压等级分级进行规划。城市电网电压等级有500千伏、330千伏、220千伏、110千伏、66千伏、35千伏、10千伏、380伏和220伏。

城市电网电压等级序列依据国家、省或上级行政区能源规划、电力规划，结合城市电网发展远景规模、城市电网与地区电力系统连接方式等综合确定，电压等级应符合现行国家标准《标准电压》（GB/T 156—2017）。

2）确定电网规模

城市电网中各级电网容量应按一定容载比配置。电网容载比按照同一电压等级的主变压器总容量除以该等级电网电力负荷计算。各级电网容载比参照表9-2确定。

表9-2　各电压等级城市电网容载比

年负荷平均增长率	小于7%	7%~12%	大于12%
500千伏及以上	1.5~1.8	1.6~1.9	1.7~2.0
220千伏~330千伏	1.6~1.9	1.7~2.0	1.8~2.1
35千伏~110千伏	1.8~2.0	1.9~2.1	2.0~2.2

资料来源：中华人民共和国住房和城乡建设部.城市电力规划规范：GB/T 50293—2014［S］.北京：中国建筑工业出版社，2014.

3）变电站布局

变电站根据电力负荷分布、进出线路条件、场地建设条件等条件综合确定。

变电站应靠近负荷中心选址，场地应避开易燃、易爆区和大气严重污秽区及严重盐雾区，应满足防洪标准要求和抗震要求，场地应具备设备输运、运维检修等必要交通条件。

变电站型式分为全户外式、半户外式、户内式等，城市不同区域可根据城市空间资源、土地价值、景观要求、与周边建筑距离关系等选取合适的变电站型。大中型城市核心地区、高端商务区、重要景观风貌区域宜采取小型户内式或建设在建筑、绿地广场等地下。不同类型变电站占地面积参见《城市电力规划规范》（GB/T 50293—2014）和各地地方标准、行业标准等选定。

4）电力线路布局

城乡电力线路分为架空线路和电缆线路两类，一般根据线路架空（电缆）敷设空间条件、城乡景观要求等综合选取线路形式。

规划新建的 35 千伏及以上等级的高压架空电力线路，不宜穿越风景名胜区、城市集中建设区、重要景观区。规划新建的 35 千伏及以上等级的高压架空电力线路宜根据城市地形、地貌特点，衔接国土空间规划等要素，沿道路、非重要景观河渠等架设，路径尽量顺直、较短，减少与道路、河渠、铁路等的交叉跨越。

35 千伏及以上等级的高压架空电力线路，应规划专用廊道，廊道宽度参照《城市电力规划规范》（GB/T 50293—2014）等相关规定确定。

4. 其他供电设施规划

10 千伏开闭站、配电室、10 千伏及以下等级电力线路，在总体规划、详细规划阶段均不落实具体用地空间，可在后续规划中进一步细化落实。

9.3.2 燃气工程规划

随着经济社会的发展，人们生活水平不断提高，对于能源的需求也日渐增加。燃气作为清洁、高效的能源形式，具有清洁、环保、易于储存和运输等诸多优点，逐渐受到城乡居民的青睐。燃气按照其来源及生产方式大致可分为四大类：天然气、人工煤气、液化石油气和生物气（人工沼气）等。天然气、人工煤气、液化石油气可以作为城镇燃气气源，生物气适宜在农村使用。

燃气规划是对一定时期城乡或其一定区域内的燃气供应源、燃气输配和用户设施所作的综合部署和具体安排。燃气规划的主要内容包括：用气负荷预测、气源规划、输配系统规划。

1. 用气负荷预测

用气负荷预测是对城乡居民、工业应用的用气种类、用气量等进行分析预测，以确保燃气发展能够满足经济社会的发展需求。

总体规划阶段宜采用人均用气指标法或横向比较法预测城乡总用气量。规划综合用气量指标可参考《城镇燃气规划规范》（GB/T 51098—2015），并结合当地用气水平和发展趋势、气源状况确定，也可以结合当地能源发展政策、能源结构等综合确定。

详细规划阶段燃气负荷预测应优先选择分类指标预测方法，根据燃气用户类型，分别预测各类用户用气量，并考虑适当的不可预见量。用气领域一般可分为居民生活用气、商业用气、工业企业生产用气、采暖通风和空调用气、燃气汽车用气、电厂用气等。

2. 气源规划

燃气气源选择应遵循国家能源政策和国家天然气供应规划等，分析可以向城乡供应的各类燃气来源，对在规划期内可以稳定供应的燃气来源作为城乡主要气源。燃气气源宜优先选择天然气、液化石油气和其他清洁燃料。

气源设施包括天然气门站、煤气制气厂、液化石油气站等设施。天然气门站是城市天然气接收站，具有净化、调压、储存功能。天然气门站应根据长输管线走向、负荷分布、供应管理等因素确定，宜设置在城市或城市集中建设区边缘。规划有两个以上门站时，宜均衡布置，便于运行管理。门站用地应符合《城镇燃气规划规范》（GB 50028—2006）。

液化石油气站的设计规模和工艺，应根据制气原料来源、原料种类、用气负荷等条件，通过经济技术比较确定。液化石油气供应站应选择地势平坦、开阔、地质条件较好的位置。液化石油气供应站用地指标应符合《城镇燃气规划规范》（GB/T 51098—2015）。

人工煤气厂站的设计规模和工艺，应根据制气原料来源、原料种类、用气负荷等，通过经济技术比较确定。根据能源发展政策，应慎重发展人工煤气。

3. 输配系统规划

城市燃气输配系统是从气源到用户间所有的输送和分配储存设施的总称，包括管网、储配站、调压站、液化石油气瓶装供应站等等。

城市燃气输配管网按压力可分为四级，详见下表。燃气管道设计压力级制应通过技术经济比较确定，且分级应简化，最高压力应考虑门站前输气系统压能，并结合用户用气压力、负荷量和调峰量综合确定。

表9-3 燃气管道压力等级表

名称		压力（兆帕）
高压燃气管道	A	$2.5 < P \leq 4.0$
	B	$1.6 < P \leq 2.5$
次高压燃气管道	A	$0.8 < P \leq 1.6$
	B	$0.4 < P \leq 0.8$
中压燃气管道	A	$0.2 < P \leq 0.4$
	B	$0.01 \leq P \leq 0.2$
低压燃气管道		$P < 0.01$

资料来源：中华人民共和国住房和城乡建设部.城镇燃气设计规范：GB 50028—2006［S］.北京：建筑工业出版社，2006.

城市燃气输配管网分为环状管网和枝状管网。中心城区规划人口大于100万人的城市，应选择环状管网。燃气主干管网宜沿城镇规划道路敷设，减少对建设用地的分割和影响，与建（构）筑物的水平净距应符合《城镇燃气设计规范》（GB 50028—2006）的相关要求。高压燃气管道应在总体规划阶段预留专用廊道，限制廊道内建设建（构）筑物，保障管线运行安全。高压A及以上等级燃气管道应避免敷设在居住区、商业区等人员密集区域以及危化品生产储存区域。中低压燃气管线宜沿道路布置，敷设于道路绿化带、非机动车道或人行步道之下。

调压站（箱）按供应方式和用户类型可分为区域调压站（箱）与专用调压站（箱），按照压力等级可分为高压调压站、次高压调压站、中压调压站。调压站（箱）规模应根据负荷分布、压力等级等确定，负荷率宜控制在合理水平。高压调压站不宜临近居住区布置。

城镇燃气企业应具备一定量的天然气应急储备，保障特殊状况下的用气需求。应急储备规模根据《城镇燃气规划规范》（GB/T 51098—2015）中相关要求及能源主管部门要求确定。

9.3.3 供热工程规划

人类文明是伴随对火的使用而产生的，从过去的钻木取火到现代化城市供热系统,冬季采暖一直是人们最基本的需求。而今,供热成为冬季最大的民生工程,同时,也是对人文理念的践行,体现社会环境对人文的关怀。城市供热规划以国家和地方法规政策以及城市宏观目标为基本依据,针对不同的热负荷特点和城镇及农村不同区域的资源条件,研究提出并区划清洁、绿色、高效、经济、合理的供热方式。总体规划阶段,对集中供热系统进行热源、供热范围、供热设施规划安排。详细规划阶段,针对具体项目,或者落实集中供热系统方案,或者规划设计分散供热系统的具体方案。

供热规划的主要内容包括:城市热负荷预测、供热方式选取、城市热源规划、热网规划等等。

1. 热负荷预测

城乡供热系统的构建,首先需要预测城乡居民对供热形式、供热量的需求。城市热负荷预测内容包括规划区内建筑采暖(制冷)、生活热水、生产用热三大类。

1)总体规划阶段

总体规划阶段一般采用综合热指标预测城市热负荷。综合热指标是以现状热指标调查数据为基础,考虑城市新建建筑节能标准提高、既有建筑节能改造等情况确定。采暖热负荷可按照城镇建筑、农村建筑分别进行估算。

总体规划阶段工业热负荷预测采用相关分析法,主要依据城市社会经济发展目标、国民经济规划、工业规划、工业园区规划等,分析其历史数据与工业热负荷历史数据的相关关系,拟合相关性曲线;并参照同类城市地区的发展经验,预测未来工艺蒸汽需求,包括分布和强度等。

2)详细规划阶段

详细规划阶段通常按照国土用途规划分类进行热负荷预测。单位建筑面积用热负荷、生活热水热负荷、工业热负荷指标取值参照《城市供热规划规范》(GB/T 51074—2015)和各地地标规范等选定。

2. 供热方式

1)供热方式分类

城市供热能源可分为煤炭、燃气、油品等常规能源及地热、太阳能、生物质能等新能源和可再生能源。

集中供热方式一般包含燃煤热电厂供热、燃气热电厂供热、燃煤集中锅炉房供热、燃气集中锅炉房供热、工业余热供热、垃圾焚烧供热等。

分散供热方式一般可分为分散燃煤锅炉房供热、分散燃气锅炉房供热、户内燃气采暖系统供热、热泵系统供热、地热和太阳能等可再生能源系统供热等。

2）供热方式选择

城市供热应充分利用资源，结合城镇及农村的条件，因地制宜，鼓励发展能源利用新技术、工业余热利用、新能源和可再生能源利用的新型供热方式。

以煤炭为主要供热能源的城市，应采取集中供热方式，并应符合下列规定：具备电厂建设条件且有电力需求时，应选择以燃煤热电厂系统为主的集中供热；不具备电厂建设条件时，宜选择以燃煤集中锅炉房为主的集中供热；有条件的地区，燃煤集中锅炉房供热应逐步向燃煤热电厂系统供热或清洁能源、可再生能源供热过渡。

大气环境质量要求严格并且天然气供应有保证的地区和城市，宜采取适度规模燃气供热系统供热。对大型天然气热电厂供热系统应进行总量控制。对于新规划建设区，不宜选择独立的天然气集中锅炉房供热，应结合资源条件优先采用新能源和可再生能源供热。

在水电和风电资源丰富的地区和城市，可发展以电为能源的供热方式。能源供应紧张和环境保护要求严格的地区，可发展技术安全的低温核供热系统。太阳能条件较好的地区，应选择太阳能热水器解决生活热水需求，增加太阳能供暖系统的规模。

历史文化街区或历史建筑占比较高区域，宜采用电、天然气和太阳能等为能源的供热系统，且设施建设应符合遗产保护和景观风貌的要求。

3）划分供热分区

总体规划阶段的供热规划，需要结合确定的供热方式，现状和规划的集中热源规模，城市组团和功能布局，河湖、铁路、公路等重要干线的分割，划分集中供热分区和分散供热分区。分散供热分区原则上不发展大型集中供热系统，限制单个供热系统规模。集中供热分区内部可因地制宜发展其他供热系统。

详细规划阶段的供热规划应根据热源热网情况、用地性质等，对供热分区进行细化，确定不同区域主要供热方式。

3. 热源规划

热电厂、大型燃煤燃气集中锅炉房等城市集中供热热源，一般在城市总体规划阶段结合供热方式选取、供热分区及热负荷分布，统筹能源供给和存储条件、技术经济性等因素合理确定。

热电厂选址应根据供热分区、热负荷分布、电力热力等进出线路条件、场地建设条件等因素确定。热电厂应靠近负荷中心选址，应避开机场、断裂带、潮水或内涝区及环境敏感区，厂址标高应满足防洪要求。

燃煤、燃气集中锅炉房应靠近负荷中心选址，设置在地质条件良好、满足热网进出线条件的地区，厂址标高应满足防洪要求。燃煤集中锅炉房宜位于居住区和环境敏感区的采暖季最大频率风向的下风侧。

中、小型燃气锅炉房可在详细规划阶段，结合供热方式选取、供热分区细化、供热负荷计算等确定。清洁能源分散供热设施应结合用地规划、建筑布局、规划建设实施时序等因素确定位置，不宜设置在居住建筑的内部。

各类供热设施占地规模参照《城市供热规划规范》（GB/T 51074—2015）确定。

4. 热网规划

1）**热网介质**

根据输送介质的不同，热网可分为热水管网、蒸汽管网。当热源供热范围内只有民用建筑采暖热负荷时，应采用热水作为供热介质。当热源供热范围内工业热负荷为主要负荷时，应采用蒸汽作为供热介质。当热源供热范围内既有民用建筑采暖热负荷，也存在工业热负荷时，可采用蒸汽和热水作为供热介质。

2）**热网布置**

热网干线一般沿城市道路布置，并位于热负荷比较集中的区域。热网的布置形式包括枝状和环状两种方式。蒸汽管网应采用枝状管网布置方式。供热面积较大的多热源热水供热系统，在技术经济合理时，热网干线宜连接成环状管网，提高供热可靠性。

城市热网管线一般采用地下敷设方式，这种方式具有技术成熟、保温性能好、使用年限长等诸多优点。地上架空敷设方式具有施工周期短、工程量小、工程造价相对地下敷设方式低的优点，但对环境景观影响较大，且安全性低，一般只适用于条件允许的工业园区蒸汽管网。

5. 其他供热设施

热力站、制冷站、二次供热管网等供热设施，在总体规划、详细规划阶段一般不落实具体空间用地，可在后续规划中进一步细化落实。

9.4 城市通信工程规划

9.4.1 电信工程规划

信息化是人类文明的重要标志。信息技术与人文的结合，给人民生活带来极大便利的同时，也推动着文化传承和知识普及领域的革新。城市电信系统是为城镇及农村生产、生活等提供信息交流与传递服务的工程设施，是现代化城市和信息社会的重要组成部分。城市电信规划指对一定时期城市或其一定区域内的电信局站、无线通信与无线广播传输设施、通信管道等设施组成的城市通信系统所作的综合部署和具体安排。

通信规划主要内容包括：电信用户数预测、电信局房规划、移动通信基站规划、电信管道规划等。

1. 电信用户数预测

电信用户数预测是对人居环境的通信活动进行分析，从而预测经济社会发展的通信强度。电信用户预测宜分为固定电话用户数、移动电话用户数和宽带信息点等。

1) **总体规划阶段**

总体规划阶段一般按照普及率法进行固定电话用户数、移动电话用户数、宽带用户数预测，可根据城市规划人口和普及率乘积计算。固定电话、移动电话、宽带用户普及率指标取值参照《城市通信工程规划规范》(GB/T 50853—2013)、各地地方标准、行业标准规范等选定。

2) **详细规划阶段**

详细规划阶段通常按照国土用途规划分类进行用户数预测，一般选用单位建筑面积用户指标法进行预测。各类用地性质用户指标取值参照《城市通信工程规划规范》(GB/T 50853—2013)和各地地方标准、行业标准规范等选定。

2. 电信局房规划

电信局房根据业务功能和在网络中的作用，分为核心局房、汇聚局房和综合接入局房三类。

1) **核心局房**

核心局房是设置有长途出口设备、本地交换网关口局和汇接局、软交换设备、

IP 城域网核心路由器设备、本地传输网中继节点、省集中业务网、省集中 IT 设备系统的局房。

核心局房可将相邻地区机房需求统一安排在运营成本低廉、建设条件较好的地区。其建设规模要在规划业务和网络发展需求的基础上，考虑设备升级换代因素，确定总规模需求。按照城市空间结构和各功能区的布局，完善网络设施建设，满足业务发展需求。

2）汇聚局房

汇聚局房是设置有交换端局、数据业务汇聚节点以及本地传输网汇聚节点设备的局房。

汇聚局房按照业务发展需求进行布局，按照电信用户数进行设置，单局覆盖用户数为 8 万~15 万户。根据规划期业务和网络发展的需求，计算规划期内汇聚机房整体需求规模，同时要考虑"光进铜退"等技术进步的因素。汇聚局房设置在城市中心区域的核心节点处。

3）综合接入局房

综合接入局房是综合业务区内小范围业务收敛设备所在机房，包括集中设置基带处理单元（BBU）、光线路中端（OLT）、传输边缘汇聚设备等，是区域内传输汇聚节点的延伸，也是汇聚节点和末端接入点之间的衔接节点。

综合接入局房按照业务发展需求进行布局，其规模按照信息点数量，参照国家及地方相关标准规范确定。

3. 移动通信基站规划

移动通信的普及，极大地改变了人居环境和社会交往方式，深刻改变了人们的生活。移动通信根据环境特征及业务需要，通过灵活的基站设置来解决无线电信号的覆盖问题。常用室外覆盖形式包括宏基站、微基站、直放站和小区覆盖等，室内则采用室内覆盖（室内分布合路系统）的形式。城市总体规划、详细规划阶段主要确定宏基站的设置原则及标准。

宏基站可按照分区设置，比如在城市中心区域、乡镇、农村等不同区域可选用不同的配置标准。宏基站也可结合 5G 高应用区、重要场馆及活动区域、重要交通线性工程、大型公园、生态空间等不同应用场景，分场景配置。

4. 电信管道规划

城市道路管道的规划建设应以电信业务的需求及架空线入地的任务为依据，并为今后发展留有一定富余空间。管孔数根据用户光（电）缆数量、中继光（电）缆数量、过路进局（站）光（电）缆数量、租用管孔数量及备用管孔统筹考虑（表9-4）。靠近局房部分的管道管孔数较大，并向远离局房的方向逐渐递减。为了保证通信的安全性，应根据局房的容量大小，设置2～4处出局管道，核心/汇聚节点进出局管道路由原则上应不少于2个物理方向。同时，电信管道建设中，应结合网络接入需求、管线资源情况设置光缆交接箱。

表9-4 电信管道规划建设标准

城市道路类别	管孔数（孔）
主干路	18～36
次干路	14～26
支路	6～10
跨江大桥及隧道	8～10

资料来源：中华人民共和国住房和城乡建设部.城市通信工程规划规范：GB/T 50853—2013［S］.北京：中国建筑工业出版社，2013.

9.4.2 有线电视工程规划

广播电视是当代社会传播大众文化的主要媒介，有线电视网是利用光缆或同轴电缆来传送广播电视信号或本地播放的电视信号的网络，是现代社会精神生活的重要组成部分。

有线电视规划指对一定时期城镇及农村的有线电视网信号源接收、处理、播发设施和网络传输、分配等设施所作的综合部署和具体安排。有线电视规划主要内容包括：有线电视用户数预测、有线电视场站规划、有线电视管道规划等。

1. 有线电视用户数预测

有线电视用户数预测是对城镇及农村的有线电视用户类型、数量进行分析，预测信息点需求数量。

总体规划阶段有线电视网络用户预测采用综合指标法预测，按平均每用户两个端口预测。详细规划阶段通常按照国土用途规划分类进行用户数预测，一般选用单位建筑面积用户指标法进行预测，有线电视用户数指标取值参照《城市通信工程规划规范》（GB/T 50853—2013）、各地地方标准、行业标准规范等选定。

2. 有线电视场站规划

参照《城市通信工程规划规范》(GB/T 50853—2013)、《民用建筑通信及有线广播电视基础设施设计规范》(DB11/T 804—2015)等相关标准及地方规范，有线广播电视网络场站设施可分为地球卫星站、总前端、分前端、基站和小区机房五个级别。

1) 卫星地球站

卫星地球站具有支撑城市有线电视网络业务的重要功能，其能接收卫星节目信号，是重要的信源。卫星地球站应采用异地冗余布置的方案、保证一旦有一处发生故障，仍有一处可靠的信源接入整个有线广播电视系统。

2) 总前端机房

总前端机房是整个网络的核心，具备电视、广播节目的接收和处理功能，通过传输网与分前端对用户播出。总前端机房在设置数量和空间布局等方面均需基于安全等因素综合考量。按照用户规模设置有线广播电视总前端机房，多座总前端机房之间应为主备关系，以提升网络的安全性与可靠性（表9-5）。总前端机房一般设置在城市中心区域。

表9-5 城市有线广播电视网络总前端规划建设用地

用户（万户）	总前端（个）	总前端建设用地面积（平方米/个）	总前端建筑面积（平方米/个）
8~10	1	6 000~8 000	14 000~16 000
10~100	2	8 000~11 000	16 000~30 000
≥100	2~3	11 000~12 500	30 000~40 000

资料来源：中华人民共和国住房和城乡建设部.城市通信工程规划规范：GB/T 50853—2013 [S].北京：中国建筑工业出版社，2013.

3) 分前端机房

分前端机房应具备广播电视信源信号的处理功能，也可承担高清交互、集团专线和干线传输中继等功能。分前端机房一般设置在城市负荷中心，其规模按用户数量配置（表9-6）。

表9-6 城市有线广播电视网络分前端规划建设用地

用户（万户）	分前端（个）	分前端建设用地面积（平方米/个）	分前端建筑面积（平方米/个）
<8	1~2	2 500~4 500	5 000~10 000
≥8	2~3	4 500~6 000	10 000~15 000

资料来源：中华人民共和国住房和城乡建设部.城市通信工程规划规范：GB/T 50853—2013 [S].北京：中国建筑工业出版社，2013.

4）基站

基站主要功能包括为附近的有线电视用户提供广播及交互电视信号；提供个人专线、集团专线、政务网等服务；提供广播信号中继功能。基站设置在城市的核心节点处，如城市中心区域以及乡镇中心区，参照相关标准规范，结合用户数量统筹配置。

5）小区机房

小区机房负责为就近小区或农村用户提供广播及交互有线电视信号；为就近商业区用户提供个人专线、集团专线、政务网等服务。小区机房一般设置在用户密度较高的小区或商业楼宇内。按有线电视信息点数量规模及相关标准规范设置。

3. 有线电视管道规划

有线电视管道规划要根据各级机房场站布局，完善管道网络结构，光缆路由应全部采用管道方式建设实施，存量的架空线路应分期分批实现入地。

1）各类道路管孔配置标准

有线电视管道管孔配置数量应按照场站远期覆盖用户规模、出局分支数量、出局方向用户密度、传输介质、管材及管径等要素确定。其中信源系统与有线电视基站之间的网络（即信源传输网、核心传输网与一级传输网），其管道路由宜选择建设在主干路或次干路上，因此主干路与次干路上应规划较多的管孔数量。用户接入网的管道路由大多集中在城市支路上，这部分管道应根据用户分布情况，按需规划管孔数量。

2）出局管孔配置标准

有线电视机房的出局管孔，应依据机房的级别，确定出口方向的数量与每个方向的管孔数量。总前端机房出局应不少于3个出口方向，每个方向管孔数应不少于8孔（栅格管的大孔）。分前端机房及有线电视基站出局应不少于2个出口方向，每个方向管孔数应不少于4孔。小区机房出局如具备建设管道条件，宜有2个出口方向，每个方向管孔数应不少于2孔。

9.5 城市环境卫生系统规划

城市环境与公共卫生是城市发展的重要内容，其发展水平直接关系到城市居民的生活质量和健康状况，并与社会文化相关联。

环卫规划，旨在整治城镇及农村风貌，加强环境卫生设施建设与管理，提高环境卫生设施水平，保障人民身心健康，促进城市经济发展，作出综合部署和具体安排。环卫规划的主要内容包括：固废[1]产生量预测、收集与运输设施规划、处理处置设施规划等。

9.5.1 固废产生量预测

1. 城市生活垃圾产生量预测

城市总体规划、详细规划阶段的生活垃圾、再生资源、粪便产生量一般采用人均指标法预测，也可以利用增长率法辅助校核。

由于不同城市、地区人均垃圾产生量、垃圾分类管理水平存在较大差异，人均生活垃圾（再生资源）产生量可根据所在地区实际情况及发展趋势确定。粪便产生量受小区或农村是否设置化粪池等因素影响，人均产生量水平也可根据所在地区实际情况及发展趋势确定。

2. 工业固体废物、危险废弃物产生量预测

工业固体废物、危险废弃物的产生量与城市产业类型、生产管理水平等关系较大。其预测主要方法有趋势分析法、万元产值法、单位产品法等。

由于城市总体规划、详细规划阶段对于相关数据较为缺乏，一般推荐按照趋势分析法进行产生量预测。

9.5.2 收集与运输设施规划

生活垃圾收集运输设施一般包括废物箱、生活垃圾收集点、生活垃圾收集站、生活垃圾转运站等。废物箱、生活垃圾收集点等小型设施，在总体规划、详细规划阶段不落实空间用地，可按照《城市环境卫生设施规划标准》（GB/T 50337—2018）、《环境卫生设施设置标准》（CJJ 27—2012）等标准规范提出配置标准。

---

1. 依据《中华人民共和国固体废弃物污染环境防治法》，固体废物是指生产、生活和其他活动中产生的丧失原有利用价值或虽未丧失利用价值但被抛弃或者放弃的固态、半固态和至于容器中的气态物品、物质及法律、行政法规规定纳入固体废物管理的物品、物质，包括生活垃圾、工业固体废物、危险废物等。生活垃圾包括日常生活垃圾、餐厨垃圾、粪便、再生资源等。这里的生活垃圾为广义生活垃圾，文中其他处所述"生活垃圾"均指日常生活垃圾。

1. 生活垃圾收集站

收集站按照生活垃圾转运量、服务半径来配置。收集站规模、用地标准如表9-7所示。

表9-7 生活垃圾收集站规模列表

规模（吨/日）	用地面积（平方米）	与相邻建筑间距（米）
20~30	300~400	≥10
10~20	200~300	≥8
<10	120~200	≥8

注：1. 带有分类收集功能、小型环卫车辆停车、环卫工人休息功能的收集站，应适当增加占地面积。
2. 与相邻建筑间隔自收集站外墙起计算。
资料来源：中华人民共和国住房和城乡建设部. 城市环境卫生设施规划标准：GB/T 50337—2018 [S]. 北京：中国建筑工业出版社，2018.

收集站服务半径分为两种。采用人力收集，服务半径宜为400米，一般不大于1 000米；采用小型机动车收集，服务半径一般不大于2 000米。大型商业综合体和大于5 000人的居住小区可单独设置收集站。

2. 生活垃圾转运设施

生活垃圾转运设施一般包括生活垃圾转运站和垃圾转运码头等。当服务范围内生活垃圾运输距离超过经济运距且运输量较大时，宜设置垃圾转运站。当服务范围内生活垃圾运输距离超过10公里时，宜设置垃圾转运站。

生活垃圾转运设施宜布局在生活垃圾产生量集中的城市集中建设区边缘或外围，应具备便利的交通运输条件，不宜设置在人流集中、车流集中区域。生活垃圾转运站按照转运能力，一般分为大、中、小型三大类和Ⅰ、Ⅱ、Ⅲ、Ⅳ、Ⅴ五小类（表9-8）。

表9-8 生活垃圾转运站用地标准

类型		设计转运量（吨/日）	用地面积（平方米）	与站外相邻建筑间距（米）
大型	Ⅰ	1 000~3 000	≤20 000	≥30
	Ⅱ	450~1 000	10 000~15 000	≥20
中型	Ⅲ	150~450	4 000~10 000	≥15
小型	Ⅳ	50~150	1 000~4 000	≥10
	Ⅴ	≤50	500~1 000	≥8

资料来源：中华人民共和国住房和城乡建设部. 城市环境卫生设施规划标准：GB/T 50337—2018 [S]. 北京：中国建筑工业出版社，2018.

当服务范围内生活垃圾运输距离超过经济运距且运输量较大，且水运条件优于陆运条件时，可设置转运码头。垃圾转运码头应设置在城市集中建设区外围、人流量较小的区域，不应设置在集中建设区的上风向、旅游观光水面岸线附近。

9.5.3 生活垃圾处理设施规划

城市生活垃圾处理设施一般包括生活垃圾焚烧厂、生活垃圾生化处理设施、生活垃圾卫生填埋场等。综合考虑生活垃圾产生量、生活垃圾分类情况、地区经济发展、城乡建设要求、土地利用及生态环境保护等情况，科学选定适合地区的生活垃圾处理方式。根据厨余垃圾分出量和生化处理产品出路等，选择合理处理工艺，建设生化处理设施。

生活垃圾焚烧厂具有节省占地、减量效果明显、能源回收利用等优点，垃圾产生量较大的大、中型城市，宜规划生活垃圾焚烧厂或预留建设条件。生活垃圾焚烧厂应综合考虑垃圾合理运距、周边居民影响等布局，不应过于分散。新建生活垃圾焚烧厂与城乡居住用地、学校等距离一般不应小于 300 米。同时，为进一步避免邻避问题，生活垃圾焚烧厂周边 300 米以外一定范围内，宜设定建设控制区，协调控制该范围内规划居住、学校用地等的建设时序，待焚烧厂建设完成后再行实施。生活垃圾焚烧厂占地指标按照《城市环境卫生设施规划标准》（GB/T 50337—2018）、《环境卫生设施设置标准》（CJJ 27—2012）等相关要求预留。总体规划阶段应明确焚烧厂布局，并统筹焚烧厂与周边用地的关系。

生活垃圾卫生填埋场选址在城市集中建设区以外、人口密度低、地质条件较为稳定、洪水内涝等安全隐患的地区，不得设置在水源保护区、地下蕴藏区等。新建卫生填埋场与城乡居住用地、学校等距离一般不应小于 500 米。生活垃圾卫生填埋场占地指标按照《城市环境卫生设施规划标准》（GB/T 50337—2018）、《环境卫生设施设置标准》（CJJ 27—2012）等相关要求预留。总体规划阶段应明确填埋场布局，并统筹与周边用地的关系。

生活垃圾生化处理厂选址重点考虑周边居民影响、垃圾运输条件等因素，新建生活垃圾生化处理厂与城乡居住用地、学校等距离一般不应小于 500 米。生活垃圾生化处理厂占地指标按照《城市环境卫生设施规划标准》（GB/T 50337—2018）、《环境卫生设施设置标准》（CJJ 27—2012）等相关要求预留。

9.5.4 其他设施规划

1. 危险废弃物

危险废弃物分类较为复杂，一般通过专用物流体系，运送至危险废弃物处理厂处理处置。目前，危险废弃物主要处理方式包括水泥窑协同处理、预处理后填埋等方式。一般根据国家、省等规划布局危险废弃物处理处置设施。

2. 工业固体废弃物

工业固体废弃物，主要包含纸张、铁等可回收利用再生资源，可纳入城市再生资源回收利用体系；其余为工业涂料、化学药剂，纳入危险废弃物处理系统。

3. 公共厕所等

公共厕所等设施在总体规划、详细规划阶段不落实空间用地，各地可按照《城市环境卫生设施规划标准》（GB/T 50337—2018）、《环境卫生设施设置标准》（CJJ 27—2012）等提出规划配置标准。

9.6 城市消防规划

消防关系人民的生命和财产安全，消防队伍承担着"救民于水火、阻民于危难"的光荣使命。

城市消防规划是城市规划建设的重要组成部分，是一定时期内城市消防建设发展的目标和计划，是城市消防建设的综合部署和管理依据。城市消防规划的主要内容包括：消防安全评估、消防安全布局、消防设施布局规划。

9.6.1 消防安全评估

1. 评估目标

基于火灾风险客观规律，结合城市特点、自然地理特征、城市建设和消防力量等具体情况，建立评估体系，客观评价城市消防安全状况。

2. 评估方法

按照问题导向与目标导向相结合的思路，构建空间定量化综合指标评估方法，基于城市历史火灾事故、现状消防设施等基础数据资料，选取多元评价指标，运用合适的计算方法与评价模型，对城市各区域的消防安全状况进行客观评价。

9.6.2 消防安全布局

按照城市消防安全和综合防灾要求，结合城市火灾风险评估，对各类易燃易爆危险品场所或设施（含生产、储存、装卸、运输、经营等场所或设施）及其影响范围、建筑耐火等级低或灭火救援条件差的建筑密集区（含棚户区、城中村）、人员密集区（含客运车站、客运码头、民用机场等对外交通设施和高层建筑密集区、公共建筑密集区、其他的公众聚集场所）、历史城区、历史文化街区、市政设施、城市地下空间（含城市地下交通设施、公共设施）、存在火灾隐患的森林草原等区域进行消防综合部署和具体安排，制定相应的消防安全方案和规划管制措施。

9.6.3 消防设施布局规划

1. 消防队站

消防队站的选址应符合《城市消防站建设标准》（建标152—2017）的规定。消防站分为普通消防站、特勤消防站和战勤保障消防站三类。普通消防站分为一级普通消防站、二级普通消防站和小型消防站。

城市建成区内设置一级普通消防站确有困难的区域，经论证可设二级普通消防站。位于商业密集区、耐火等级低的建筑密集区、老城、历史地段，因土地资源紧缺设置二级普通消防站确有困难的地区，经论证可设小型消防站。小型消防站的辖区至少应与一个普通消防站或特勤消防站辖区相邻。

城市高层建筑密集区以及地下空间综合开发的重点区域，以及对城市火灾和应急救援有特殊装备要求的重点功能区应设特勤消防站和战勤保障消防站。原则上各区至少安排1处特勤消防站。

根据城市地理环境特点以及用地布局特征，可设森林消防站、水上消防站、航空消防站、轨道交通消防站等专业消防站，用于加强特定地区的消防安全保障。

2. 消防装备

消防站按照《城市消防站建设标准》(建标 152—2017)的要求配齐必配消防车辆，同时推进无人化、自动化消防装备建设。在城市仓储区、易燃易爆危险化学品区、老城区、高层建筑密集区、地下建筑密集区等区域除配备标准消防装备外，还需增加相对应的消防装备配置。森林消防站、水上消防站等应该配合适合任务特点的消防装备和应急抢险救援装备。

3. 消防车通道

城市一类消防车通道主要满足城市消防快速出动和远距离增援的需求，着重于区域间快速便捷的交通，由城市高速公路、快速路和区域性城市主干道有机结合，从而构成城市道路主骨架路网结构。

城市二级消防车通道主要担负消防站责任区内部及邻近责任区的消防出动的交通任务，应满足城市消防出动的快速性和可达性，包括城市区域内部主干路，次干路和支路。

城市三级消防车通道主要担负城市消防救援队伍接近火场，保证灭火操作场地和疏散火场人员、物资的通道，主要由道路宽度 4~15 米的城市支路、村道、小区内部道路等组成。

消防车通道设置应符合《城市消防规划规范》(GB 51080—2015)等相关规范要求。

4. 消防供水

城镇消防供水宜采用市政供水管网供应，消防供水设施应与市政供水管网同步规划、设计与建设。当采用市政给水管网供水时，宜采用两路消防供水，不具备市政供水条件或供水能力不足时，宜设置消防储水设施。

5. 消防通信

城市及各区应根据应急救援通信指挥实际需求设置消防通信指挥中心。城市消防通信指挥系统应覆盖全市，联通城市消防通信指挥中心和各消防站，并应具有受理火灾及其他灾害事故报警、灭火救援指挥调度、情报信息支持等主要功能。消防通信指挥系统应符合现行国家标准《消防通信指挥系统设计规范》(GB 50313—2013)的有关规定。

6. 消防供电

应保障重点地区以及消防通信指挥中心、消防站的用电安全。城市消防通信指挥中心的电力负荷应为一级负荷中特别重要的负荷，电力负荷由双重电源供电，同时应设置应急电源，并严禁将其他负荷接入应急供电系统。区域消防通信指挥中心的电力负荷应为一级负荷，且应由双重电源供电。消防站的电力负荷应为二级负荷，且宜由两回线路供电。

建筑物的设计、施工、运行、管理应严格执行"用电负荷等级分类"的有关规定，保障建筑消防供电的可靠性，切实做好消防供电设施设备的维护和管理。

7. 其他

应根据城市发展需求、消防救援要求，有条件地区配备建设综合训练基地、战勤保障基地、应急消防科普教育基地等设施。

扩展阅读

[1] 张占录. 国土空间规划学 [M]. 北京：中国农业出版社，2023.

[2] 全国城市规划执业制度管理委员会. 城市规划相关知识 [M]. 北京：中国计划出版社，2011.

[3] 伊学农. 城市防洪规划设计与管理 [M]. 北京：化学工业出版社，2014.

关键术语

城市防洪标准、河道治理标准、城市蓝线、供水工程规划、雨水排除工程规划、污水排除与再生利用工程规划、海绵城市规划、供电工程规划、燃气工程规划、供热工程规划、电信工程规划、有线电视工程规划、城市环境卫生系统规划

思考题

1. 防洪安全布局的内涵是什么？进行防洪安全布局时应遵循哪些原则？

2. 城镇公共供水系统包括哪些部分？

3. 供热规划的主要步骤及内容包括哪些？城市供热方式选择需考虑哪些因素？

参考文献

［1］ 伊学农.城市防洪规划设计与管理［M］.北京：化学工业出版社，2014.
［2］ 邵宗义.市政工程规划［M］.北京：机械工业出版社，2022.
［3］ 张占录.国土空间规划学［M］.北京：中国农业出版社，2023.
［4］ 城乡规划学名词审定委员会.城乡规划学名词：2021［M］.北京：科学出版社，2021.